大学英语教学改革的多视角探索

邹菁菁 ◎ 著

吉林出版集团股份有限公司

图书在版编目（CIP）数据

大学英语教学改革的多视角探索 / 邹菁菁著. — 长春：吉林出版集团股份有限公司，2023.8
ISBN 978-7-5731-4145-3

Ⅰ.①大… Ⅱ.①邹… Ⅲ.①英语－教学改革－研究－高等学校 Ⅳ.①H319.1

中国国家版本馆CIP数据核字（2023）第161203号

大学英语教学改革的多视角探索
DAXUE YINGYU JIAOXUE GAIGE DE DUOSHIJIAO TANSUO

著　　者	邹菁菁
责任编辑	齐　琳
封面设计	林　吉
开　　本	787mm×1092mm　1/16
字　　数	205千
印　　张	13
版　　次	2023年8月第1版
印　　次	2024年1月第1次印刷
出版发行	吉林出版集团股份有限公司
电　　话	总编办：010-63109269
	发行部：010-63109269
印　　刷	廊坊市广阳区九洲印刷厂

ISBN 978-7-5731-4145-3　　　　　　　　　　　定价：78.00元

版权所有　侵权必究

前　言

外语能力是跨世纪人才必备的素质，21世纪是信息时代，各国之间政治、军事、经济、科技、文化等领域的信息交流频繁，国际合作日益加强，新的语言现象也层出不穷。与此同时，作为语言教学主体的学生，无论是成长环境、社会体验，还是认知特点等，也都在时时变化。在这种情况下，固守传统的英语教育观念显然与之不相适应，这就要求我们的英语教育观念必须与时俱进，不断创新。

为了进一步提升我国在世界舞台的地位和作用，我国需要在各个领域不断进行交流与合作，而英语作为国际通用语言，已经成为各国之间相互交流的桥梁，因此，我国更加重视培养综合型、实用型英语人才，相应地，英语教育也越来越受到重视。在目前教学改革的背景下，如何提高大学生的英语水平、改善大学英语教学质量已经成为大学英语教学研究的重点和难点。

本书主要研究大学英语教学改革方面的问题，涉及丰富的英语教学知识。主要内容包括高校英语教学基本知识、大学英语教学理论基础与改革、多模态理论与英语教学模式改革、信息化背景下信息技术与大学英语课程改革、基于翻转课堂的英语教学改革、大学英语教学创新思维改革与实践等。本书是作者长期从事英语教学和实践的结晶。本书在内容选取上既兼顾到知识的系统性，又考虑到可接受性，同时强调大学英语教学技能的应用性。本书涉及面广，技术新，实用性强，使读者能理论结合实践，获得知识的同时掌握技能，理论与实践并重，并强调理论与实践相结合。本书兼具理论与实际应用价值，可供相关教育工作者参考和借鉴。

由于笔者水平有限，本书难免存在不妥甚至谬误之处，敬请广大学界同仁与读者朋友批评指正。

目 录

第一章 高校英语教学概况 …………………………………………………… 1
    第一节 英语教学概述 ……………………………………………………… 1
    第二节 高校英语教学改革历程与现状 …………………………………… 18
    第三节 高校英语教学的发展趋势 ………………………………………… 28

第二章 大学英语教学理论基础与改革 …………………………………… 38
    第一节 大学英语教学理论基础 …………………………………………… 38
    第二节 语料库语言与英语教学 …………………………………………… 51
    第三节 大学英语教学改革的目的 ………………………………………… 66
    第四节 大学英语教学改革的必要性 ……………………………………… 72

第三章 多模态理论与高校英语教学模式改革 …………………………… 75
    第一节 多模态话语分析理论 ……………………………………………… 75
    第二节 多模态话语在英语课堂教学中的作用 …………………………… 81
    第三节 多模态话语语境下英语教学模式的构建 ………………………… 86
    第四节 认知理论视角下的多模态英语教学模式 ………………………… 93
    第五节 多模态英语教学评估体系的构建 ……………………………… 105

第四章 信息化背景下信息技术与大学英语课程改革 ………………… 110
    第一节 信息技术与课程整合 …………………………………………… 110
    第二节 信息技术与英语课程整合的重点 ……………………………… 116
    第三节 信息技术与大学英语课程的课内整合 ………………………… 123
    第四节 信息技术与大学英语课程的课外整合 ………………………… 130

第五章 基于翻转课堂的英语教学改革 ………………………………… 138
    第一节 翻转课堂教学方法的理论探究 ………………………………… 138

第二节　基于翻转课堂思想的高校英语教学设计…………………………150

　　第三节　翻转课堂在高校英语教学中的应用………………………………156

第六章　高校英语教学创新思维改革与实践……………………………………172

　　第一节　高校英语写作教学与 PBL 的创新实践研究………………………172

　　第二节　高校英语阅读教学与任务型教学法创新实践研究………………176

　　第三节　高校英语听力教学与基于图式理论的创新实践研究……………182

　　第四节　高校英语口语教学与教育机器人辅助教学的创新实践研究……191

参考文献………………………………………………………………………………200

第一章　高校英语教学概况

第一节　英语教学概述

高校英语教学是一种建立在一定的理论基础之上的科学性教学。但是，由于研究者的思想不同，对理论研究的侧重点不同，最终形成的理论对英语教学也会有不同的影响。本节从语言学理论和心理学理论两方面，对现有的英语教学理论进行了概述和总结，从而对英语教学实践发挥理论指导作用。

一、英语教学的语言学理论基础

历史比较语言学主要研究和比较各种语言变化和发展的历史，比较各种语言的语音、词汇、语法形态结构的变化和发展历史，以便获得各种语言的相同和不同的构造语系。历史比较语言学研究认为，各种语言起源于一种始源语言。语言起源于原始人的喊叫，或对自然界声音的模仿，或始于身体各部位的动作，或对客观事物的象形。英国学者琼斯在1786年发表的论文认为拉丁语、希腊语与梵语的词根和语法结构形态很相似，它们都源于同一始源语，并由此得出各种语言可以相互翻译的结论。由此，历史比较语言学就成了翻译法的理论基础，同时开创了语言学成为外语教育教学的理论基础的先河。为此，外语教学法的研究与教学也开始关注语言学理论对外语教学的指导意义，并力求从语言学理论中寻求外语教学的理论基础。

（一）知识与能力

知识是什么？能力是什么？这是一个当前外语教育界争论的热点问题。外语教育要把知识与能力的概念和含义辨认清楚。为此，首先必须加强对哲学、语言学（当然也包括心理学、教育学等）的语言知识观和语言运用能力观的理论关注，加深对知识观与能力观的历史发展变化特征的认识，吸收知识观与能力观新的理念，使传统与现代、历史与现实、理论与实践相辅相成和沟通融合。然后，回过头来反思、分析外语教育中知识与能力的问题和探索其未来的发展方向，就能看得更清楚、领悟得更透彻、体会得更深刻，就能更好地提升外语教育理论的科学性和实践的有效性。

任何事物，它的内部都包含本身独有的矛盾，这样就制造出一事物区别于其他事物的特殊本质。概念的内涵是反映其事物内部固有的特殊矛盾和区别于其他事物的特殊本质，是反映事物的本质特点。因此，明确事物的概念及其内涵，能揭示它的本质特征和实质内涵。交际运用语言能力，是外语课程中最关键的术语和最核心的概念。以哲学和语言学为理论基础，认识语言知识与交际运用语言能力的概念及实质、内涵和潜藏的因素及其关系，就能直接作用和深刻影响外语教育的方向、性质、价值观、教育目标、教学内容、教学过程、教学策略方法和教学评价等。以哲学和语言学为理论基础，反思、辨别和论证语言知识与语言运用能力的概念、本质特征和潜藏因素及其来龙去脉，就显得特别重要。

（二）语言与言语

德国哲学家、语言学家洪堡特曾在《语言结构的多样性》中指出，语言是人脑内在的一种结构，是说话者的智能部分，是大脑的一种创造性的能力。人们能运用有限的语言手段创造出无限的语言行为。他还提出语言的概念，认为语言是一种外显行为。著名的瑞士语言学家索绪尔强调语言在社会中的作用，语言在人类生活中的作用，人们是怎样运用语言和语言使用规律的。在他的学生根据他讲课内容整理的、号称"语言学领域哥白尼式革命"的语言学专著《普通语言学教程》一书中，索绪尔首先用法语区分了语言（langue）和言语（parole）这两个既不同又相对应的核心概念。语言学界对这种区分予以高度的评价，认为区分语言和言语两个相对应的术语，对语言学研究语言本质特征做出了重大的历史贡献。因为区分语言和言语这两个概念，是最能体现语言本质特征的。

1. 语言

语言等同于语言体系。作为代代相传的一种体系，语言包含语音、词汇、语法结构规则，是一种潜在于人的头脑中（或语言社团中）共有的一种抽象的和稳定的体系，是内在于大脑中的一种语法系统或一套普遍规则。因此，语言具有社会性的特征，它决定每个人听、说、读、写的具体形式。

2. 言语

言语是指语言运用，是指语言"运用"的范畴，是人们说出和听到的话，是人们写出和理解的内容。言语是人们说话表达内容时的内在心智符号和心理生理机制相组合的外化结果。也可以说，言语是语句的产出、表达和运用。言语就是运用语言或语言运用，是表现出来的具体内容。它反映讲话人的特点，并与具体的情境或环境、语境和情意紧密相连。因此，常因时因地而无限动态地变化。

相对于语言来说，言语具有具体性和变化性等特点。语言和言语既有区别，又有联系。语言是言语的形式，它有三个要素：语音、词汇和语法；言语是语言表达的内容，是听到和说出的话语，是运用语言表情达意。这是语言与言语的区别特征，但语言与言语又是紧密联系的两方面。言语，是一个言语社团说出的话和内容；语言，是从言语中归纳出来的结构形式。一个言语社团说出话的总和，就是该言语社团的语言。

（三）语言结构与实际话语

美国描写主义语言学和结构主义语言学的代表人物，有博厄斯及其学生萨丕尔。他们对美洲印第安人百余种土著语言的描写，开创了描写语言学和结构语言学的先河。布龙菲尔德出版的《语言学》，标志着结构主义语言学的诞生。20世纪30年代初至50年代末，它成为世界上占统治地位的语言学流派。布龙菲尔德完全赞同索绪尔把语言区分为语言和言语两方面的观点，并根据这一观点，把语言区分成语言结构和实际话语两个因素。

1. 语言结构

语言结构的特征对社团来说都是一样的，是语音、语法范畴和词汇等组成的一个严格系统。语言系统，是一个语音、词汇、语法习惯的稳定结构，是一个语言社团可能说出的话的总和。

2. 实际话语

实际话语（言语）的特征是语言系统未固定的方面，各方面各不相同，而且在系统的特征上都是因时因地和因具体情境无限变化的。实际上，布龙菲尔德描述习惯的、稳定的和严格的语言结构系统与实际话语的区别特点，与索绪尔的语言与言语的内涵完全一致。

（四）语言和言语行为

奥斯汀把说出的语句分成三种言语行为。一是说出语句行为，主要是指用语言组成的声音，构成符合语法的句子或用表达某些事物意义的综合体来完成的行为。二是用语言做事行为，是指在特定的语境中、特定的条件下，抱有特定的意向说出语句来完成的行为。三是用语言取效行为，主要是指用语句完成事件并取得效果的行为。塞尔在这基础上又补充了第四种行为：命题行为。他认为，用语言做事包含命题和言外之意。词面、句面意义和言外之间，是紧密联系的。所以，说出语句时，四种行为——说出语句行为、用语言做事行为、命题行为和用语言取效行为，是同时实现的。

　　塞尔根据用语言做事行为四个条件（或四条标准），进一步对用语言做事行为进行分类。这四条标准，一是基本条件，即说出语句的意向（目的）；二是真诚条件，即呈现出的心态；三是先决条件，即合适的方向，语句与世界的关系；四是命题条件，即命题。他还根据这四条标准把用语言做事行为分成五类：

　　（1）断言行为：指描述世界上的状况或事件的言语行为。诸如，assertion、state、affirm、deny、report、conclude 等。

　　This is a Chinese car.

　　（2）指示行为：指具有使听话者做某些事的功能的言语行为。诸如，suggestion、order、request、command、demand、ask、insist 等。

　　Why don't you close the window?(suggestion)

　　（3）承诺行为：指说话者将承担做某些事的言语行为。诸如，promise、swear、threat、guarantee、offer、pledge 等。

　　I'll take you to the movies tomorrow.(promise)

　　（4）表达行为：指说话者表达对某事的情感和态度的言语行为。诸如，thank、apologize、congratulate、complain、welcome、deplore 等。

　　Thank you for help.(thank)

　　（5）宣告行为：指改变某事状况的言语行为。诸如，name、define、declare、resign、nominate 等。

　　I now pronounce you man and wife.(declare)

　　奥斯汀和塞尔提倡的言语行为，在语言教学和教学大纲设计中常被用作语言功能。

　　索绪尔、奥斯汀和塞尔对语言和言语区分的观点基本相似。他们都把言语看作是说话，是语言运用，是听、说、读、写运用语言，仅仅是后者把说话进一步看作是言语行为，用语言做事的行为。

（五）语言行为潜能和实际语言行为

　　以捷克语言学家马泰休斯、波兰社会人类学家马林诺斯基、英国语言学家弗斯及其学生韩礼德为代表的英国社会语言学派。该学派即功能语言学派，把语言看作是社会现象，是人类生活的一种方式，是人们社会活动的有机组成部分。由此，他们跳出了语言形式研究的局限性。

韩礼德根据言语行为理论，进一步发展研究语言功能理论。正如韩礼德所说："语言学……应关注……言语行为或文本，只要通过使用语言，即所有的语言功能的研究，那么所有意义部分就凸显成为中心。"言语行为是用语言做事，语言功能是指有意义地使用语言，也指用语言做事。语言功能实际上就是言语行为。韩礼德描述，儿童学习使用母语时的七个基本语言运用功能如下：

（1）工具功能：用语言取物。

（2）调节功能：用语言控制他人的行为。

（3）互动功能：用语言与他人互动。

（4）个人功能：用语言表达情意。

（5）启示功能：用语言学习和发现。

（6）想象功能：用语言创造一个想象的世界。

（7）陈述功能：用语言交流信息。

韩礼德选用语言行为潜能和实际语言行为两个概念来替代索绪尔的语言与言语和乔姆斯基的语言能力与语言运用的概念。三人在言语问题上的观点基本上是一致的。他们都认为，言语是说话者实际说出的话。韩礼德对语言问题则有自己独特的看法。他认为，语言不是一种"知识"方式。语言是一种"做事"的方式，是说话者在语言和文化上选择的范围，即言语行为、能做事的范围。语言是说话者"能做"的事，言语是说话者"实际做了"的事。言语要得体，要根据特定的时间、地点、人物、怎么说、说什么话。人们可通过语境变化、交际文体差异、交际双方的社会身份和关系来预见学生用语言做事。

（六）语言与交际能力

英国社会语言家海姆斯基于言语行为理论和功能语言学理论：语言功能是言语行为，是用语言做事的观点，对比区别乔姆斯基的"语言能力"后，首先确定了的是交际能力的概念。海姆斯认为，一个获得交际能力的人，必须获得语言知识和使用语言的能力。

海姆斯和威德森等认为，语言是为了交际，作为语言知识的语言能力则是交际能力的一个组成部分。一个获得交际能力的人，他必须既获得语言知识又获得使用语言的能力。他运用掌握的语言知识，造出了适合语法的句子，还运用掌握的语言规则非常得体地使用语言。因此，如果不懂使用规则，只是单纯地掌握语法规则，也是没有用的。交际能力的四个特征表现如下：

（1）能分辨并造出适合语法的句子。

（2）能判断语言形式环境并在其中得体地使用语言。

（3）能在实际的语言环境中非常恰当地使用语言。

（4）能清楚语言是实际交往中常用的和受限定的。

海姆斯提出交际能力实际上包含了语言知识和语言运用两方面，并规范了它的可接受性、可行性、适合性和实用性的四个特征（或四个标准）。由于定义交际能力不存在一个具体客观的标准，因此，海姆斯的交际能力的四个特征并未达到公认的权威性和科学性，也未能为社会语言学家、功能语言理论提倡者所一致接受。

《牛津语言学词典》中对交际能力是这样定义的："一个说话者在一个社团中支配熟练地运用语言规则和惯例等的整套知识。这是20世纪60年代后期，海姆斯用以区别乔姆斯基把能力概念限制在语法知识范围内。"

根据这个交际能力的定义，对比包括海姆斯在内的语言学家和语言教学法家所赋予交际能力的特征，可以清楚地看出，如果把个别人的策略能力剔除在外，那么上述各家的特征基本上都包含在这条定义规定的范畴之内。而海姆斯和理查兹等人提出的四个特征，也更趋同于该交际能力的定义。因此，交际能力主要蕴含语言知识和语言运用两大因素：

（1）语言知识即语言能力，是指语言的语音、词汇、语法结构和使用语言规则的知识，以及用语言做事的功能等的知识。

（2）语言运用即社会语言能力和语用能力，是指运用语言实现交际功能的能力。

（七）知与行

1991年4月美国总统签署的《美国2000：教育战略》和2002年1月8日美国国会通过的《不让一个孩子掉队法》，以及1996年颁布、1999年修订公布的《迎接21世纪外语学习标准》中多次明确提出：外语教育的目标"要求学生完成知道什么和能做什么事的任务"。这与威德森提出的知和做两个概念是完全一致的。威德森说得非常简练和清晰，语言学习包含两方面：知和做或行。知是反映知道语言知识，即语音、词汇、语法等语言结构的知识。做或行是指用语言做事，即言语、语言运用能力、言语行为、交际的能力和交际运用语言能力。其实，美国外语学习中知与行概念和功能的区分，恰恰又回归到我国优良传统、博大精深的知行统一、学问思辨行的哲学、文化、教育的理念之中。

二、英语教学的心理学理论基础

（一）主要的心理学理论

心理学原属哲学范畴，直到19世纪下半叶，它才脱离哲学成为一门独立的学科。在短短的一百多年时间里，心理学获得迅速发展。从心理学成为独立学科起，它就对课程与教学产生越来越重要的影响，并成为外语教育、课程和教学的主要理论基础。回顾外语教育、课程与教学的历史，它们的变换、更替、发展和创新无不打上心理学理论的烙印。先后对外语课程产生影响的心理学理论有：官能心理学、联想主义心理学、行为主义心理学、认知心理学、人本主义心理学等。

1. 官能心理学

官能心理学起源于古希腊的灵魂官能说和笛卡尔的心灵实体论的哲学观。它在一定程度上影响了欧洲文艺复兴时期的拉丁语外语教育、课程与教学。从17世纪至19世纪，西方学校教育以官能心理学为理论基础，始终把拉丁语、希腊语、阿拉伯语等古典语言作为训练心灵的最佳学科。

官能心理学的创始人是沃尔夫。他认为人的心灵可划分为不同的官能，它们是可以单独加以训练发展的。而繁杂的古典语言拉丁语的文法是训练学生记忆能力和促进逻辑思维能力的理想材料，通过讲解、操练语法规则，阅读、翻译课文和原著可以达到发展学生智慧的目的。外语课程翻译结构形态及后来教育中流行的形式训练说，都是在官能心理学的理论基础上发展起来的。

2. 联想主义心理学

在心理学史上，英国哲学家洛克第一个提出了"联想"这个概念。早期的联想主义认为，人类是通过经验获得知识和观念的，学习是由观念联想构成的。

桑代克是用动物进行实验研究的代表人物之一，他用迷津状态下的猫进行了动物学习的实验，揭示了动物式学习的过程。在他看来，人与动物的学习方式无异，都是刺激和反应联结的加强，无须意识参与，不过人类的学习方式可能要复杂些。他根据实验的结果，提出了准备律、效果律、练习律等学习定律。直接法主张外语的词语与实物、行动之间建立联想关系，这与联想主义心理学相关。外语课程中的直接和情境结构形态的联结也深受联想主义心理学的影响。他们的代表人物斯威特认为,语言的整个学习过程是形成联想的过程。帕默也认为语言学习是形成习惯和自动化的过程。

苏联的巴甫洛夫用狗做了经典条件反射作用的实验。实验结果认为,条件反射是在非条件反射基础上形成的暂时神经联系,使动物适应生活环境的变化。如果暂时神经联系获得进一步巩固,就会形成动力定型,养成自动化的习惯。晚年他还创建了两种信号系统学说:第一信号系统学说(以具体事物为条件刺激)和第二信号系统学说(以词语为条件刺激),引起动物条件反射。两种信号系统学说认为,词语第二信号系统与具体实物第一信号系统一样都能引起动物条件反射。外语自觉对比法依靠本族语的原则就是建立在已有的母语第二信号系统的理论基础之上的。

3. 行为主义心理学

行为主义心理学是20世纪上半叶在北美乃至世界各地占统治地位的心理学流派。华生是行为主义心理学的奠基人,他把行为而不是意识当作研究的客观对象,否定人的意识作用,认为人的学习行为,包括情绪反应,是"刺激反应联结"的结果。

行为主义心理学在20世纪20年代有了新的发展,其中有影响的代表人物是托尔曼、赫尔、奥斯古德等。他们认为在刺激与反应之间存在着中介变量,而以斯金纳为代表的新行为主义影响最大,他用白鼠和斯金纳箱做实验,除了证明经典条件作用应答性的行为学习之外,他还首创了操作性条件作用的原理,而操作性条件作用模式则又是可用来解释基于操作性行为的学习行为。他称此为"强化类条件作用",并用公式表示:刺激(S)—反应(R)—强化(R)。在他看来,言语行为同非言语行为一样,也是由一连串S—R联结和获得强化而形成的习惯行为。

联想和刺激、反应、强化是学习和记忆的基础,它们是听说法的理论基础。听说法认为,外语学习是形成一个习惯的过程,而习惯是通过刺激(S)—反应(R)—强化(R)来形成和巩固的。

4. 认知心理学

美国的乔姆斯基提出的理性主义猛烈抨击了语言学习经验主义的行为主义理论。他创立的转换生成语法理论认为,语言是受规则系统支配的语言,人类的绝大多数语言运用不是行为模仿,而是从隐含着的抽象规则中创造出新的句子,句子不是模仿和重复所得的,而是由学习者的语言能力(内在的语言知识结构)转换而成的。与此同时,认知心理学反对刺激、反应二元说,认为在刺激和反应之间还存在有机体的思维活动

（S—O—R），强调人的心理认识过程。皮亚杰的新旧知识同化成新的结构 S—（AT）—R 理论，个体同化（A）于认知结构（T）之中的观点；布鲁纳的掌握知识的基本结构观点和发现法；奥苏贝尔的有意义学习等，都成了外语课程认知结构形态、交际结构形态和教学法体系的认知心理学的基础理论。

  5. 人本主义心理学

  人本主义心理学的创始人是马斯洛和罗杰斯。此理论产生于 20 世纪 60 年代的美国。人本主义心理学是当时盛行的行为主义心理学派和精神分析学派这两股思潮相对抗的结果。由于它不同于两股心理学思潮，所以称"第三思潮"或"第三力量"。它认为行为主义是机械的，忽视人的情感反应，而弗洛伊德心理学则过分强调人的无意识情绪，怀疑个人动机。与此两股思潮相反，马斯洛强调人的主观活动，第一次把"自我实现"和"人的潜能"引入心理学。以人本主义心理学为基础的教育是以"人的能力的发展"为目的，期盼把人培养成自由的人，达到实现自我价值的目标。这意味着人格的其他部分发展成长与智力发展同等重要。这样的人才是知情合一的人，是完整的人。学生是作为完整的人而存在的。人本主义心理学强调认知与情志的统一，形成自我实现的人格。由此可见，学校教育要以学生的发展为中心，强调学生的实践，防止抑制学生学习中的身体活动、认知能力和语言活动，并且发扬学生之间、师生之间的探究合作，发展良好的人际关系，营造一种宽松的心理氛围。这些学说无疑给传统的教育思想带来了极大的冲击，也向教师提出了严峻的挑战。

  人本主义心理学的思想影响了 20 世纪 70 年代的外语教育。先后出现了一系列外语课程结构形态，如社团学习、沉默、暗示、全身反应、自然和合作学习结构形态和方法体系等。

（二）心理学的知识观对英语课程与教学的作用

  知识问题是教育的基本问题，也是现代心理学讨论研究的基本问题。什么是知识？知识有哪些类型？学习者怎样获得知识？对这些问题的认识直接影响着学校教育的课程形态、教学特点、学习方式和评价方式。笔者从现代心理学知识点的角度，探讨其对我国英语课程与教学的作用和影响。

  1. 心理学的知识观

  我国教育对知识的定义是从哲学认识论的角度来进行描述的："所谓知识，就它反映的内容而言，是客观事物的属性与联系的反映，是客观世界在人脑中的主观印象。就它反映的活动形式而言，有时表现为主体对事物的感性知觉或表象，属于感性知识；有时表现为关于事物的概念或规律，属于理性知识。"知识是"对事物属性与联系的认识，表现为对事物的知觉、表象、概念、法则等心理形式"。

认知心理学（信息加工心理学）、心理语言学则是使用信息加工理论来定义知识的。知识是"个体通过与其环境相互作用后获得的信息及其组织，被储存于个体内，即为个体的知识；通过书籍或其他媒介储存于个体外，即为人类的知识"。它与传统知识观从哲学认识论角度研究知识不同，认知心理学、心理语言学侧重研究的是个体习得的知识的性质、类型及获得的过程与条件。它不仅研究知识如何被储存和提取，还研究知识如何被应用。认知心理学区分了认知领域的知识，即复述性知识、流程性知识及方法性知识。

复述性知识是个人能够提取线索，能直接复述信息来回答"是什么、为什么、怎么样"的问题，可以用语言来表达和传递，如英语单词的意思，现在进行时的概念、构成形式、意义和用法等。

流程性知识也称智慧技能，是指个人在无意识的情况下来提取线索，所以它的存在只能借助某种形式间接推测而形成知识。如能用动词的适当形式完成句子、概括课文主旨等都表明该学生具备了相应的程序性知识。

方法性知识也称认知策略，是一种特殊类型的程序性知识，主要用于调控自身认知过程，以提高学习效率。如为了记忆一个英语单词，学生可运用联想、构词法、同义、反义、组词等不同的策略。

我国教育知识观中的知识相当于认知心理学中的一种陈述性知识，主要是核心的事实和概念，只涉及知识的储存和提取，是一种记忆性知识，而技能与能力又是单列的。

2.心理学知识观对英语课程与教学的影响

（1）心理学的知识分类与英语课程的目标框架。

在英语学科中，课程的目标体系不仅需要体现学科特点，还需要反映课程改革的总体指导思想。

其实，课程不仅要关注认知领域（陈述性知识和程序性知识），夯实知识与技能双基，还需要将目光投向交际运用语言能力（也属于程序性知识）、人的思想情感和伦理道德品质、信念，甚至需要关注智力、个性发展，跨文化知识与能力和自学能力的培养，旨在体现学生全面发展的价值取向。外语课程的建设、发展和实施的目的在于恢复英语学科本身的多元价值，拓展和深化英语学科的教育功能，使学生在发展英语素养的同时发展智慧能力、情感意志、思想文化、自学能力，以及形成积极有效学习、辩证思维和正确思想观念。这不但体现了语言学科工具性和人文性的学科性质，还反映了学生全面发展的素质要求。

（2）英语教科书中的知识类型与教师对教科书的理解和使用程度。

由于教科书自身固有的话语体系和话语方式，教科书内容比较容易呈现出陈述性知识，而在提示程序性知识方面有一定的局限性。传统教科书受"学科中心"和"教科书中心"思想的束缚，过分强调英语学科的知识体系（语法、结构等）或陈述性知识。而改革开放以来，新的英语教学大纲、课程标准、英语教科书试图通过一些言语活动和语言活动的设计来提示教师，为陈述性知识向程序性知识的转化提供了多种可能。但是，教科书的编写也存在一定的"拿来主义"现象。另外，教科书只是教师进行教学的工具和辅助材料，教科书中的活动或练习未必都能适合教师自己的英语教育教学情境，不假思索地照本宣科，不但达不到两类知识的转化目标，还可能因知识缺失而挫伤学生学习的积极性。如若教师心中只有交际能力和跨文化交际能力，那么使用教科书就会忽视夯实双基，其结果会导致学生只关注英语知识，或只重视发展跨文化交际能力，却忽视了英语素养和人的全面发展。

（3）英语教学要重视知识类型之间的转化。

人们一般认为，教师在教学中起主导作用，这个"导"主要是指引导。从现代心理学和心理语言学的信息加工理论知识观的角度，教师主"导"主要体现在教师引导学生掌握陈述性知识、程序性知识、策略性知识及各类知识之间的相互转化过程上。

在英语教学中，过去人们只重视语音、语法、词汇等语言知识的教学，教师偏重演绎式的讲解和传授，学生机械地死记硬背，结果学生记了一大堆的语言知识却不知怎样应用。学生的技能（听、说、读、写）学习也是畸形发展、残缺不全，听、说训练完全被忽视，造成了普遍性的"聋子"和"哑巴"现象，即便最受重视的"读"，也只停留于字面意义的理解，缺少思维的深层意义和文化含义的深度挖掘，而对于阅读技能和策略的学习则更是少有问津。至于"写"，则是不到应考冲刺阶段不"显身"，原因是担心其挤占原本有限的知识教学时间。当然，造成这种现象的原因是十分复杂的。但从心理学的知识观看，这反映了对陈述性知识的过分重视，而对程序性知识的片面理解和对策略性知识的漠视。

21世纪以来，轰轰烈烈的英语课程与教学改革的钟摆又摇向另一极端，在二语习得"用中学、做中学""在交际中培养交际能力"的影响下，强调培养学生交际能力、跨文化交际能力和外语思维能力，却淡化了语法知识，忽视语音、词汇、语法知识的学习和操练，结果学生在使用中出现大量的语言知识性错误，又未及时纠正。另外，缺少或缺失语言扎实的双基基础，学生的用、做也变得畸形，交际能力或跨文化交际能力也难以呈现。

（4）英语教师要重视知识转化。

针对我国英语教学中的问题，教师需在促进学生知识转化问题上有所作为。

第一，从陈述性知识向程序性知识转化。在陈述性知识如何向程序性知识转化的问题上，关键是陈述性知识的程序化问题。安得森曾对"程序化"问题做过阐述。这一过程的核心是陈述性知识的技能化或能力化、程序化或自动化。在英语学科中，必要的语言知识是学生形成语言运用能力的基础，但仅掌握语言知识是不够的，它必须经过大量的练习和运用才能使其程序化，才能转化为语言技能和交际运用语言的能力（程序性知识）。以英语现在进行时的教学为例，如果学生掌握了进行时的概念和构成形式，但在实际交际情境中却不知其意思，也不能理解和运用，这就说明它缺乏一个程序化的过程。教师必须增加变式的练习，随着练习的增加，陈述性知识就能转化为程序性知识，最终形成自动化的交际技能。这时，学生就不用死记硬背那些语言知识，也能初步进行交际了。

第二，从流程性知识向复述性知识转化。语言学习不仅能从陈述性知识转化为程序性知识，还可以反向运行，即在使用程序性知识过程中加深对概念的理解，获得新的陈述性知识，实现程序性知识向陈述性知识的转化。为此，在交际过程中教师可以明示某些陈述性知识，让学生通过有意识的重构，将程序性知识转化为陈述性知识。如果没有这一步，很多学生可能在交际中流利表达，却漏洞百出，长此以往，就会导致语言的"石化现象"。为防止这一现象发生，约翰逊也提出程序性知识必须"陈述化"，如目前中小学使用的教科书大多先行培养学生的听、说能力，教师须在学生掌握了一定的程序性知识后使陈述性知识明晰化，才能让学生对学过的知识重新认识，以提升他们的语言意识，防止出现"课上兴高采烈，考场黯然神伤"的现象。当然，掌握陈述性知识不是教学的终极目标,学生在理解知识、结构和概念后,还可以进一步在创设的或真实的交际情境中广泛应用,以达到对语言形式的自动化运用。因此,知识转化不一定是复述性知识向流程性知识的单向运行,也可以是两种知识的双向转化。从陈述性知识向程序性知识转化和从程序性知识向陈述性知识转化代表了两种不同的学习路径,它们本质上无优劣之分,更多的是互为补充。选用何种路径受到各种因素的影响,理想的学习效果是两者并用。

第三,程序性知识和策略性知识之间的转化。策略是一种特殊的、技巧性的程序性知识。如学生在运用知识进行听、说、读、写过程中,都会有意或无意地使用一些技巧性策略,这种策略实际上就是一种关于如何有效交际的程序性知识。学生学习英语不仅要从陈述性知识(语言知识)向程序性知识(听、说、读、写)转化,也要学会从一般的程序性知识向策略性知识转化,以提高运用语言的效率。如在英语阅读中,学生针对不同的阅读目的和任务采取不同的阅读策略,为了了解文章大意进行浏览阅读,为捕捉具体信息而采用跳读策略,对生词也可实施多种猜词策略。一方面,教师要在学生掌握一定语言知识的基础上,逐步培养学生的阅读能力。通过大量阅读练习,学生能获得阅读的策略性知识,从而实现程序性知识向策略性知识的转化。另一方面,教师可有意识地训练学生的这种策略意识,以提高学生运用语言(程序性知识)的能力和效率。

另外一种策略虽然不涉及学生的认知过程,却对学生学习起着自我管理和自我监控的作用,那就是元认知策略。它在一般意义上回答了如何更有效地学习和思维,对自己的学习过程进行调控。如明确自己的学习目标、制订学习计划以把握学习机会、反思经验与不足、总结有效的学习方法和进行自我评价,等等。

总之,策略性知识不仅可以帮助学生提高学习的效率,让学生学得轻松、学得高效,还有利于学生进一步了解自己、管理自己,使学生最终成为具有较强自学能力的自主学习者。

综上所述,从现代心理学和心理语言学知识观的视角看英语课程与教学,不仅有利于识别英语课程、教科书、教学中不同的知识类型,还使教师认识到不同知识类型之间的连续性及其相互之间的转化,从而使教师更加辩证地看待英语教学中的知识、技能和能力之间的关系问题。

（三）默会知识和外语课程与教学

1. 默会知识论

（1）明确知识和默会知识。

1958年，英国科学家和哲学家波兰尼在《人的研究》一书中明确区分了"明确知识"和"默会知识"："人类有两种知识。通常所说的知识是用书面文字或地图、数学公式来表述的，这只是知识的一种形式。还有一种知识是不能系统表述的，例如，我们有关自己行为的某种知识。如果我们将前一种知识称为明确知识的话，那么我们就可以将后一种知识称为默会知识。"

明确知识是能够通过语言、文字或符号等方式表达出来的知识，其他类型的知识则为默会知识。默会知识是一种不能明言的知识，它"只能意会，不可言传"。人们在日常生活中都能感觉到它的存在。从数量上看，它甚至超过明确知识。相比默会知识，明确知识犹如冰山一角，而大量的默会知识则隐藏在冰山底部。

波兰尼不仅强调默会知识的存在，还强调默会知识的优先性。心灵的默会能力在人类认识的各个层次上都起着主导性的作用。任何通过语言和其他符号呈现的明确知识都依赖于默会知识的存在，都必须有默会知识的支撑，人类的认知过程本质上是默会的。无论是明确知识还是默会知识，都是物质世界和现实社会生活在人的意识观念中的反映。因此，在外语课程与教学中教师要关注明确知识，更要重视默会知识。

（2）默会知识具有个体性特征。

默会知识还具有个体性特征。波兰尼的默会知识论强调认识和认识主体的不可分割性，反对"没有认识主体的认识论"，反对人的"淡出"。默会知识是一种个人知识。在明确知识学习过程中，对知识获得起作用的是默会知识。学习者接受明确知识的程度或结果取决于本人能否用自己的默会能力赋予名言、符号以意义，取决于本人能否充分发挥主观能动性和创造性，而且不同学习者凭借各自的默会知识，主观能动性和创造性对同样的知识会赋予不同的理解。很难想象，没有个体默会的"协同性因素"，这种理解会得以产生。

作为一种不能明言的知识，默会知识具有一系列与明确知识不同的特征，主要有五个：非逻辑性、非公共性、非批判性、情境性和文化性。

2. 默会知识论对英语课程与教学的启示

传统教育过于注重学习书本知识或明确知识，教学就是教师传递书本知识和发展技能、能力的过程。学校教育的一切如教育目的、内容、过程、方法、评价都围绕着课本知识进行。默会知识似乎不是真正意义上的"知识",也不是有价值的知识。由于其获得的偶然性和随意性及不同于明确知识的传播途径,它不易为学校教育所重视和支持。默会知识在传统教育中没有合法地位,学校教育从根本上忽视默会知识的存在及其作用。波兰尼提出的默会知识论,为研究教育问题提供了一种新思维。他让人们认识到,学校教育中不仅存在着大量的明确知识,还存在着大量的默会知识。"从类型上看,既存在着教师的默会知识,也存在着学生的默会知识;既存在着有关具体的教学内容的默会知识,又存在着有关教授和学习行为的默会知识,还存在着有关师生交往和学生之间交往的默会知识;既存在着与语言知识学习有关的默会知识,又存在着与社会知识学习、自然知识学习等有关的默会知识;既存在着与教学过程有关的默会知识,又存在着与教学空间有关的默会知识,如此等等,不可计数。"默会知识论的价值不仅在于它区分了两种不同类型的知识,更在于它论证了人类认知过程的默会本质,由此拓展了人们对知识的复杂性的认识,从而改变了知识只有以明言方式传递才是合理的看法。

如果说波兰尼从认识论的角度论证了默会知识,而心理学家则通过心理学实验和分析证实了内隐学习的存在。有关默会知识(隐性知识)的研究已经明确无疑地显示,人类可以在无意识努力的情况下学习知识,并且这种学习似乎大有潜力。这一研究结果激发了人们的想象,激励并挑战教育工作者将理论运用于学校教育的实践,其应用的前景十分广阔。

语言学习是一个反复实践的过程,仅靠明确知识的学习不足以达到运用语言进行人际交流的目的,学习者必须依赖默会知识理解明确知识,并且通过大量的语言实践发展默会认知的能力。从默会知识论角度看待英语教学,可得到如下启示:

(1)关注学生的默会知识,凸显学生个体的主体性。

传统的教学只重视明确知识的传递过程,教师把自己定为知识"传递者"的角色,将学生视为"无知"的知识接受体,学生个体的默会知识完全被忽视。应该认识到,学习者来到课堂不仅带来了眼睛、耳朵和嘴巴,还带来了各自的默会知识。他们身上存在着一系列影响个体学习知识的"个体协同性因素",包括个体经验、情感、判断、评价、想象、直觉、理智、激情、信仰或者困惑、责任、良心等。尽管这些知识的存在是隐性的、不明确的或不完善的,但对于学习者的学习具有支撑作用。教师不仅要认识到这种默会知识的存在，还要发现和研究它们。

教师教学时必须将学生不能明言的默会知识纳入考虑范围。教科书呈现的一般都是明确知识，学生依赖自己的默会知识对教科书内容进行各自独特的理解、阐释、综合和运用。默会知识具有个体性特征，学习者接受明确知识传授的结果取决于本人能否用自己的默会能力赋予明言符号以意义。学生是学习认知的主体，因此，教师在研究教科书内容、结构及教学方法的同时，必须考虑：学生已经掌握了哪些明确知识？学生在相应问题上可能存在哪些默会知识和默会的认识模式？学生由于生活背景、学习经验和文化背景的差异，其英语学习的默会知识和默会认识也有所不同，如何帮助学生显现默会知识和默会的认识模式，并对它们进行检验、反思、修正和利用？如教师在引导学生阅读篇章时，应对学生具备的知识有所估测。教师不仅要善于调动和利用学生的默会知识对文章中的知识、内容和结构进行理解，还要引导学生进行合理的猜测、推理和判断。当学生因文化背景不同导致其默会知识干扰了他们的正确理解时，教师也要给予一定的修正。总之，教师要善于挖掘和利用学生的默会知识，使深藏于冰山之下的默会知识对学习明确知识发挥积极的作用。

（2）提供大量"理解性输入"，促进语言学习和习得。

克拉申曾经提出"输入假设"，认为学习者提供大量"理解性输入"有助于语言习得。他区分了语言"习得"和"学习"两个概念，认为习得是在非正规教学（自然环境）中无意识地获得语言能力的过程，而学习是在正式教学中有意识地学习语言规则的过程。尽管克拉申提出的学习是习得之果，而非习得之因，学习不能导致习得的观点过于片面，但在自然情景中无意识习得有助于在正式情境中的有意识学习。因此，自然的语言输入就显得十分重要。如果从默会知识论的角度来看，习得强调默会获得语言能力的过程，学习则是明确知识的接受过程，而且明确知识的接受也必须以默会知识为基础。克拉申十分强调语言输入（听和读）对语言习得的重要性，承认语言学习有一个"沉默期"，当输入进行到一定时候，学习者就可以自动地输出（表达）了。由此笔者认为，他相信学习者用默会的认识方式来习得语言的运用能力，而学习者学习语言知识（明确知识）也必须借助他们的默会知识。不难看出，语言习得说也十分同意并强调默会知识。

"理解性输入"是指稍超出学生现有水平的语言输入，克拉申曾用"i+1"加以说明："i"指的是学习者目前的语言水平，"i+1"则是学习者按习得顺序紧随其后的阶段，即稍超出目前水平的阶段。学生凭借一定的情境和语境、超语言信息以及有关世界的知识使理解得以产生，从而使学生从"i"阶段过渡到"i+1"阶段。这种看起来自然的理解过程正说明了学生默会知识的存在和重要作用。因此，教师在课堂教学情境中应为学生提供足量自然的可理解性语言输入，让他们充分调用自己的默会知识，促进学生的内隐（默会）学习过程。默会知识本质上是一种理解力。因此，与传统的语言知识的灌输相比，让学生接受大量的语言输入以促进其默会学习的方式显得更为自动、自然，从某种意义上说也更为有效。

（3）为教学内容提供更多情境支持，提高学生的理解力。

无论在语言习得前阶段，还是在明言表述阶段，默会知识都具有极大的影响作用。儿童以惊人的速度习得母语来实现人际交流与应对外部信息和事件，这可归结于儿童默会的力量。当学习者在母语环境中学习外语或第二语言时，由于缺乏足够的默会知识的支持，他们也就不能像运用母语那样自如地运用外语。

默会知识的作用启示人们，即使学生在语言学习初期，也不必先进行明确的语法知识教学，而应当通过提供适当的语言情境，促使学生运用默会的方式学习语言技能和习得语言运用能力。情境以整体的方式作用于人，人通过对情境的直觉把握和领悟，从而理解语言、运用语言。教科书中的知识多为明确知识，而明确知识的讲授必须根植于学生默会的理解之中。由于默会知识具有情境依附性特征，教师必须针对教科书内容设置丰富多样的情境，让情境自动地唤醒默会知识，促使学习者默会地理解语言和语言运用的规则，为教学内容提供情境支持的本质目的是提高学生的理解和运用能力。

同时应认识到，无论承认与否，默会知识在教育教学活动中自发地产生影响。它对明确知识的影响既可能是正面的，也可能是负面的。我国学生学习英语的最终目的是能进行跨文化交际和沟通思想情感。而跨文化交际的障碍不仅来源于显性的社会规则，也来源于隐性的社会规则。人们的交际行为都受到那些根植于社会文化传统潜规则的支配。因此，教师设置情境也要考虑到默会的社会、人文知识体系，使学生的默会知识体系得到检查、修正或应用，克服其对教学过程的消极影响。

（4）重新看待英语学习过程中活动和语感的价值。

在我国，英语是作为一门外语来进行教学的。当发现有的学习者十分熟练地运用英语，他能自如地运用却又不知道为何能够如此运用时，习惯上称他具有良好的"语感"。语感究竟为何物？其实，我们可将语感视为对语言的默会认知能力，是对语言的直觉把握和领悟。那么，学习者如何获得这种默会能力呢？

明确知识一般是通过正规的教育教学传播，为人共享，而默会知识的获得则主要通过经验来获得，即实践途径。这是波兰尼及其他研究者的共识。因此，教师不能忽视默会知识的存在。教育教学既要强调实践能促进明确知识，又要重视默会知识对明确知识的推动作用。英语教学也如此，既要加强教科书中的练习或课堂中的语言活动、操练语言技能，巩固语言知识，也应重视默会知识对理解和交际运用英语能力的促进作用。如今英语教学界比以往任何时候都重视活动或语感，但除了巩固语言知识、操练语言技能、交际运用语言能力以外，很少有人想到它别的价值，这都是明确知识现在起作用。如果从默会知识的角度来看，活动或语感不仅能唤起学习者已有的默会知识和默会认知模式，帮助他们完成任务，还能通过人与人的交流和互动，检查、显现和修正各自的默会知识和默会认知模式。更为重要的是，活动过程中生成和发展了除明确知识以外的默会知识，激发学生的内隐学习过程。这一过程实际上也是形成语感的过程。不但如此，这种默会的认知过程已经超出了语言学习的"语感"范畴，还拓展到与问题情境相关的默会认识模式以及情感、态度、信念和价值观念等。

第二节 高校英语教学改革历程与现状

一、中国现当代高校英语课程的演进

现代英语教学大体分为四个阶段：第一阶段是1949年至1985年的起步与摸索阶段，这一阶段的主要特点是高校英语教学的教科书、教学方法、教学要求等内容均尚不明确；第二阶段是1985年至1999年的规范与发展阶段，这一阶段的主要特点是高校英语教学在原国家教委的统领下，走向规范、秩序发展，制定并实施了全国统一的教学大纲，编写了高质量的教科书，探索了新的教学方法；第三阶段是1999年至2002年的调整与改革阶段，这一阶段的主要特点是高校英语教学为了适应学生日益提高的英语水平和社会需求，探索新的教学目标、教学任务；第四阶段是2002年至今的提高与深化阶段，这一阶段的主要特点是高校英语教学走向多元化、自主化的发展模式。

下面我们就每个阶段进行详细的介绍与总结，以展示中国现当代高校英语教学的发展过程。

（一）高校英语教学的起源与探索阶段

1949年中华人民共和国成立后，我国当时的高等外语教学主要工作中心在俄语教学上。到1952年院系调整时，全国仅剩北京大学、南京大学、复旦大学、武汉大学等八所院校开设英语系。一直到1956年制定第二个五年规划时，中央才发现1952年的院系调整过度减少了英语教学的覆盖率，其结果不利于吸收发达国家的科学技术和发展同西方发达国家的友谊，于是同年颁布草案决定扩大英语教学的覆盖率：高中英语课教学面扩大、高等院校（特别是综合院校和师范院校）英语专业陆续恢复和增设，高校英语教学秩序也得到恢复。同年，上海交通大学凌渭民教授编写的供理工科学生使用的英语教科书《英语》也获得出版。

1978年改革开放政策的实施，英语受到了越来越多的重视，高校英语教学工作走上正轨，并于1980年制定了第一个统一的高等院校教学大纲——《高等学校理工科公共英语教学大纲》。该大纲"首次以政府文件的形式确定了英语在高校教育中的地位，结束了公共英语教学各自为营的无组织状态，提出了国家对高校公共英语课教学的统一要求"。该大纲在实施过程中遇到了诸多困难，且教学对象仅限于理工科本科生，于是原国家教委于1985年和1986年又先后颁布了文理工科用《高校英语教学大纲》，进一步规范高校英语教学。自此，我国的高校英语教学进入了一个有文件指导和约束的稳步发展时期。

（二）高校英语教学的规范与发展阶段

统一的教学大纲（特别是1986年颁布的《高校英语教学文理科大纲》）公布以后，我国高校英语教学有了明确的奋斗目标（岑建君，1997），开始走上了有纲可依的规范化发展道路。以教学大纲为依据，陆续出现了《高校英语》（文理科本科用）（1986年上海外语教育出版社出版）、《新英语教程》（1987年清华大学出版社出版）、《大学核心英语》（1987年高等教育出版社出版）等符合我国英语教学实际的教科书，并在实践中不断改编、修订，逐步受到了国内高校教师及学生的青睐，成为我国此阶段英语发展的主要教科书。

为了检测高等院校学生对英语基本技能的掌握情况，原国家教委于1987年开始实施全国高校英语考试（College English Test，后简称CET）。该考试分为两个等级，达到一般要求的为四级（CET4），达到较高要求的为六级（CET6）。作为一种大规模、标准化测试，CET不仅是对我国高校英语教学成果的一种检验，更对我国高校英语教学具有指导作用。通过标准化测试，教师不仅可以发现院校之间、院系之间、学生之间的不同情形，从而分类指导，还可以发现学生对英语的掌握情况，以便为英语教学与大纲的制定提供参考。事实证明，高校英语四、六级考试不仅对高校英语教学有着深远影响，在社会上也很受重视，被用人单位作为衡量大学毕业生素质的一个主要指标，得到了社会的普遍认同。从这些方面来说，高校英语四、六级考试的设立是非常成功的。受教学秩序的稳定、师资水平的稳步提高和英语教学的稳定发展等因素的影响，高等学校新生的英语水平较1985年和1986年教学大纲制定初期有了明显提高；随着改革开放的深入，社会对大学毕业生英语能力的需求量也有了较大提高。

（三）高校英语教学的调整与改革阶段

随着高校英语教学的发展，原有的教学大纲已不适合时代发展的需求。一方面，随着教学秩序的恢复、教学制度的完善、教育环境的稳定，我国小学、初中和高中的教育都获得了较大发展，英语更是获得了前所未有的重视，部分发达地区和大城市甚至从幼儿园或小学三年级开设英语课（蔡基刚，2005），社会办学的英语辅导班、兴趣班也迅速发展，其结果之一便是大学新生的英语水平较以往有很大提升，原有的教学大纲已不再适合新入学的大学本科生。另一方面，随着改革开放的深入和我国加入世界贸易组织，社会上对外语人才的需求急速增长，对应届大学毕业生的外语应用能力也提出了更高的要求，原有教学大纲已远远落后于时代需求。

鉴于此，原国家教委高教司从1996年5月起，在广泛的、多层次的社会需求调查的基础上，吸取了专家、学者、一线教师的意见后，于1999年将原来的理工科教学大纲、文理科教学大纲合二为一，制定了统一的《高校英语教学大纲》（修订本），这是"教学大纲的一大进步"。1999年颁布的修订本教学大纲强调学生的交际能力，并在继续强调阅读能力的同时，注重听、说、读、写、译的全面发展。在修订本教学大纲的指导下，一批内容全新的、理念先进的、体系完整的教科书逐步出版发行，比较具有代表性的是复旦大学和上海交通大学联合编写的《21世纪高校英语》、浙江大学编写的《新编高校英语》、上海外语教育出版社出版的《高校英语》（全新版）和外语教学与研究出版社出版的《新视野高校英语》。这些教科书内容新颖、设计合理、时代感强、配套练习详尽，并配有多媒体课件及自学辅导书，受到了高校英语教师和学生的广泛好评。

与此同时，为了适应时代需求，高校英语四、六级考试自1999年5月起开始加入口语测试，以期全面提高学生的英语运用能力。口语考试的推行，使四、六级考试进入一个相对完善的新阶段；四、六级考试可以对学生的听、说、读、写、译等各项技能进行全面的鉴定，这在很大程度上推动了高校英语教学改革的进行。

需要指出的是，1999年制定的针对全体非英语专业本科生的《高校英语教学大纲》（修订本），虽然认识到了听、说、写的重要性，但仍将阅读放在英语教学的第一位，"只看到了被动输入，没有看到主动输出的巨大作用"。陈国华甚至指出："长期以来，我国的英语教育费时低效，一个重要原因就是重阅读而轻其他。"他还认为这是大纲落后于时代的"一个主要表现"。而且，这份教学大纲"受应试教学的影响，忽视听、说能力的培养，即使安排听、说课也是以备考为目的的听力训练，结果养成学生打勾画线、猜答案的思维习惯，这极不利于培养真实环境下的口头交际能力"。这也就是为什么在新大纲颁布后的第三个年头（2002年），教育部就果断决定启动新一轮高校英语教学改革。

（四）高校英语教学的提高与深化阶段

在新媒体时代背景下，仅仅按照传统的教学方式教学已经不能适应当前的教育，因此，高校教师应充分重视对英语教学的改革与创新，充分利用新媒体的特性来有效弥补传统教学方式的不足。在实际的英语教学过程中，教师应该结合学生的实际情况制定有效的教学策略，注重教学手段以及教学内容的创新，全面提高学生的英语学习兴趣。通过利用新媒体技术手段，在原始教学模式的基础上进行创新，教师可以借助多媒体来为学生创造有利的教学情景，促使学生更好地融入教学环节中，提高英语课堂教学的效率。除此之外，教师利用多媒体进行教学，可以全方位拓展学生的思维，并提供给学生更多独立思考的机会，通过开展小组讨论活动，加强学生之间的互动与交流，同时为学生创造良好的学习环境，使他们能够充分体会到新媒体教学带来的乐趣，将注意力转移到英语学习中去。

英语是高校新生所必修的一门科目，尤其是对英语专业的学生而言，英语学习水平直接关乎其日后的就业。因此，高校领导以及教师应该全面加强对英语教学的重视，如何才能更好地激发学生英语学习的积极性是高校英语教师共同面临的问题之一，新媒体的出现为解决这一问题提供了有利的条件。在新生刚进入大学校园时，高校可以充分借助新媒体工具来宣传英语在整个大学教学中的重要性，引导学生形成正确的英语学习观念，让大学生能够清楚地了解到英语学习的益处。新媒体背景下高校在开展英语课程时，应充分利用多媒体工具进行特色网络课件的研发，并利用移动互联网来加强与学生之间的互动，在研发的过程中，教师可以鼓励学生积极踊跃地参与其中，并提出自己的意见。这样有利于激发学生对英语学习的兴趣，提高学生主动参与的积极性。在课下，教师还可以组织各种各样的英语竞赛活动，并利用网络平台进行投票，通过这种方式来提高学生的参与度，同时还能够促进英语教学的有效推广。

以往，高校英语教学中所用到的教学方式向来都是传统的灌输式教学，整个课堂教学基本上都是教师在台上讲解，整个教学过程过于机械化，缺乏趣味性，从而导致学生逐渐失去对英语的学习兴趣，而且这种方式并不能够实现教师与学生之间以及学生与学生之间的有效沟通，使英语教学效果不理想。但是，自新媒体时代到来后，新媒体已经逐渐成为高校教学中的重要教学工具，进一步拓宽了学生获取知识的渠道，极大程度地丰富了英语学习内容。在新媒体时代背景下，教师应该及时转变自身的教学观念，英语教学的改革与创新需要重视实践教学环节。对此，高校可以采用主动式实训教学方式进行教学，这种方式更加侧重实践教学环节，有效弥补了传统教学中重理论轻实践的问题。开展主动式实训教学不但有利于实现理论教学与实践教学的有效衔接，同时还有利于提升学生的综合运用能力，充分发挥出英语学习的效用，对改善当前的英语教学质量起到一定的促进作用。

二、高校英语教学改革的现状

（一）实施教学存在误区

具体而言，现行高校英语教学有忽视培养学生读、写能力的倾向。新一轮教学改革为广大英语教师提供了多媒体、网络等教学形式，教学大纲也着重发展学生的听、说能力，因此，部分高校英语教师在英语教学过程中有弱化学生读、写能力培养的倾向。正如王守仁指出的那样："高校英语的教学对象是非英语专业学生，无论是在校学习还是毕业后在工作岗位上，大部分人接触英语的主要方式是阅读。为了适应信息社会的发展需要，同时为交际打下扎实的基础，应增加英语语言知识的输入，逐步加大学生的阅读量，拓展阅读的广度和深度。"因此，强调培养学生的听、说能力，并不意味着弱化读、写能力的培养。此外，新一轮高校英语教学改革的另一误区与语法能力的培养有关。

由于受交际教学法的影响，部分高校英语教师认为"语言教学的目的在于交际，学生只要能够达意，语言教学的任务也就完成了，对语言的准确性没有较高的要求。"而事实证明，语言的准确性和流利性是同等重要的，在培养学生交际能力的同时，应该采取交际—语法教学法。再者，现行高校英语教学改革也存在过度依赖多媒体、网络等先进技术的趋势。毋庸置疑，多媒体、网络等现代教育技术为高校英语教学提供了样式新颖、材料多样、内容全面的教学手段，并已经在大学外语教学中取得了明显的效果，对高校英语教学改革和人才培养做出了积极的贡献。但教师仍需要发挥课堂教学在外语学习中的作用，切忌多媒体教学新模式一哄而上。

（二）教学过程呈机械化倾向

所谓机械化训练的倾向，主要是指用机械训练代替教学中应实现的丰富的教学任务。其主要表现在三方面：

1. 英语教学过程不重视主动学习

传统教育观视教学过程为教师单向传授知识的过程。如今，教学过程是教与学统一的过程，这个情况已经众所周知。这是因为人们逐渐认识到教学具有教师向学生传递教学内容，并使学生掌握的本质特征。但是，这个过程并不是传统所理解的将知识直接灌输给学生，学生直接拿来就可以。学生必须积极主动地学习，独立思考、独立研究，真正地学会独立学习。当然，这并不意味着教师在教学中处于被动应答的地位。教学过程既不仅仅是教授的过程，也不仅仅是学习的过程，它是教师与学生交互作用的统一的过程。教与学的关系是相互缠绕、彼此依赖、相互构成的关系。

但在实践中，我们经常可以发现两种情况：

第一种情况是教师在课堂上常常将英语知识以词、句、篇的方式简单直接呈现给学生。部分有兴趣的学生能够记忆式地接受教师给予的知识，进行记忆式学习，积累一定的语言点，教与学的过程在浅层次上进行，缺乏深层次的思索与对话。而无兴趣的学生并未受到教学活动的激发，也就未真正发生学习行为。这种状况的课堂教学活动只是局部性教学活动。

第二种情况是教师很注重学生口语能力的提升。35至40分钟的课堂教学中，教师从一开始便设定一个个问题，让学生口头交流回答，自己基本不做指导。表面上看这样的课堂活跃了，学生敢于开口了，深究下去便会发现学生们的英语交流只是原有英语口语能力的简单输出，只是其之前学习状态的呈现，教师并未在学生语言输出的基础上，给予一定量的语言输入去提升和丰富学生的英语能力。那么，这样的学习并不是真正意义上的英语学习，只不过是英语口语技能的熟练化而已。这两种情况的共同特征是学生并未或不可能成为主动学习者。

2. 英语教学活动中教育意义的欠缺

英语教学的中心目标是丰富学生的英语语言知识和形成英语技能，使学生具备参与英语活动所需要的知识、技能和能力。但是，英语教学过程不只有此一项任务，它同时是教育过程。在英语教学传授了该学科知识与技能的同时，应该使学生增长该学科特有的见识，对世界、对社会的基本判断力，并对人生形成基本价值观和态度。这些是学科教学中共有的教育性目标，英语教学也不例外。英语教学中教育性目标的达成并不是附着于英语知识与技能的教学或引申出来的，而是在教学活动开展的过程中孕育、渗透和养成的。也就是说，学生在教学中采用什么方式进行学习将会深深地影响他们的态度与性格。如果学生只是被动地接受教师所给予的东西，或是机械地模仿、死背教师灌输的东西，往往会养成盲从及屈从的态度与性格。与此相反，唤起学生积极的探究精神，引导他们逐步依靠自己的力量来解决学习课题、发现知识，就会养成学生独立地、创造性地、友善地实现目标的态度与性格，形成锲而不舍的顽强意志与人格。

当前英语教学中认知性目标与教育性目标的分离状态很普遍，其中一种情况是无视教育性目标，唯以英语知识和技能为目标，让学生在模仿中学习，在重复性操练中熟练化，认为只要学生掌握了相关英语知识与技能，考试成绩好便可以了。令教师很苦恼的是，在课堂教学中如果对学生进行思想品德教育，教学进度就会落后，自己的教学目标就无法完成。这类教师大多认为，教学中的教育就是利用课堂教学时间讲一些思想品德教育或结合形势的道理。

无论是删除还是添加教育性目标的做法，都不是真正意义上的教学中的教育。它所传授的学科内容及内在的教育价值的开发融于学习活动本身，才会产生教育的效果，这才是教学中的教育。

3. 语言知识掌握过程中弱化理解与思维

在英语教学中，英语知识的掌握是发展听、说、读、写的英语技能和形成文化意识的基本前提，因而受到教师们的充分重视。但是，在什么意义上把握知识的概念，许多教师并不清楚。所谓英语知识不仅包含相关的事实与现象，还包含英语的特质、相互间的关系和语言规则。因此，教师在教授英语知识时就不能将之仅作为信息来掌握，还要使学生能够在语言关系和规则的意义上进行把握，并将其转化为自身的理解与能力，能够在生活中灵活运用。如此就要求英语知识的教学与学生认识过程达成统一。当然，由于对学习英语的学生而言，英语知识具有间接性和人为性，学生在掌握的过程中就不可能像学习自然科学知识那样要经过科学探究的过程，而是要在英语材料的归纳与发现中，通过比较、分析、抽象和综合形成对英语知识的深层次把握。在英语教学中，学习知识过程与学生认识过程是统一的，这要求学生能够主动地学习，尤其是思维的真正激活。

目前，提倡学生在英语学习中提高主动性已成共识，课堂教学也有了诸多变革，比如，在英语课上注意结合生活情境，并给予一些开放性的问题让学生回答，或是给学生提供开展小组活动的时间与空间。这些都反映了教师在教学中努力把书本知识与现实生活相联系，尽可能地让学生主动参与学习活动的改革意识，这无疑是一种变化。但是，这些努力只是激发学生主动参与知识形成过程的第一步，而对于如何在激活学生思维的过程中让学生体验发现的喜悦，让学生相互间在思维与经验的碰撞中形成新经验与新认识，往往关注不够。

（三）研究视角存在局限性

英语教学如何结合学生英语学习的特点与潜能设定教学目标？如何结合学生英语学习的困难进行有效的转化？如何认识与把握不同年级学生学习任务与能力间的相关性，以便更有效地使英语教学真正成为学生主动、健康成长的育人资源？凡此种种，不逐一列举。

我国英语教学改革的思路基本还是在英语语言文化的框架内进行思考，对各年级英语教学的起点、问题、转换机制等缺乏实践性的认识，对各年级学生英语学习的特点、问题及其实现机制缺乏过程性认识，对各类型的英语教学目标、任务、过程逻辑与方法等也缺乏本土化的认识。

就整体与部分的关系而言，教师需要贴近生命成长的状态进行思考与实践，既要从生命成长过程整体审视某一年龄段学生的成长使命，也要从生命成长中整体审视某一学科教学对其特殊的价值与意义，更要从生命与教育实践真实的动态关系整体把脉教学的起点与最近发展区。

三、大学英语教学的最新要求

（一）追求全人发展

在大学英语教学中，以人为本才是每个教师的教学理念，教师教学的目的就是要充分发挥学生的主体地位，教会学生自主学习的方法，使学生能够实现终身学习。在知识经济飞速发展的今天，学生需要学习的内容与日俱增，仅在学校中进行学习是远远不够的，想要在复杂且竞争激烈的社会中立足，学生必须具有不断学习、终身学习的能力，学生必须能够利用有限的知识创意性地解决生活中出现的各种问题。大学英语教学首先的定位就是人的教育，在教学过程中，教师应努力培养学生的学习兴趣，帮助学生获得有效的学习策略并养成良好的学习习惯。

全人发展不仅强调学生的知识教育，而且更加重视学生精神世界的建设。学生的社会责任感、严谨的学习态度等都会对其学习产生重要影响。全人发展强调尊重学生的个性，每一个学生都蕴含着丰富的个人潜能，英语教师应该与学生多沟通，从学生独特的视角中得到改善英语教学的启发。和谐的课堂气氛是全人发展所必需的，因此，教师与学生之间应该是一种平等的关系，教师要多为学生创造英语学习的机会，使他们在学习中品尝到成功的乐趣。

（二）采用科学的评价方式

传统的大学英语教学多采用单一的评价方式对学生的学习情况进行评价，其中笔试的形式最为普遍。而且这些评价的结果多侧重于选拔，在评价中试图将学生分为三六九等，这样的评价方式使学生深受其害。因此，在进行大学英语教学改革中必须对评价方式进行改革。首先英语教学评价的目的不是对学生进行分类，而是对教师的教学效果进行监测，对学生的学习效果进行了解，以便教师在今后的教学中不断改善教学方法，提高教学效率。因此，大学英语教学评价的实施应遵循以下几个原则。

1. 多元化原则

大学英语教学中，评价体系的改变必须实现多元化，只有多元化的教学体系才能达到应有的效果。评价的多元化包括目标多元化、评价主体多元化、评价工具多元化等。其中最主要的是评价主体的多元化。传统的英语教学中，评价的主体一般为教师，而评价的对象为学生，在教学活动中，评价主体应更加多元化，即教师、学生、家长都应该参与到教学评价中来。教学管理者以及家长等的评价对教师教学的进步和提高具有重要作用。教师可以通过评价了解自己的不足以及家长、教育管理者对于教学的建议，从而改善英语教学方式。

2. 激励原则

评价的目的是学生的全面发展，但是由于错误的教学观念引导，使得人们将评价等同于考试。家长、教师甚至整个社会都通过分数来对学生进行评判，使学生卷入了无情的分数竞争中。这就导致了学生无法从分数中看到自己的进步与不足，而感受到的是更多的压力。评价的目的不是为了打击学生的积极性，而是为了激励学生，评价的目的是为了发现每个学生身上的优点和特长，并针对学生的特长为其提供更广阔的发展平台。

3. 情感体验原则

语言是情感表达的工具，而英语教学也是一种情感教学。因此，在进行英语教学评价时应多注意学生的情感体验，对学生的评价不应只停留在其知识掌握的多少上，还应看学生是否具有用英语进行情感表达的能力。与此同时，教师在进行评价时也应该抱有积极的情感，重点关注学生的进步，鼓励学生进步，使学生用积极的态度对待评价，从评价的结果中不断获益。

（三）提高学生认识能力

英语教学不仅要培养学生的知识和技能，还应该培养学生的认识能力。学生认知能力的提高需要采用合理的教学方法。

想要提高学生的认识能力必须以话语（discourse）为中心展开教学，话语由词汇组成且其应用于不同的语境中，以话语为中心展开教学体现了语言的完整性。语言与思维模式都会在话语使用中得到体现，这样的教学模式更有利于学生将语言形式与思想内容结合起来，进而锻炼学生的智力。除此之外，教师在教授学生语言的同时，还应教授其文化与思想，语言教学应与"达理""明志"相结合。学习语言的人应该具有跨文化的领悟力，在习得语言的同时了解文化与相应的思维方式，这些都在无形中增强了学生的认识能力。

总而言之，大学英语教学中存在的种种弊端以及大学英语教学的最新要求都反映着大学英语教学改革的必要性，也加快了大学英语教学改革的步伐。

第三节　高校英语教学的发展趋势

每个人都出生于一定的社会和文化环境，比如，家庭、社团、社会阶级、语言和宗教等，而且最终将建立起许多社会联系。一个孩子所处的社会环境状况，将影响他的思考和行为方式。个人如何对这些影响做出反应，或者说哪一种影响的效果最大，通常难以预料，但无法否认的是语言和交际是人类经验的核心。

一、三维关系中定位英语教学的当代使命

（一）我国当前社会背景下英语教学的时代使命

对于当前我国时代发展与社会转型所内含的精神而言，可能一大串的列表也未必能够详尽描述这个时代精神特征的不同层面与不同维度，但有三个特征明显成为当代人或未来较长时段内人的生存事实，这三个特征可概括为：全球化、自主化与多元化。

1. 全球化

由于科技发展，人际空间距离逐渐缩小，密度加大；经济活动逐渐突破国界而走向"地球村"。21 世纪的社会是一个交流范围不断加大的社会，不同国家与民族之间不仅有竞争的关系，也存在相互依赖的关系。有些学者称这种社会为融合型的国际社会。而融合人的黏合剂则是外语教学，这种国际大交往的时代格局，便成为我国当代外语教学目的确立的基本时代背景。外语教学在 21 世纪的使命之一便是促进各国间的友好合作，既是为了弘扬我国优秀的文化传统，让中国文化走向世界，也是为了通过外语学习，更好地汲取外来文化，丰富我们自身。

2. 自主化

出生在 20 世纪 70 年代以前的人，对比这 40 多年来中国社会生活的变化，都会承认中国人正处在由原先那种一旦做出最初选择，一切便都有安排的社会，向着一个人们不得不为自己命运承担责任的社会转变，这种转变至今仍在继续：一元价值观向多元价值观演变，个人与单位间的身份关系越来越走向松散。进一步的变化所产生的结果是社会给人生存的空间度和自由度在日益加大，我们终于可以自己来编写人生大剧的脚本，而不用再去扮演别人为自己安排的角色；每个人都面临着这样一种机会，

甚或是挑战——自我塑造甚至重塑自我。人生并非已完全由生物遗传或神灵在命中注定，你可以使自己的人生成为一部杰作。所有这一切都说明，一个呼唤人的自主性的时代到来了。

3. 多元化

当今社会是一个多元文化并存与相互冲突的社会，传统文化与现代文化、中国文化与异域文化、主流文化与非主流文化竞相对学生的发展产生影响。学生如何面对不同的生存样式，同时又不迷失自己便成了一个两难的问题。能否处理好这种关系，则与他的多元文化素养有直接关系。为此，一个国家的教育应当致力于培养学生掌握不同的语言并了解他国的文化，以促使其养成在当代和未来多元文化社会成功生存与交际的能力。在学校课程中，能够承载这一教育使命的除了其他人文社科类学科外，外语教学显然也是不可缺少的学科。学生应当在学习外语的过程中掌握异域文化并形成语言交际的能力，这也是当代外语教学的主要宗旨之一。

由雅克·德洛尔任主席的国际 21 世纪教育委员会向联合国教科文组织提交的报告《教育——财富蕴藏其中》中，在回顾人类联合生活的冲突状况后指出，21 世纪的教育在解决人类冲突方面的使命就是"教学生懂得人类的多样性，同时还要教他们认识地球上的所有人之间具有相似性，又是相互依存的。因此，从幼儿开始，学校就应抓住各种机会来进行这一双重教育。某些学科特别适合进行这种教育：从基础教育开始教授人文地理，晚些时候教授外语和外国文学"。

现在，我国处在时代发展和社会转型背景下，多元文化问题不再只是理论命题，更是一个现实问题。如何培养未来新人在适应多元生存环境的同时不至于迷失自我，不但是政府、学术界关注和思考的问题，更成为学校教育的基本使命之一。当前状况下，我国高校英语教学承担起培养学生的多元文化生存素养的时代使命。提高学生适应多元文化为背景的社会交际能力是时代的要求，英语课程是为此而提供的一种重要学习资源。英语课程改革必须关注并培养学生适应现代社会所要求的英语能力，为学生提供丰富的语言交际的机会，帮助他们掌握恰当的交际方式，促进思维发展，为他们进一步认识世界、适应社会打下良好的基础。

（二）语言与文化视角中英语教学的文化使命

一直以来，外语教学的关注重心一般是学生对外语的语言形式的学习，基本不顾及语言内容的价值，从而将语言形式与语言文化内容割裂开来。尤其在语法大纲主导的年代,许多教师严格按照语法大纲所组织的教科书进行教学,很少注意开发外语教学内容对于学生的养成性价值。比如,听说法强调听与说,倡导通过刺激—反应、对话记忆、语法训练和口语技能等方面的学习。学生说外语其实只是重复教师的语言、背诵对话或进行各类机械训练。学习者也很少处在意义化的、情境性的语言输入环境中学习,没有将记忆性材料转化为自然语境中交际的机会。20世纪60年代,外语教学界倡导认知法,开始关注促进较有意义的语言运用与创造,但这种方法关注较多的是语法机械训练,学生仍然很少有时间在真实的语境中运用外语。

20世纪70年代,外语教学界掀起了交际语言教学法,开始关注学生的学习需要和交际的性质。

这一外语教学法很快风靡世界很多国家,逐步改变外语教学观,人们意识到外语不仅是语言学科,还是一门关于文化的学科,通过这门学科的教学应有效增加学生的文化知识,扩大学生的视野,重新将语言内容的学习放置到外语教学中。比如,美国在1996年的《外语学习课程标准》中指出了外语语言文化学习的文化价值在于它可以使人们与不同文化背景下的人们进行有效沟通;学生能够走出自己文化的域限,扩大眼界;可培养学生认识自身语言和文化的洞察力;可促使学生能够更好地在对比中认清自己,理解其他文化中的人们,以及彼此间的紧密联系;有助于学生将来能够较充分地融入地球村和市场建设的行动;外语语言和文化的学习也是学生充实已有文化容量的直接途径之一。目前,我国也正处于多元文化的社会背景之下,培养学生健康、正确的文化意识与观念便成为当前各门学科教学不可回避的共同任务,英语教学作为了解异国文化的重要载体更具独特价值。

(三)青年成长中英语教学的育人使命

英语教学变革最终要落实到人的发展价值。目前,人们越来越深刻地认识到语言对人的精神发展的价值。其中,语言与思维的关系更是一直被关注的重心。

著名语言学家洪堡特指出:"每一种语言都包含一种独特的世界观……每一种语言都在它所隶属的民族周围设下一道藩篱,一个人只有跨越另一种语言的藩篱进入内部,才有可能摆脱母语藩篱的约束。"因此,学习一门外语不仅是掌握一种工具,学习一项技能,更是接触和了解一种思维方式与思维习惯。具体地说,英语语言重逻辑形式思维、重个体思维的偏向,是一种典型的形态型、形足型语言,明显不同于汉语这种语义型、音足型语言。这就使得英语学习中的形合手段远远多于汉语,并使其语法呈现出显著的显性和刚性特征。显性首先表现在词类的标志上,相当多的单词从词形上就能够判断其词义,如有 -ment、-ity、-ation、-er、-or、-ness 后缀的一般是名词,有 -ful、-al、-lve 后缀的一般是形容词,有 -en、-ify、-lze 后缀的一般是动词,有 -ly 后缀的一般是副词等。显性还表现在名词有数和格的变化,代词有性、数、格、人称的变化等。英语语法的刚性表现在"该有的一个也不能少"。也就是说,形态上要求的,一般必须遵守;形式上要求有的东西,通常也不能少,特别是虚词的使用。这些思维方式上的不同,一方面说明英语学习能够丰富学生的思维方式,另一方面说明英语教学能够注意引导学生通过掌握英语规则进行学习,也有助于学生思维水平的提升和英语学习效率的提高。

英语课程在培养学生素质方面的任务也日益受到我国的重视。比如,我国《英语课程标准》指出:"英语教学应该与其他学科教育共同努力,促进学生素质的全面发展,提高学生的人文素养,增强实践能力和创新能力。"当前高校英语教学所致力于回答的核心问题之一,就是将育人价值落实到不同年级、具体英语教学内容以及不同教学任务之中。

二、当代英语教学的育人价值观

随着英语教学改革的发展,我国对英语教学目标及育人价值的认识一步步走向完善,并逐渐与国际接轨:从单纯的关注语言知识的学习,到语言知识与语言技能并重,最后到关注语言的技能掌握及语言综合素养对学生的发展价值,随着 21 世纪我国新一轮新课改的推进,英语课程改革也与整个课程的基本精神保持一致,站在学生发展的视野,突破了语言观对英语教学的影响。所有这些,都是我国近二三十年来英语界的巨大进步,丰富了人们的认识,在此基础上,结合实践探索,形成了当代英语教学的育人价值观。

(一)语言知识的教学价值

在以往语法大纲为主导的思路下,语言知识通常被理解为语音、词汇、语法等内容,但随着英语功能型大纲的推行,语言知识通常被理解为包括语音、词汇、语法、功能和话题等内容,尤其是功能和话题的加入,使得英语知识的社会性语言功能和意义功能得到重视,但过于突出话题和功能的意义,使其淡化或弱化了语音规则、词汇规则和语法规则对于中国学生学习英语的价值。当代高校英语教学一方面认同语言知识的内涵应包括功能与话题，但认为对于中国学生学习英语这门外语而言，引导学生注重发现英语语音、词汇和语法规则的特点，对于学生高效、规范地学习英语的价值同样不可忽视。胡春洞教授的基本观点："从语言学层次上看，有语言和言语两方面。前者包括语音、语法、语义、语用、句型和词汇，后者包括听、说、读、写和话语及功能。前者是社会普遍性的，后者具有个人特殊性；前者是构成语言能力的要素，后者则是语言的表现；前者规律性强，后者变异性强。在英语学习中，言语要重视，语言也要兼顾，不要把两者对立起来。现在有一种偏激主张，认为只要学习功能项目和句型就行，用不着学习语法，其实英语语法本身就是功能和句型的进一步概括，是规律的总和。所谓交际功能只不过是基本语法功能的演化，而不是另起炉灶。现流行的所谓交际能力，同样是语言能力的发展，而不是平地起楼台。学英语应该学习语法，只是不要死抠语法，不要在语法概念和语法分析上纠缠不休。学习语法，主要是掌握词、句、文和话语的结构特点和规律，各种结构的关系和转换，以及一定的结构所具有的意义和功能，或一定的意义和功能所对应的结构。这样学习语法，就是用活动的方法学习活的语法。语言的其他方面，如语音和词汇的学习也应该采用活动的方法学习活动的语音与词汇，不死抠孤立的单音，不死记孤立的单词。这样的学习，就是以语言学习为手段，而且以言语学习为目的。"

具体说来，笔者认为语言知识教学的育人价值体现在以下几点：首先，重视学生主动构建知识、发现知识规律的过程。为此，凡是学生能够做到的，教师都不要插手，教师的作用是创设一定的环境，引导学生发现语言的内在规律，进行创造性的学习与运用。教学要具有挑战性，否则难以激起学生的学习兴趣。

其次，注重课堂教学中主要话题贯通全过程，语言内容与语言形式在教学推进中的统一，实现英语教学过程的意义化与言语化的内在统一，避免传统上只顾语言形式的机械学习而忽视语言意义，或是只注重语言内容而忽视语言形式，从而使英语教学上形成自然常识课或思想品德课的弊端。

再次，知识教学过程遵循理解、记忆和运用语言规律的顺序，呈现多次、递进、螺旋式上升的教学过程，使学生认知水平的发展体现出相应的层次性、逻辑性和递进性。

最后，提倡发现式学习，在开放性教学过程中，激发学生在主动探索中发现和掌握英语的语言规则，并能举一反三地在生活中运用。

（二）语言技能性教学（主要包括听、说、读、写）的育人价值

听、说、读、写对于中国学生言语技能的培养具有同等重要的价值，不应该忽视甚至简单抛弃读与写对于中国学生掌握英语的重要作用。因为中国学生接触汉字往往比英语晚，而中国的汉字是音足型，学生掌握汉字往往习惯于首先从字形上进行视觉理解与记忆；如果教学只强调通过听、说进行音形理解与记忆，那么，非但不能发挥学生原有的学习原型优势，还不符合中国儿童的记忆策略，学习效果会大大降低。平时，一些教师会发现，有的孩子能够讲得出较为流利的口头英语，但几乎无法进行同等水平的书面阅读，其原因之一便与教师忽视读、写技能的培养有关。

基于这种认识，当代高校英语教学改革观念具体理解如下："听"与"读"是接受性学习，但未必是被动式学习；"说"与"写"是输出性学习，也未必是主动式学习，这取决于学生在学习过程中的状态。具体处理方式是：

1. 听的教学

强调学生在教学过程中从多个层面把握语言材料：听懂关键词，掌握主要内容与情节，抓住中心思想。目的是培养学生在听的过程中形成捕捉、根据上下文猜测具体语言意义、关键信息的能力，以及根据情节整体推论语言思想的能力。

2. 说的教学

注重学生能够根据所学词汇、句型、语法和文章内容规范灵活地表达意义，以实现语言学习内化与外化的双向结合。

3. 读的教学

包括有声读与默读，精读与泛读，读词、读句与读篇等，不同读的类型任务也会不同。教师在阅读课教学中关注的是学生能够学会通过查词典自主掌握文章中的生僻字词汇，或是根据上下文猜测词义，或是能够寻找主题句，形成快速掌握文章大意和中心思想的能力等。

4. 写的教学

不是为写而写，而是强调学生通过"写"掌握拼写、标点符号与大小写等基本写作知识；运用已学词汇与词组，培养逻辑思维，学会用英语组织段落与表达主题的能力。

（三）学习能力的养成价值

在英语教学改革中，教师在培养学生英语知识和技能的同时，还强调培养学生的英语学习能力。知识是能力的基础，能力是知识的运用与进一步发展的基础。两者既

在学生成长中有不同的价值,又相辅相成。

在能力培养方面,许多人受交际法的影响,认为主要是培养学生外语交际能力。笔者以为这种认识仍停留在将语言作为交际工具的认识层面,而从学生作为一个终生的、整体的、主动发展的人的角度看,学生的思维能力、自主学习能力以及合作学习的能力更具有根本性。具体如下:

1. 培养学生思维能力,尤其是创造性思维能力

这是当代高校英语课堂教学价值追求的特色。在英语教学中让学生主动健康地发展,关键在于能否激活学生的思维。从观察、分析与实践中深切感受到,在英语教学中忽视发展学生思维能力的现象普遍存在,但却未能引起学校领导和广大师生的注意。它表现在英语课堂教学中学生大量的学习活动是模仿、记忆和机械操练,较少注重提倡学生主动、积极的思维能力和提问能力的培养。甚至当学生在语言练习中根据已学知识灵活使用一个确切的同义词时,教师也不会给予肯定,而是要求学生改用教师规定的词汇表达意义;教学过程中只强调将语言点在规定的课时内教完,较少让学生思考如何总结学习和使用外语的规律,探索与创造适合学生自己的学习策略和方法。在改革教学方法时,有的教师为了活跃课堂气氛而采用一些外在刺激如奖品等方式取悦学生,未能真正激活和发展学生的思维。有些教师通过关注教学过程的逻辑性和层次性着力培养学生思维能力,这向培养学生的创造性思维迈出了第一步,逻辑思维是基础性的思维,然而批判性思维和创造性思维是具有原创性的思维能力,也是变革时代要求新人具备的重要思维能力。因此,如何在英语教学中培养学生的创造性思维能力成为"新基础教育"英语教学的主要价值追求之一。

有些人认为在英语教学中培养学生的创造性思维是不可能的,他们以为所谓创造性思维就是指要学生创造英语本身,这自然是不可能的。所谓"创造性思维能力的培养",主要是指在教学过程中创造一定的教学条件,激发学生在学习过程中进行联想、想象或猜想,进行创造性学习,而这些方面正是学生创造性思维发展的具体展开过程。比如,在英语教学的导入环节,教师一般先出示一个带有想象空间的图画或给出一个开放性的问题,目标就是为了激活学生的想象思维和已学知识;在教学进行过程中,教师就即将开展的下一个教学环节的话题,事先以问题的形式提出来,让学生充分展开讨论,对教学话题的随后情节进行大胆的发散性猜测。这样,学生努力调动主动词汇进行表达练习,又使创造性思维能力在不知不觉中得到了培养与提升,同时还让学

生之间因不同答案而相互启发，带动了生生互动。

当然，主张在英语课堂教学中培养学生的思维能力，并不是将之与英语学习中的模仿和机械操练完全地对立起来。模仿和机械操练也是必要的，对于激发学生兴趣和活跃课堂气氛也是必不可少的，但如果不鼓励学生多思考和自己探索英语学习规律与策略，不从发展学生思维能力的深度考虑学生的兴趣和课堂氛围，学生就会变成只会回答教师提问的"机器人"，语言操练将不能达到既定的教学目标，学生对外语学习的兴趣也不会持久。

2. 培养学生在理解学习策略基础上的自主学习能力

目前，全国课程标准中没有专门将自主学习能力提出来作为培养目标的，只是将学习策略列为英语教学的培养目标之一，并列出了学习策略四方面的内涵：认知策略、调控策略、交际策略和资源策略。每种策略又有不同的内涵。交际策略一般是指学生在英语交际活动中，知道什么时候开始谈话、什么时候结束谈话及如何结束谈话等，强调的是人际交往方面的策略，而非英语语言使用上的策略，这并非英语学科所特有或突出的价值。再如，课标中提到的"认知策略"也比较空泛，较难落实。实际上，学习策略只是学生学习的方法，是自主学习能力的基础和组成部分；但自主学习能力并不仅仅是策略，主要指能够独立自学、主动规划学习方式、实施自我监控，并能够借助工具书和相关学习资料进行英语学习的能力。

3. 培养学生合作学习的精神和能力

在开放、互动、生成的课堂教学中，英语教学离不开学生之间的两两合作、小组学习和全班互动交流的学习方式。但学生在两两合作、小组学习和全班互动交流中进行互动的能力并非自发形成的，它需要在教师有意识的指导下逐步形成。否则，课堂教学互动就可能流于形式，真正有效的、全体的和高质的教学效果就难以实现。所以，仅将合作学习理解为一种精神，尚不充分，还需要从能力意义上进行培养，这也是英语教学中大量语言练习交流所特有的价值。

当然，课堂上有了两两合作、小组合作的学习活动并不能保证学生合作学习的能力，因为学生有时在相处不融洽的小组内合作学习还不如独立学习。真正意义上的合作学习是指学生能够注意同班同学的言行，从中学习并随时准备向合作伙伴提供帮助，共同思考；与邻座的同学交谈和交换想法、参与辩论、建议和提出问题；与伙伴共同完成任务，需要帮助时会找合作伙伴；允许每名学生为小组代言，互相合作，为内在和外在的收获而努力。对此，美国的约翰兄弟从事过大量有说服力的研究，认为实质意义上的合作学习应当包括四方面：一是积极依赖能力，这是合作学习中最为重要的概念。二是承担个体责任的能力，这意味着每名参与者都对小组的学习和成功负有责任，而小组学习成功与否，取决于每个成员是否努力。三是积极互动的能力。四是平等参与的能力。由此可见，这些能力的养成并非自然形成的。我国很多所谓的合作学习只是形式上的，而非真正意义的合作学习，英语学习合作能力需要有意识地培养。

（四）学生文化视野的丰富

从一定的意义上讲，语言是形式，文化是内容，两者不可分离。学习英语不能脱离英语文化，了解英语文化是准确而得体地使用英语的基础。文化包括风俗、习惯、地理、历史、信仰、生产、生活等许多方面。学习英语，不但要比较英汉两种语言，还要比较两种语言所扎根的文化。丰富学生的文化视野，让学生了解英语国家的社会文化知识，就为培养跨文化的交际能力打下了基础。在英语学习中，一方面要注意文化求异，另一方面要注意文化认同和语言认同。汉语说"丢脸"，英语说"lose face"；汉语说"开车"，英语说"drive a car"，思维方法一致，表达方式也一致。凡两种语言表达的概念是人类生活共有的，语言上求同的可能性就存在，甚至在汉语中的"坏蛋"，在英语里都有对应词"bad egg"。汉语里的语言学名词"虚字（词）"在英语里对应的说法是"empty word"。这是因为无论在英国人的生活中，还是在中国人的生活中，这些事物的存在状态和作用范围都相同，所以在两个民族头脑里形成的概念相同，在两种语言里对应词语的意义和用法也相同。

在英语教学改革的过程中，当结合具体的学习内容认真分析与体悟时，师生会越来越深切地体会到英语因其特殊的语言文化形式向学生打开了一个个异域社会文化的窗口：一方面是了解所学语言地域的各类节日餐饮文化、社交礼仪、异国风情、文化传统、风俗习惯等民族社会文化知识；另一方面是培养学生在运用英语进行交际的过程中，如何根据实际需要恰如其分地运用已学的社会文化准则进行交际的技能，理解、说明与建立我国文化与英语语言文化之间的平等观念，以及发现异域文化新信息和使用新信息的能力。所有这些都是英语学科教学的独特育人价值。

因此，高校英语教学改革不再把英语国家的社会文化知识仅作为背景，而是明确将学习英语国家的社会文化知识作为育人价值彰显出来。为此，教师往往采用两种方式：一是渗透方式，将英语国家的社会文化知识融合于教学之中；二是以主题文化课的方式，通过中外文化比较的方式，在扩大学生的文化知识面的同时，培养学生平等的文化意识。

（五）学生良好英语学习品质的培养

在我国，英语作为一门外语，不像学习汉语时有一个语言环境可让学生浸染于其中，不知不觉地习得语言。除了课堂教学的有限时间外，英语学习尚需要学生能充分根据自己在课堂中的理解水平和形成的能力，在课外展开自主学习。而这就需要学生具有一定的意志力和坚持不懈的学习毅力。

此外，高校英语教学改革提倡从学生发展状态出发，激活学生思维和兴趣，从学生生活出发，贴近学生，使学生在学习的过程中不但有兴趣、有话可说、有内容可表达，形成积极的学习动力，也能够积极地进行创造性学习。这些有关学习的意志、毅力、兴趣、自信心、勇于实践和创造性学习的品质，似乎很抽象，在学生的英语学习中却是至关重要的因素。如果按照从小学到大学这个时段计算，与中文学习和数学学习相比，英语学习在当前学生的学习课程中所占的时间最长，至少需要16年的学习时间。如果这门学科的学习在中小学时期没有养成良好的习惯，就会对以后若干年英语学习的成效产生障碍。

总体而言，高校英语教学改革的育人价值最终指向的是学生整体素养的主动、健康成长，是在超越量的意义之外，更强调质的意义，学生能够通过英语学习成为一个能够掌握自己命运、自主发展、学会合作的全方位发展的人。

第二章 大学英语教学理论基础与改革

大学英语教学应该是一种启发性质的教学，学生在教师的指导下，可以选择相应的专题进行分析与探索，大学英语的教学应以教学材料为载体，不断增加丰富的文化背景知识。任何一项教学活动的改革都需要有先进的指导思想作为保障，大学英语创新教学的前提就是要在教学思路上做出重大的变革，通过将英语理论基础与创新理念相融合，实现良好的教育效果。

第一节 大学英语教学理论基础

一、大学英语教学的基本原则

（一）交际性原则

语言是交际的工具，人们主要通过语言来交流思想、传递信息。交际是在特定的语境中，说话者和听话者、作者和读者之间的意义转换。学习英语的首要目的就是使用英语进行交际，而英语教学的首要目标就在于培养学生的交际能力。交际能力的核心就是能够运用所学的语言知识在不同的场合下与不同的对象进行有效的得体的交际。因此，我们在大学英语教学中首先要贯彻交际性原则，使学生能够运用所学的英语知识与人进行交流，要在教学过程中努力做到以下几点：

1. 充分认识英语课程的性质

英语课程首先是一种技能培养型的课程，要把语言作为一种交际的工具来教、来学、来使用，而不是把教会学生一套语法规则和零碎的词语用法作为英语教学的最终目标，要使学生能用所学的语言与人交流，获取信息。在教学过程中，教、学、用三方面构成一个有机的相辅相成的统一体，其中的核心在于使用。因此，教师转变以往陈旧的教学观念，明确课程的性质，是落实交际性原则首先需要解决的问题。

2. 创设情景，开展多种形式的丰富多彩的交际活动

语言是交际的工具，而交际的发生总是处于特定的情景之中。情景包括时间、地点、参与者、交际方式、谈论的题目等要素。在某一特定的情景中，讲话者所处的时间、地点以及本人的身份都制约着其说话的内容、语气等。因此，在基础英语教学中，要使教学的内容置于一种有意义的情境之中。同时，在一定的情境之中学习英语，可以使学生身临其境，提高学习英语的兴趣。因此，大学英语教学活动要充分考虑交际性的特点，结合教材的内容，尽量利用各种教具，创设与学生生活密切相关的各种情境，进行真实或逼真的英语交际训练活动。这样不仅使学生学得有兴趣、有成效，而且能够真正做到学用结合。

3. 注意培养学生语言使用的得体性

大学英语教学的首要目标在于培养学生进行有效交际的能力，传统的英语教学只偏重语法结构的正确性，而根据交际性原则，学生要具备良好的交际能力，需要在适当的时间、适当的地点，以适当的方式，向适当的人，讲适当的话。这一点与上面一点密切相关，创设情境，开展多样的交际活动，课堂游戏、讲故事、猜谜语、编对话、角色扮演、话剧表演、专题讨论或者辩论等，都有助于学生在创设的情境中充分表现自己，从而掌握地道的语言。

4. 精讲多练

大学英语课堂的工作不外乎讲和练两种，前者是指讲授语言知识，后者是进行语言训练。在课堂上，适当地讲授一些语言知识是必要的，可以提高学生学习的效果。这就如同学习游泳一样，在下水之前，教师讲解一些注意事项、游泳的动作要领，有助于提高学生在水里训练的效果。但是，英语首先是一种技能，技能只有通过实际训练才能获得。因此，教师必须清楚，讲解的目的在于帮助学生更好地训练。在语言训练过程中，要针对学生的具体问题给以"画龙点睛"式的点拨。这不仅有利于学生语言交际能力的培养，还有助于学生养成良好的学习与思维习惯。在进行了必要的讲解之后，要给学生留出足够的训练时间。

5. 注重教学内容与教学活动的真实性，贴近学生的生活

语言与实际生活密切相关，教学活动的设计与教学内容的选择一定要考虑这一因素。在大学英语教学中，要把语言和学生所关心的话题结合起来，要为学生提供充足的、内容丰富的、题材广泛的、贴近学生生活的信息材料。另外，教学内容的真实性还要求教材的语言和教师的语言是真实的。

（二）兴趣性原则

1. 鼓励学生树立学习英语的信心

信心对于做任何一件事情来说都是很重要的，好的开始是成功的一半。教师应根据学生水平的不同制定不同的学习任务。这里要注意几点:(1)设置任务难度是否恰当。在现今大学体系下，学生的分班都是根据入学的专业不同而分在不同的班级，这样势必会带来每个班中学生的英语水平分层化，教师分配任务时就必须考虑到学生水平的差异性。当学生多数情况下都能较好地完成教师分配的任务时，自信心也就自然地得到了提升。(2)教师布置任务时，一定要在之前仔细揣摩细节，要做到布置的任务下达到学生，学生能明白他们要做什么任务。在大学英语教学过程中，教师一定要摒弃随意布置任务的想法，每次任务都是学生提高能力的一次机会，教师一定要重视。多用鼓励性、肯定性的评价，让学生体会到学习英语的成就感。通常情况下，当学生完成任务后，都希望得到教师的肯定。这样，一是学生会感觉到其付出获得了应有的回报，二是肯定了学生完成任务的能力。教师要善于发现学生的闪光点，容忍学生在学习过程中的错误，对学生的评价以表扬和鼓励为主，这样就会更容易调动学生的积极性，帮助学生树立学习自信心，对部分有困难的学生，教师更应该加倍留心观察，及时发现他们的努力成果，对其加以表扬激励。

2. 培养学生对英语学习的兴趣

教师要改变传统的教学观念。传统的教学观念是把知识看成定论，把学习看成是知识从外到内的输入，同时低估了学生的认知能力、知识经验及其差异性，并在教学中表现出过于简单化的倾向。传统的教学观念缺乏互动性，是一个强调由教师教什么到学生学什么的单向过程，而忽视了学生掌握程度的反馈。英语作为一门语言，是一种互动性的工具，自然在互动的场合下更容易掌握；同时，语言的学习又必须强调学习者的认知能力和能动性，所以使用传统的教学观念来对英语进行教学，其收效甚微。在大学英语教学中，必须摒弃传统的教学观念。低估学生的认知能力和忽视学生的信息反馈，必定使得学生产生倦怠感，更无从谈兴趣了。多采用互动的教学模式，最大限度地鼓励学生去表达。英语既然是一门语言，那么就要强调表达。

语言的主要功能是交际，是应用语言来达到交际的目的。我们具体可以从以下几方面来呈现互动教学:(1)采用做游戏的方式。游戏作为一种最轻松的方式，能营造出很欢快的气氛，在这样的环境下，更容易让学生感觉到学习是和娱乐联系在一起的，可以极大地提升学生学习英语的兴趣。有了兴趣后，学生就更乐意去表达，去学习英语。（2）演讲方式。演讲是最综合的互动方式，它既涉及书写部分，也涉及表达部分，并能让学生体验到在较严肃场合上的感觉。当然，演讲方式对个体学生的要求比较高，可以考虑一组学生一起来完成。这样，既可以让基础好的学生得到提升的空间，又可以让基础差些的学生产生强烈的荣誉感（不过必须合理地分配组内各个学生的任务），共同提升对英语学习的兴趣。（3）多参加英语角活动。英语角已经是当今大学体系中的重要部分，它可以是以班级分的，也可以以学院分，甚至有的学校全体学生都可参加。英语角的活动对于学生来说是最接近自己生活的，他们可以在那里畅所欲言，用英语自由表达，不需要顾及太多其他因素。英语角是最能提升学生口语水平和交际能力以及英语兴趣的场所。教师要鼓励学生多去参加，必要时，可以带领部分学生去参加，并将此活动纳入一定的加分体系中。

（三）灵活性原则

1. 教学方法的灵活性

在英语教学史上，曾经出现了许多种不同的教学方法和流派，例如，语法翻译教学法、视听教学法、交际教学法，等等，每种方法都有其自身的优势与不足，教师应该兼收并蓄，集各家所长，切忌拘泥于某种所谓流行的教学方法。英语教学包括语言知识和语言技能两方面，语言知识包括语音、词汇、语法等内容，不同的语音、不同的词汇、不同的语法项目都具有不同的特点；语言技能包括听、说、读、写、译等几方面，其中又包括许多微技能。而学习者的个体差异也是千差万别的。因此，在英语教学过程中，要综合学生特点、教学内容以及教师自身的特点，创造性地开展多种多样的教学活动，充分体现教学方法的多样性和创新性，使英语课堂活泼有趣，从而激发学生学习英语的热情，挖掘学生的潜能。教学的内容也要体现多样性的原则，不仅要教授英语知识，还要讲授学习方法，结合英语教学教会学生如何做人。

2. 学习的灵活性

教学方法和教学内容的灵活性可以有效地带动英语学习的灵活性。要努力改变以往单纯地死记硬背的机械性学习方法，帮助学生探索合乎英语语言学习规律和符合学生生理、心理特点的自主性学习模式，使学生能够自我导向、自我激励、自我监控；将静态、动态相结合，基本功操练与自由练习相结合；单项和综合练习相结合。通过大量的实践，使学生具有良好的语音、语调、书写和拼读的基础，并能用英语表情达意，开展简单的交流活动，提高听、说、读、写、译等综合运用语言的能力。

3. 语言运用的灵活性

英语学习的关键在于运用，教师要通过自身灵活地运用英语来带动与影响学生使用英语。教师应尽可能多地用英语组织教学，用英语讲解，用英语提问，用英语布置作业，等等，使学生感到他们所学的英语是活的语言。英语教学的过程不应只是学生听讲和做笔记的过程，而应是学生积极参与，运用英语来实现目标、达成愿望、体验成功、感受快乐的有意义交际的活动过程。另外，教师还可以通过灵活性的作业布置使学生灵活地使用英语。作业的布置应侧重实践能力，如可以让学生用磁带录制口头作业，让学生轮流进行值日报告，陈述和评议时事、新闻等。

（四）输入输出原则

所谓输入是指学生通过听和读接触英语语言材料，所谓输出是指学生通过说和写来进行表达。心理语言学研究表明，输出建立在输入的基础之上；在此意义上，输入是第一位的，输出是第二位的。首先，在学生学习英语的过程中，能理解的东西总是比能表达的要多。换而言之，学生所能听懂的，永远比能说的要多。学生能欣赏小说、散文、诗歌等优秀的文学作品，但学生并不一定能写得出来。另一方面，语言输入的量越大，语言输出的能力就越强。也就是说，学生听的东西越多，学生读的东西越多，学生的表达能力就会越强。因此，教师在教学过程中，应该注意以下几点：

1. 尽可能多地让学生接触英语

要通过视、听、读等手段，多给学生易理解的语言输入，如声像材料的示范和贴近学生日常生活和学习、适合学生的英语水平、具有时代特色的读物等。另外，学生学习的内容不要局限在教材之内，教师应该打破课内外的界限，帮助学生扩大语言接触面。

2. 输入内容和输入形式的多样化

学生接触的英语既要有声的，又要有图像的，还要有文字的，而且语言的题材和体裁以及内容要广泛，来源要多样化。比如，在日常生活中，尤其是在大中城市中，每天都会接触到许多英语，比如，文具、衣服、道路标志、电器等的上面，就标注有许多英语。如果我们能充分利用这些英语资源，学生们就可能轻轻松松地学到许多英语。另外，我们还要注意根据上述语言输入的分类，尽可能地为学生提供多种形式的输入。

3. 提高接触语言的频度

学习语言，接触语言的频度比长度更重要。这就是为什么《英语国家课程标准》在教学建议部分指出："英语课程从三年级起开设，为保证教学质量和教学效果，三至六年级英语课程应遵循长短课时结合、高频率的原则，每周不少于四次教学活动。三、四年级以短课时为主；五、六年级长短课时结合，长课时不低于两课时。"

4. 关注学生的理解能力

只要学生能理解的，就可以让他们听，让他们读。同时，还可以只要求学生理解，而不必立刻要求他们用说和写的方式来表达。就教学目标而言，对学生的语言技能应该有全面的要求，但是从教学的方法来看，应该先输入，后输出。

5. 为学生提供的语言材料要符合学生的实际情况，要符合可理解性和趣味性与恰当性的要求

当然，仅仅依靠语言的输入是不可能全面掌握英语、形成综合运用英语的能力的，还需要通过口头和笔头的表达来检验和促进语言的输入。在增加可理解的语言输入的同时，在理解的基础上不断地进行有效的实践活动。这些实践活动在基础英语教学中包括一定的模仿练习。学习语言的确需要模仿，问题的关键在于如何模仿和模仿什么。如果只是机械地模仿，只注意语言的形式，那并不能保证学习者能在生活中真正地使用语言。比如，只是要求学生注意语音、语调的准确性，只要求他们死记硬背句型结构，而没有使其真正了解这些句型结构所表达的含义，那么，学生并不能在课外使用。模仿最好是模拟生活中的真实情景，注意语言结构所表达的内容，这种模仿才是有效的。

二、大学英语教学模式和方法

（一）大学英语教学模式

1. 关于传统英语课堂教学模式的思考

在我国几十年的英语教学中，存在多种英语教学模式和方法，其中广泛采用的是传统的"语法翻译"教学模式。外语课堂教学区别于其他学科的特点表现在四方面：（1）必须通过积累大量的言语材料去激发教学活动参与者的兴趣，在事实积累的基础上去掌握大量的理论；（2）必须通过对集体作业和个别作业的安排去吸引学生的注意力，即以练习安排作为课题教学的外部手段，学生能否学得起劲，主要在于练习是否安排得当；（3）构成课堂教学的各个环节衔接紧密，有时两个环节要交叉进行，比如，讲

授新的课程后马上进行初步巩固;(4)作为课堂教学基本媒介的语言受到限制。一方面教师经常因学生有限的目的语能力而不能充分自由地使用工具语言,另一方面受到课堂教学自身的局限,我国大学英语教学模式在很长时间里主要是以教师为中心,教师讲课文、讲词汇、讲语法,组织操练。这种传统的教学模式尽管实行的是"满堂灌"的方式,在一定程度上忽视了学习者的能动性和主动性,但依靠教师的丰富经验和个人魅力以及因材施教的小班教学方法,确实培养了一代又一代的优秀人才。然而国家和社会对人们英语能力的要求进一步提升,这种教学模式面临着极大的挑战而变得难以维系。

2. 以"教师为中心"英语教学模式的反思

在我国,英语教学历来以课堂形式进行,且课堂教学模式采取的是"教师中心"模式。"教师中心"模式顾名思义,就是将教师作为整个教与学过程的中心。整个教学活动的进程相对而言,学生是知识传授的对象,是外部刺激的被动接受者,学生始终处于被动地接受状态,偶尔对教师的讲授提出回应或疑问。在传统课堂上,教学媒体是辅助教师授课的演示工具,而教师的教学主要依赖于传统的教学媒体。黑板、教材作为承载教学信息的主要工具,其单一的媒体呈现模式也限制了学生信息量的输入,满足不了信息时代学生对知识的需求。教学媒体是辅助教师授课的主要工具,学生通过教学媒体获得教师传递的知识和观点,但教学媒体向学生传递的信息有限,主要依赖于教师的讲解,学生几乎无法对教学媒体进行操作与控制。网络在大学英语教学中的介入,要求在教学中教师应以网络技术为支撑,以现代教学和学习理论为指导,充分利用开放的网络资源和网络交互技术,处理好教师、学生、教学内容和教学媒体的关系。教师在课堂上可用多媒体教学平台,或连接网络资源或展示教师自制的PPT电子课件,但是,此模式仍然是以教师为中心。一些教师仍把计算机网络教学简单地理解为在传统的教学方法和教学模式中加入现代教学技术手段,而忽略了对相关现代教育思想理论的学习,只是用新瓶装旧酒,片面追求形式,未能根据新的教学要求去更新教学方法和精心设计多媒体教学手段辅助下的新的教学模式。

(二)教学模式改革的理论基础

1. 建构主义理论和多媒体、网络技术的结合

建构主义认为,知识是人们永无止境的探索,而不是一成不变的真理。教师不能把现成的知识教给学生,而要引导学生主动探究,让学习者掌握学习和解决问题的方

法，成为一个自主的学习者和知识的创造者。大学英语教师不但要传授语言知识，还要承担帮助学生掌握英语学习方法和学习策略的重任。在大学英语教学中，要确立以学生为中心的理念，培养学生的自主学习能力和终身学习能力，发挥他们的英语学习主动性，在运用英语完成各种交际任务过程中建构英语语言知识，提升其英语应用能力。教师在英语教学中应采用各种方法和手段，帮助学生形成对语言的认识，使英语教学不仅在课堂中进行，而且可以延伸到课外。为在大学英语教学环境中实现从"学习英语"到"用英语学习"的课程转换创造条件。

2. 教学模式的建构原则：以学习者为中心

建构主义思想作为大学英语教学模式改革实践的重要理论基础，指出学生不应简单、被动地接受教师输出的或书本的知识信息，而是要靠学生自己主动建构知识意义，但是传统的教学模式无法实现这一目标。因为传统教学模式是以教为主，即教师根据自己对教学内容的理解备课、讲课，并且习惯于讲精、讲细、讲透；学生则习惯于机械地理解记忆，教师与学生的交流和互动极少，学生学习的积极性、主动性没有充分发挥出来。同时，现代网络技术的介入对传统教学模式形成了一定冲击。学生可以借助现代多媒体设备根据自身知识组成情况，选择配套的网络课程学习，这就使大学英语教学不再受时间和地点的限制，而朝个性化学习和自主化学习方向发展。在大学英语教学中实现此转向的目的就是改变教师在教学过程中的绝对主导者角色，转变为学生自主学习、自我思考、自我发现的促进者，指导学生在多媒体的网络环境下主动地、积极地学习英语，最大限度地发挥他们的潜能。建构主义理论的核心是以学生为中心，强调学生对知识的主动探索、主动发现和对所学知识意义的主动建构。计算机网络环境下的课堂教学模式与自主学习模式应结合教学的现实要求，遵循建构主义教学理论，在课堂教学过程中，教师应该避免单纯的知识点教授，要充分利用开放的网络资源和网络交互技术，融知识教学与综合能力培养为一体。课堂教学是在一个相对单一、闭塞的环境中进行的，教师应充分利用现有条件，拓展教学空间和课堂知识点操练环节，尽可能多地开展师生之间的课堂互动交际，在实际操练中进行语言知识教学，帮助学生成为学习的主体，并设计复杂和开放性的语言学习环境与问题情景，激发、驱动并支撑学习者探索与解决问题的活动。同时，教师也可以在课堂上利用多媒体手段，如播放幻灯片或与学习主题相关的影像资料，使文字与图像信息相互交融，在激发学生学习积极性的基础上，对课堂知识点加以拓展。网络多媒体手段使学生利用计算机进行网上自学成为可能。网络信息直接指向学生,学生成为学习的中心。他们可以"控制"学习媒介和"课程"的程序,可以自主选择学习的时间、地点和内容。学习是非线性的和无连续性的,不再局限于传统的课堂学习。教师根据特定目标和学生特点,设计不同的网络课程任务,对学生进行有针对性的因材施教。学习者借助计算机的自主学习就不再需要中间环节,可以完全依据自己的兴趣、爱好和对自己未来设计的需要,自主、自由地选择学习内容。网络所提供的超媒体、超文本信息,以及跨学科、跨时空和面向真实世界的链接,构建起了使学习者走出大学英语课堂、融入社会实际英语使用情境的内容体系,能有效地保证学生的自主学习质量。由此可以看出,随着现代多媒体教学手段的介入,新的课堂教学模式和计算机网上自学模式在建构主义的影响下,被赋予了个性化、自主化、协作化等特点,这是更符合现实人才培养需求的变革。

3. 教学模式与网络技术的结合

建构主义理论的核心是以学生为中心,强调学生对知识的主动探索、主动发现和对所学知识意义的主动建构。教学过程应是教师与学生交流与互动的过程,是教师与学生、学生与学生、学生与社会的互动过程。基于建构主义的教学模式应重视四种学习方式,即自主式学习、探索式学习、情境式学习和合作式学习。以现代教育信息技术为基本手段和途径,新的大学英语教学模式包括教师、学生、教学信息、学习环境四个要素。这四个要素相互作用、相互联系,形成稳定的网络多媒体教学模式。

4. 网络技术下的自主学习

首先,网络技术影响下的教学模式突破了传统课堂教学的时空限制,创造了现代教学环境,构建出一个无限开放的教学空间,淡化了"教",而强调在现实环境中的"学"。教师宏观布置学习任务,学生自主掌握学习进度和选择语项。学生通过自主学习,查漏补缺,将旧知识与新知识联系起来,在原有知识的基础上增加、积累新的知识。那么,在多媒体网络自主学习的环境下,学生就可以在任何地点、任何时候开展学习。教师可以在校园网上建立有关英语学习的网页,为学生提供英语新闻、英语论坛等栏目,学生可以根据自己的语言水平、兴趣和学习习惯自行选择学习内容。网络课程的最大特点是利用现代化技术,通过为学习者创造开放的网络自主学习环境来突出学习者的个性差异,充分调动学习者自身的积极性,充分挖掘学习者自身的学习潜能,最大限度地开发学习主体的主观能动性。在网络环境中,学生进行的是个别化的自主学习和协同学习,学生可以按自己的知识结构和需要选择相关的知识内容进行学习;学生还可以在很大程度上支配自己的学习时间、过程和空间，设定学习目标，不断做出调整，调适学习进度；可以按自己的水平和需要自由选择不同级别和水平的学习材料，或侧重词汇语法，或侧重听说训练，从而达到强化自己所学知识和所掌握技能的目的。

其次，网络技术对探索式学习具有激发性。语言学习是积极体验的过程，它要求学生去探索和建构语言的意义，因此，语言学习应该是一种非程序式的、非事先设定的活动。建构主义侧重以学习者为中心，实行发现式学习和探索式学习，让学生在某一特定的语言环境中自行体会和探索，使学习成为一种自然的行为活动。在网络环境中学习，学生的学习过程不再由教师统一设计，不再像课堂教学那样强调集中思维、求同思维和正向思维。学生具有很大的自由空间，在学习中能更多地进行主动学习和自主思考，因此，除了消化和吸收所学知识与经验外，更加注重创造性学习。网络的开放性和多元性特征为学习者提供了多种选择的可能，使人的思维得以激活，从而激发出创造的欲望。学生在借助计算机完成自主学习的过程中，要去寻求、研究，进而建构语言的意义，这就是一种探索式学习。对一切新学习模式、新知识的探索也促使学习者通过不断的学习来更新、改变自我的思维结构，在没有教师主导的情况下，学生要学会自主安排学习时间，学会独立使用网络教学资源，自主分工合作完成教学任务，从而形成一种不断探索、创新的思维模式，发挥学生的自主创造性。在网络教学中，学生成为学习的主体，网络学习系统中设计的真实、复杂和开放性的语言学习环境驱动并提升学习者探索、思考与解决问题的能力。学生有了这样的资源，再培养有效处理这些信息的能力，就可以真正实现自我探索式学习的目标。

再次，网络技术有助于情境式学习。在真实的语言环境中学习，学生感知的语言才会更加具有完整性和意义。这些语言学习素材一方面因其丰富多彩而大大激发学生的兴趣，吸引学生积极主动地参与学习，引导学生在网上"电子畅游"世界，利用计算机教学软件自主视听或观看原版英语电影，以亲身的探索经历构建坚实的图式基础，在网络创置的语言情境下建构自己的目标语知识，达到语言学习的目的；另一方面，学生可以通过网络，随时下载有利于创造情境的资源，丰富大学英语课堂的教学。这可以引导学生通过网络培养阅读、听说、写作等技能，强化批判性、创造性等高阶语言思维能力，将全球的知识信息联系起来，形成一个巨大的教学资源库，把娱乐性、参与性强的网站引入教学内容之中，充分调动学生的各种感官。此外，英语电视、英语新闻和各类国际活动的英语直播，特别是越来越多的大学建立英语中心，等等，都为语言学习创造了极好的语言情境,保证在较真实的英语环境中全面培养学生各项英语语言技能,在现实的语言体验中内化语言知识,形成并不断提高综合语言应用能力。

最后,网络技术有助于合作式学习。在网络环境下,以计算机为核心的现代教育技术、教师、学生应构成一个生态化的大学英语教学环境,使三者在整合的教学情境中相互作用、相互补充、相互转换。建构主义认为知识是在行为活动或经验中建构的,是逐步显现的、情境化的,学习就是知识建构、解释世界和建构意义。语言教学过程不是一个单纯的认识和知识传递过程,是通过语言建立师生之间的合作关系、对话关系。在对话过程中,师生各自凭借自己的经验,用自己独特的表现方式,实现知识的共同拥有与个性的全面发展。课堂不再是教师唱独角戏的舞台,不再是学生等待灌输的知识接受站,而是师生之间的双向互动。随着多媒体网络技术的介入,教学中的对话已不限于师生之间、生生之间言语的应答,师生互动课堂、生生互动"社区"、生机互动"在线"等教学环境的创建应运而生。这体现在课堂、学生课外活动场所、网络虚拟空间三维环境中,所进行的师生、生生间的英语互动活动中。教师的作用是引导、促进、协调,而学生作为活动的主体,通过探索、实践与合作,在做中学、探中学,逐渐实现对语言使用规则的认知和外化。在课堂上,教师可以让学生分组进行专题的准备和讨论,所有学生均被要求参与某一专题的准备和陈述,并设置自由提问环节,教师在整个讨论过程中起引导作用。多媒体网络教学环境为师生、生生之间提供了多种形式的语言交流途径,网络教学中的协作学习、小组讨论、在线交流等学习模式也使师生之间、生生之间通过交流信息实现互动合作,从而实现真正意义上的人机、人人互动。与传统课堂模式相比,多媒体教学优化了英语教学资源的环境,提高了学生学习效率和教学效果。多媒体教学模式不仅仅是运用先进技术手段提高了教学效率,更重要的是改变以教师为中心的传统教学模式,更注重"学"而不是"教"的全新教学模式对于发展和培养我国学生迫切需要的英语综合应用能力和独立自主学习能力有着深远的意义。

(三)大学英语教学方法

大学英语教学在方法上越来越趋于多样化、折中化、本土化、学生中心化和学习自主化。这些变化促进了大学英语教学改革。英语教学是一门实践性极强的课程,它需要一定的知识传授,但更需要活泼与较为真实的课堂教学氛围,以及作为语言学习主体的学习者的积极参与和大量的交际实践。教师的"教"和学生的"学"是教学的两个重要环节,需要教师和学生共同参与。那么,如何在师生共建的课堂互动模式中,有意识地创造各种语言环境,积极调动学生学习英语的积极性,让学生正确地使用英语知识去表达、交流思想和传递信息,是英语教学法要解决的首要问题。但是,英语教学法的运用不是固定的、排他的,这就要求教师在教学过程中灵活地选择有效的英语教学法,在以计算机、多媒体和网络为辅助手段的基础上,将不同的教学法穿插使用。这样,可以有效地调动学生学习英语的主观能动性,有助于教师及时对教学过程进行调控,同时可以加强学生与教师之间的有效沟通,帮助学生更好地提高自身的语言能力。教师对教学法进行选择时应注意兼顾几个原则:知识的体系性、任务的多样性、情境的真实化。

英语教学法要帮助学生构建扎实的语言知识体系。《大学英语课程教学要求》指出,大学英语的教学目标是培养学生的英语综合应用能力以及用英语进行交际的能力。交际能力由两方面组成:语言知识和交际知识。语言知识的积累可以提高交际能力,交际实践可以巩固习得的语言知识,并促进交际能力的提高。在这两者的关系中,语言知识的学习是基础,也是最终为语言交际服务的。教师在开展教学的过程中可以参照语法翻译教学法,先讲授词法,然后再讲授句法;采用演绎法讲授语法规则,再举例予以说明;语法练习的方式一般是将母语句子翻译成英语。在强调阅读作为英语教学的主要目标的同时,考虑对学生听、说、写能力的培养,这样的教学法在很大程度上有助于学生英语知识体系的建构。此外,重视母语和目标语言的共同使用。这样在课堂上,教师适当地采用母语进行解释,尤其是针对具有抽象意义的词汇和母语中所没有的语法现象,既省时、省力又简洁易懂;再者,将英汉两种不同的表达方式进行比较,可以提高学生正确运用目的语的能力,因此,在教学中可以灵活采用。

教学法能否调动学习者的学习兴趣是教学质量能否提高的关键,因此,在教学中,教师应该确保学习任务的多样性。教师在设置任务的时候要以激发学生学习兴趣和成就感为出发点,围绕特定的交际和语言项目,设计出具体的、操作性强的任务,让学生在任务的驱动下学习语言知识并进行技能训练,在感知、认知知识的过程中达到学习和掌握语言的目的。活动可围绕教材但不限于教材,要以学生的生活经历和实际交际活动为参照,不仅要有利于学生英语知识的学习、语言技能的发展和运用能力的提高,还应有利于促进英语学科和其他学科之间的相互渗透和联系,使学生的思维能力、想象能力、协同创造能力等综合素质得到锻炼和提高。比如，上课之前让学生利用课余时间通过图书馆、网络等媒介查阅相关资料，了解本单元的中心主题；成立学习小组，成员之间互相检查背诵、记忆教材内容或者根据课程内容提前安排小组排练表演并进行课堂展示等；在课堂上鼓励学生积极参与到各项学习、讨论、陈述中。由于学习任务中包含有待实现的目标和需要解决的问题，因此会激发学习者对新知识、新信息的渴求。这样，学生通过实施任务和参与活动，就能促进对自身知识的重组与构建，摄入新信息并与学习者已有的认知图式进行互动、联系、交融与整合。

　　在教学中，教师应通过模拟真实情境来拓展教育空间，增强学生的感受性，强化参与意识，从而有效地提高教学效果。传统的课堂教学被局限在教室中进行。现代信息技术的广泛应用使教育空间的拓展成为可能。教师可以在课堂教学中借助网络教学设备，为学生创设真实的语言环境或模拟情境，在模拟的情境中进行语言知识的学习和操练，在实践中提升交际能力。传统教学法的弊端之一就是教学法给学生造成一种距离感，形成"你讲我听"的被动状态。而情境教学法由于教师根据教材和心理理论创设了有关情境，鲜活的教学内容缩短了师生的心理距离，强化了学生积极参与的意识。情境教学法强调在英语教学中充分利用生动、形象、逼真的情境，使学生产生身临其境的感觉，利用情境中传递的信息和语言材料，激发学生用英语表达思想感情的欲望，促进学生的语言能力及情感、意志、想象力、创造力等的整体发展。情境教学法的教学实践是以课堂教学为主线，综合运用多种办法创设真实语言情境，营造英语交流氛围，从而实践英语交际。教师可以鼓励学生在课后使用视听设备和语言实验室来放映英语电影，收听英语广播，收看电视节目，通过情景、视听教学，让学生把握地道的语音、语调以及了解西方的文化背景。情境教学法既能突破传统英语课堂教学的狭隘性、封闭性，拓展教学空间，又能引起学生的兴趣，唤起学生的参与意识，提高教学质量，对英语课堂教学来说是一种切实可行的教学法。教学要以重视发展语言技能和交际能力为主，应采用多种交际功能项目，以保证交际的趣味性。

　　由此可以看出，每种英语教学法都有其产生和存在的条件。在实际教学中，教师应该仔细研究各种教学法的特点，熟悉并掌握其中的技巧，不能盲目地推崇某一种教学方法，而否定另一种教学方法。应根据教学活动的具体情况，综合使用各种教学法。事实证明，没有一种单纯的教学方法是万能的，过多地依赖或推崇某一种教学法的做法往往会在具体的教学实践上产生某种偏差。这不利于英语教学的进一步发展与提高大学英语教学水平。英语教学大纲要求教师不仅要向学生传授语言知识，训练语言技能，还要培养学生运用英语进行交际的综合能力。这一要求是立体的、多层次的，而且当前大学生获取知识的渠道多样化，自学能力强，所以，教师在教学中必须本着客观、实事求是的态度，结合教学特点、学生的实际情况以及现有的教学资源，选择合理的教学法，从而有效地开展大学英语教学。

第二节　语料库语言与英语教学

一、语料库在英语词汇教学中的应用

（一）语料库与语料库语言学

语料库就是对海量自然语言材料进行处理、存储、检索、索引以及统计分析的大型资料库。尽管早在18世纪人们就开始尝试建设语料库，但由于技术手段的限制，在很长一段时期内它的发展缓慢而艰辛。随着计算机处理速度的飞速增长以及存储能力的扩大，语料库建设和基于语料库的语言学研究在近二三十年里取得了飞速的发展，日益成为语言学界关注的焦点。特别是在方便、迅捷的计算机定位检索管理软件的有力支持下，语料库在容量增大的同时，功能也变得越来越强大。通过对存放在计算机里的大量真实语料的检索分析，研究者可以获得构词、搭配、语境、修辞等多方面的丰富的语言信息。在教学方面，语料库以其宏大的数据库为基础，为编写辞典、语法书及各种教材提供了海量而又鲜活的真实语言原料。近年来，语料库在教学中的应用日益广泛，涉及词汇大纲和教材编写、词汇教学、语法教学、语篇章分析、错误分析、机辅语言学习、机器翻译、语言测试及学生自主学习能力培养等。

（二）语料库在大学英语词汇教学中的应用

1. 利用语料库进行词语搭配教学

搭配是"在文本中实现一定的非成语意义并以一定的语法形式因循组合使用的一个词语序列，构成该序列的词语相互预期，以大于偶然的概率共现"。词的意义不是孤立的，这可以从与它结伴同现的词中体现出来。词项的结伴规律、结伴词项间的相互期待与相互吸引、搭配成分的一类连接关系等都是词语搭配的形式属性，也都是词

语搭配研究的重要内容。

教师可以用语料库客观地分析学生的用词搭配。研究工科学生在英语写作中 get 的使用情况，结果发现：在"get+adj"结构中，get 作为"系词"使用，据此，学生能用词具体准确，充分表达句子的意义，如 get more beautiful, get familiar with, get addicted into, get hooked on 等。而对"get+n"结构，学生选择最多的搭配词是 information, news, date, mail 等，但也有少量搭配词不地道或者属于中式英语，如 get answer, get feelings 等。可见，凡是表达"得到、获取"之义时，学生都将 get 视为"万能动词"，认为该动词适合各种语境，能行使各种功能。这说明学生的词汇量有限，不能借助不同词表达同一概念或意义；同时，也反映出学生对 get 一词的内涵缺乏深入的了解。至于 get 的固定搭配，高频率出现的是 get rid of, get into the cyber trap, get the best use of, get away from, get contact withgetting on 等。总的来说，学生对 get 词的掌握不够深入和全面，表现为缺乏多样性和灵活性。

2.利用语料库进行语义教学

语义韵是语料库语言学研究的重要课题，可分为积极、中性和消极三类。积极语义韵的情况正好相反：关键词吸引的几乎都是具有积极语义特点的词项，由此形成一种积极的语义氛围。在中性语义韵里，关键词既吸引一些具有消极含义的词项，又吸引一些具有积极含义或中性含义的词项，由此形成一种错综的语义氛围。因此，中性语义韵又可称作错综语义韵。在消极语义韵里，关键词吸引的词项几乎都具有强烈或鲜明的消极语义特点，使整个语境弥漫着一种浓厚的消极语义氛围。绝大多数英语词的搭配行为呈现出错综语义韵的特性，一些词项具有强烈的消极语义韵，另一些词项则具有鲜明的积极语义韵。卫乃兴提出语义韵研究的一般方法：(1)建立并参照类连接，用基于数据的方法研究；(2)计算节点词的搭配词，用数据驱动法研究；(3)用基于数据与数据驱动相结合的折中方法研究。学生通过观察节点词的索引行就能分析节点词的语义韵特征。以 rather 为例，其右搭配形容词/副词依序分为 superfluous, fine, dismal, squalid, ugly, sad, desolate, exaggerated, eerie, mean, indignant, shamefaced, pessimistic, disappointing, impatient, too 等。

（三）语料库研究对英语词汇的教学作用

1.通过词频的统计研究，量身打造不同阶段英语学习者的必备词汇

词频统计研究最直接的应用就是编制词频表，依此来确定不同等级的高频词汇的

范围与数量。英语初学者只能把有限的精力投入学习最常用的词汇上。最常用的词汇并非凭知觉和主观经验判断来确定的词汇，而是基于语料库的词频统计研究得出的高频词汇。由此，词频统计研究直接作用于词汇教学中，对"教什么样的词"的决策，是客观有效的。根据 Kucera 对 Brown Corpus 的统计，最常用的 1000 词汇覆盖了普通文本 72% 的内容；最常用的 2000 词汇覆盖了文本 79.7% 的内容；而最常用的 4000 词汇占文本内容的 86.8%。由这一统计得知：最常用的前 2000 词汇覆盖了大约 80% 的文本内容，而后 2000 词汇则只占文本内容的 6.7%。可见，前 2000 词汇是真正的高频词，是初学者应该首先学习和掌握的词汇。除了最常用的词汇以外，还需要学习和掌握的词汇要取决于学习者使用英语的目的。不同英语使用目的都有相应的专业词汇。只有学习和掌握了基本高频词汇与相应的专业词汇，才有可能进行相应专业的学习、研究与运用。高频词表极具价值，一方面帮助确定词汇教学的内容，明确教学重点，安排教学次序，为教师与学习者提供各种有效参考；另一方面能满足不同学习者的需求，获得学习英语词汇的最佳回报，从而增强英语词汇学习的信心和提高学习兴趣。

2. 通过词语的搭配研究，准确使用英语词汇

词语搭配是语料库的词汇研究中最活跃的领域，处于语料库语言学的中心地位。搭配（collocation）是词语经常一起使用的方式。"经常"（regularly）的含义是：词汇项目在文本里反复共现，同时出现，体现出一定的典型性，而不是一种可能性。通过词语搭配研究，可以获得限制词语同时使用的一些规则。例如，哪些前置词与特定动词同时出现，哪些动词与有关名词同时出现等。

比如，通常用 do 与 damage, duty 以及 wrong 等搭配，而不与 trouble, noise 和 excuse 搭配。因此，可以说 do a lot of damage, do one's duty，而 make 则与后者搭配构成 make trouble, make a lot of noise, make an excuse。显然，在人们实际使用语言的过程中，词项并非随意组合出现，词项的搭配是遵循一些约定俗成的规则的。词语搭配是一种意义方式，在词项的结伴和共现中，它们总是相互期待和预见的。

长期以来，人们都比较注重词语的搭配知识信息，因为这是词汇教学的一个重点，也是难点。但在实际的词汇教学中，往往在呈现词语的音、形、义以后，介绍与目标词语相关的词组、短语，而很少涉及其他方面的搭配形式。这样一来，存在两方面的问题。

第一，这些与目标词语有关的词组或短语大多是基于词典知识，或者从自己的已

有经验中提取出来的搭配形式，它们在语法上是正确的，但是否在日常生活中得到广泛的使用却不得而知。例如，大家知道 rain cats and dogs 是大雨倾盆之意，几乎在所有的英语词典里都列举了这一搭配，并且教师在教学中大多会提到它。但是，在现代英语中，人们几乎不使用这个搭配了。据统计，在1000万词语的口语语料库中，它一次也没有出现过；在9000万词的书面语料库中，只出现了一次。所以，学习此类过时的搭配已不具备实用意义，因而没有太大价值。

第二，搭配的概念范围太狭窄。在词语搭配时，要充分考虑"习惯性共现"的各种可能的情况，而不仅仅局限于约定俗成的词组。显然，解决以上两个问题的途径都在于以语料库为基础的词语搭配研究。教师利用现代计算机技术，可以迅速方便地从包含数百万以至上千万词的语料库中把某个词或短语出现的全部实例检索出来，并且统计出该词或短语出现的频率。这样，教师能更准确、全面地建立词汇之间的联系，认识各种语言形式在实际交际中的意义和用法。一方面，突破词组、短语的局限，获得比较全面的词语搭配信息；另一方面，去除那些过时的无用搭配，学习现实生活中真正高频共现的词语搭配，减少词汇教学中呈现词语搭配的随意性与局限性，提高词汇学习的质量和效率。

3.通过提供词汇句法层面知识信息，正确运用句法

词汇教学的内容包括词汇形式、发音、拼写、词根、词源，使用词汇的语法规则、搭配、功能、意义等多方面。显然，在如此丰富的内容里，除了基本的音、形、义之外，词汇教学还包括非常重要的关于词汇的句法方面的知识信息，如"使用词汇的语法规则"以及"功能"都涉及词汇的句法层面。因此，词汇教学的范围并非仅仅局限于"词"的框架，而应该拓展到"句"甚至是"篇"的范畴。

在大学英语词汇教学中，在提供词汇句法层面，语料库有着独特的优势。其丰富的自然发生的语料能让教师和学习者获得目标词汇最常用的词性、搭配以及组词成句的规则等方面的信息。通过对包含目标词汇的语句的统计和研究，可以获得其词频信息、义频信息以及最常用的词性信息，增强词汇教学与训练的针对性；通过观测词语搭配情况，可以获得自然语言发生时真实的常用搭配，以此来指导有关词语运用规则的制定，甚至对有关规则进行修正。比如，课本上讲授了 something that, nothing that 之类的正确搭配共现形式，而 something which, everything which 等被认为属于错误搭配用法，但通过运用语料库进行词语搭配研究，却发现 something which, everything which 的使用频率虽然小于前者，但也是经常被人们使用的，而且出现的次数并不少。

4.通过提供词汇的运用语境，呈现多样

在大学英语词汇教学研究中，大多数成果表现为对词汇教学的方法、技巧策略方面的研究与探讨，而对于另外一个重要环节——呈现（presentation）的关注并不多。词汇教学离不开"呈现"这一环节，如何让学习者一接触词汇就留下深刻的印象，是一个重要的研究课题。在关于大学英语词汇教学呈现方式与效果的实证研究中，发现举例环节在词汇教学呈现过程中对词汇教学与学习效果具有重大影响。所以，举例是大学英语词汇教学中呈现的一个重要讲授内容。在传统词汇教学的呈现操作模式中，教师举出的例句往往随口说出，至于例句的内容，只要包含目标词汇，往往不做过多考虑。这样所举例句往往是语法上完全正确，但在实际生活中可能很少使用的非真实语句。这种举例仅仅是说明了目标词汇的使用规则，把相关词汇放入一个语法上无可挑剔的句子中，来解释词语的应用规则。而它的随意性与非真实性直接影响了词汇教学呈现环节的质量，削弱了呈现效果。为避免这一弊端，就必须利用语料库所提供的海量的自然发生的语料，来进行例句练习。

教师在进行词汇教学时，参考并选取语料库中相关的真实语句作为例句，一方面可以使举例之于呈现环节更加有效；另一方面，可以得到目标词的各方面信息——高频搭配词项、高频运用义项以及常见运用词性等。语料库所收集语料的丰富性、真实性和新颖性，使学习者在首次接触例句时就留下比较深刻的印象，实现对目标词汇较深刻的理解，从而获得更牢固的储存效果，还能让学习者摆脱枯燥的词汇学习状态，以浓厚的学习兴趣持久地学习词汇。

5.应用语料库关键词检索，丰富词汇教学手段

关键词检索是语料库最基本、最具优势的功能。通过对关键词进行全文检索，可以将关键词及其在语料文本中的所有语境实例一同显示出来。点击某一实例还可弹出另一窗口，显示该例句所在的更大语境乃至全文。此功能可以提供有关词汇用法和意义的真实信息，并以此检验词典或教科书中提供的解释和说明。通过关键词检索，学习者可以体验词汇或词组在不同语境中的确切用法，以增加对词汇的感性认识；丰富的用法和语境，使学习者能够比较和掌握同义词之间细微的语义、语用差异，极大地方便了学习者求证疑难用法和搭配情况。语料库的关键词检索功能也为教师提供了便利。平时靠教师语言直觉无法确定的问题均可迎刃而解，编制词汇例句和即时课堂词

汇练习变得轻松快捷。另外，由于许多语料库具备更新能力，与词典相比，语料库提供的例句往往更充满时代感，更贴近生活，更有生命力，从而更容易激发学生的学习兴趣。

（四）语料库在词汇教学中的展望

根据对近年来英语语料库及语料库语言学研究动态的观察和了解，基于语料库的词汇教学这一领域未来的发展趋势可以概括为四方面。第一，在词汇教学或者英语教学方面语料库的应用是大势所趋，语料库方法将逐渐受到重视和广泛应用，也会被越来越多的师生所接受；第二，语料库的应用将从传统领域，如编写词汇大纲、教材等，扩展到新兴应用领域，如课堂词汇教学、词语搭配学习、词汇测试设计、词汇学习活动设计和计算机辅助语言学习等，从而促进词汇教学方法的变革；第三，不同的语言研究方法，如基于语料库的方法、内省法、诱导法等，会相互借鉴、融合，语料库方法的局限性会逐步得到克服；第四，随着语料库和语料库语言学研究的深入，许多语料库分析及应用软件陆续被开发出来。然而，语料库分析软件开发得很多，而应用软件较少，而且现有的一些软件需要改进和完善。

二、语料库在英语口语教学中的应用

（一）英语口语语料库的现状

口头交际与笔头交际是人类交际的两个主要渠道。就口语而言，服务行业的对话与口述早就为语言学家所注意，前者如商店、银行、旅馆、饭店里的顾客与服务人员的对话等；后者如讲故事、讲笑话等。不同的口语语体有各不相同的语言风格。近年来，对口语语体研究的范围不断扩大，如对法庭对话的研究以及求职面试的探讨，还有些语言学家对商务会谈、电视访谈、网上聊天等也表现出浓厚的兴趣。现代口语语料库的出现对口语语体的纵深研究起到了促进的作用，更重要的是给大学英语教学带来了全新的教学理念。把录音的内容转写后就可以建立一个口语语料库，然后再通过索引软件提取自己所需要的内容，这已经被广泛运用于语言研究和词典编纂中。建有专门的口语语料库，而有些口语语料是综合语料库的一部分，前者为纯口语语料库，后者为非纯口语语料库。

（二）语料库用于英语口语教学的可行性及优势

学习者的英语口语能力由四个部分构成，分别是：基本的语音能力、词汇语法能力、话语能力、语用能力。语料库在发展的初期，只进行词的一般分析，如词频统计等；随着语料库语言学的发展，语料库已经不仅仅进行一般的词频统计，而是增加了词的语法属性标注（如词性等）。现在更是愈加重视对语料库做不同层次的标注，如语音、构词、句法、语义、语用等层次的标注，重视语音特征研究、话语结构研究、语用策略研究等。现在人们普遍认为语料库的发展对英语教学几乎所有分支领域都具有启发和引导作用。在语料库的帮助下，教师很容易找到大量生动而自然的口语表达例句并提供给学生，帮助他们掌握、积累更多的表达方式，理解和掌握句子在口语中的实际用法，进而帮助他们克服畏难情绪，激发他们说英语的积极性和表现欲，提高其口语表达能力。同时，通过指导学生就特定话题查阅和检索语言资料，帮助学生逐步形成探究型的学习方式，培养他们自主学习的能力，真正体现以学生为中心的教学理念，使学生终身受益。

（三）语料库在英语口语教学中的应用

1. 口语语料库对大学英语口语教学具有促进作用

口语语料库的出现为英语口语教学和研究提供了崭新的平台。利用语料库对比的方法，从本族语者和学习者的语言输出中提取对教学有用的信息，能够有效改进英语教学。从促进英语口语教学的角度，英语口语语料库的作用主要表现在以下几方面：

（1）帮助学生拓展语言输入的范围，提高学生英语口语水平。从英语教学的角度来看，语言输出必须建立在大量的语言输入的基础上，输入语言的量成为提高英语口语水平的重要指标。语料库使学生有机会接触各种语体，开阔了他们的视野，增强了他们语言输入的内容和范围。

（2）通过运用语料库语言学的方法，提高英语口语教学效果。通过建立学生口语语料库，将其与以英语为本族语的口语语料库进行对比，教师能对学生的口语表达能力形成较为全面和客观的了解，并从中发现学生英语口语表达中存在的共性错误和典型问题，以确定教学的难点与重点，使口语教学更具针对性，从而大大提高口语教学效果。此外，口语语料库还能够为编写英语口语教材和制定英语口语教学大纲提供准确和客观的数据。

（3）倡导数据驱动学习，培养学生语言自主学习能力。口语语料库能为学生的探究性学习活动提供素材，在大学英语课堂教学中引入语料库可以促进数据驱动学习，帮助学生培养英语自主学习能力，实现由"学会"向"会学"的转变。通过语料库，学生可以在语境中分析、归纳某个语言现象的意义及语言规律。同时，学生通过英语语境进行分析归纳，发现规律，建构自己的知识体系，逐步培养自主学习能力。

2. 英语口语语料库语言是教科书的有效补充

（1）弥补教科书单一的教学内容。从英语教学的角度来看，语言产出是建立在大量的语言输入的基础上的，输入语言的量是提高英语口语水平的重要指标。口语语料库大大地扩展了语言输入的范围，通过语料库，除了课本以外，学生有机会接触到各种语体。

（2）为英语教师提供最真实可靠的语言信息。口语语料库无疑为口语教学提供了一个可靠的语料来源。英语教师可根据自己的教学目标选择相关语料。

（3）使英语教学内容不是建立在语感上，而是建立在真实材料的基础上，使所学内容更贴近生活实际。口语语料库的使用使学生学到的语言更加接近生活实际，避免课本语言与实际交际语言相脱离，学以致用，增强学生的学习动机和学习兴趣，克服"学非所用"给学生们带来的沮丧感及其他负面影响。

（4）有助于开展任务型学习活动和实施材料驱动语言学习。口语语料库为探究性学习活动提供素材。通过语料库，要求学生在语境中分析、归纳某个词的意义以及搭配规律。在英语学习中，语言成分的搭配是比较自由的，其实这种自由度在地道的本族语表达中是非常有限的。学生越来越意识到固定搭配在大学英语教学中的重要性。在英语表达中，不难发现这类例子：词汇和语法都没有问题，然而，却不符合地道英语的表达方式。因此，要说地道的英语就必须注意英语的固定用法与习惯表达形式。口语语料库无疑提供了一个地道的语境和素材。学生通过对目标语各种不同语境的语言进行分析归纳，来发现规律，强化在做中学，建构自己的知识体系，提高探究性学习的能力。

（5）教师和学生可以建立英语学习者口语语料库，师生对语料库进行比较分析，从而找出英语学习者口语失误的规律，使课堂教学活动做到对症下药、因材施教。此外，教师和教材的编者根据学习者语料库分析提供的信息来设计教学内容和材料。我们必须意识到，在指定教材的长期统治下，师生对教材的定式思维自然会对口语语料库的使用产生一定的抵制，因为语料库中的语言材料毕竟不像指定教材那样"整洁"，而是"破碎"的。因此，师生的观念需要改变。只有师生充分发挥"双主体"的作用，才能全面提高英语口语课堂教学质量。

3. 口语语料库在课堂教学中的运用

在英语学习环境中，口语语料库是教科书的有效补充，因此，在呈现教科书课文的基础上，有必要让学生了解，真正英语本族语人在相似的环境中是如何交流的。比较法更能加深学生对教科书课文和语料库内容的认识和理解。语料库可以为学生提供丰富和直观的语言素材，便于激发言说的欲望，使其有话想说、有话可说，从而达到使学生积极发言的目的。更为重要的是，语料库提供了一种学习的方法，学生就某个自己关心的话题可进行自主查阅资料、积累语料，从而提高自主学习的能力和主动性。

（四）对大学英语口语教学的启示

通过对非英语专业大学生的英语口语语料库的检索以及结果的分析，对学生口语表达中存在的问题有了比较准确全面的了解。在今后的英语教学中，应从以下几方面来帮助学生减少口语表达错误，提高口语教学效果。

（1）话语连接词用来表达句子间的逻辑关系，有助于加强语言的连贯性。教师在教学过程中不能只重视对语言形式和语法词汇的分析，还应加强对内容和语篇结构的分析，引导学生了解英文语篇的发展脉络。把重点放在对整篇内容的理解上，分析作者是如何阐明主题的，分析段落间、句子间的连接、转承方式，从而使学生进一步领会英语表达的技巧，以增强学生语言表达的条理性和逻辑性，以及口语语篇能力。

（2）口语小品词作为话语标记语的一个分支，是日常交流中使用最为频繁的标记语之一，有着不可替代的篇章和交际功能。因此，在教学过程中教师要注意小品词功能的讲解，引导学生注意小品词的使用规律及功能，确保学生在口语交际中能够灵活多样地运用小品词。

（3）引入词块教学，培养学生词块意识，提高学生的词汇搭配能力，从而使他们说出自然地道的英语。词块是具有一定结构、表达一定意义、容许不同抽象度、频繁使用的、预制的多词单位。如果学生记忆库中储存了大量的词块，在语言表达时，就能保证表达的流利性、准确性和地道性。因此，在大学英语教学中，教师首先要有意识地提高学生对词块的敏感度，鼓励学生在课文学习中发现词块，并学会灵活运用。其次，教师可以通过索引工具，运用语料库中的真实材料，向学生展示词语的典型搭配，让学生接触符合英语习惯的结构和搭配，吸收和使用符合本族语习惯的词块，减少母语干扰。最后，在大量词块输入的基础上，教师应创设更多的语言活动，为学生提供更多的语言输出的机会，使语言输入与输出相辅相成，提高语言输出的质量。

(4)针对学生口语表达书面语化的现象,教师在口语课堂中使用的话语应尽可能口语化。此外,教师可以在教学或教材编写中让学生接触到真实的、多样的,与学生水平相当的口语语料,为学生提供更多的口语练习机会,指导他们在口语表达中增强区分口语和书面语的意识。

(5)教师应在教学中对交际策略做系统的介绍,培养和增强学生正确使用交际策略的意识。教师应运用体现交际策略的"真实"听力和口语材料,为学生提供合理地使用口语交际策略的语言输入和范例,营造轻松和谐的语言环境,引导他们敢说、多说;加强对交际策略的训练,尤其是以第二语言为基础的成就策略(英语转述策略、近似策略)、停顿策略和副语言策略等,帮助他们提高口语的流利性和准确性,以促进语言的习得。教师通过对学生的自然语料进行观察和分析,能发现学生口语表达的特点和语用失误规律,从而对学生口语学习过程中存在的错误和问题有比较系统和准确的了解。只有这样,口语课堂教学活动才能做到对症下药,帮助学生掌握规范、地道的英语,有效提高学生的口语表达能力。

三、语料库在英语写作教学中的应用

(一)语料库在英语写作教学中的优势

1. 语料库可以提供大量真实的语言素材

英语教学的目标是培养学生的语言运用能力,教会学生运用鲜活的语言,以便更好地交际。"真实性"也是语言教学中交际活动的最基本概念之一。交际法强调让学习者通过使用目的语来参与相应的活动以增强其自信心,因为只有在实际中运用语言,才能达到让学习者接触目的语文化,并对其产生浓厚的兴趣的目的。首先,为了交际目的而在实际中运用的语言,比起为口述目的语特点而编制的语言更有趣,学习者学习的动力更大;其次,围绕内容展开的实际语言运用使学习者更易习得语言。这是因为实际运用中的语言不仅能为学习者提供较为丰富的"语言大餐",而且还可鼓励学习者透过语言表层结构挖掘其中的内涵。在语料库出现以前,语言描述更多地基于本族语者的直觉和内省。对那些相信语言学习和语言学的理论描述应该建立在真实数据的基础上而不是在主观臆造基础上的语言学家来说,语料库是非常有用的资源。基于语料库的方法最大的优点在于它能够提供大量的语言数据以及一些语境方面的信息,有利于对语言进行量和质的分析。因此,语料库与本族语者的直觉相比更具可靠性。

2. 以真实语言作为输入材料更有利于语言产出

语言是文章的建筑材料，缺乏这些建筑材料，就很难写出好文章。写作属于语言输出，把语料库与英语写作教学相结合就是为了使学习者通过接触大量真实的语言材料，激发其学习的积极性，帮助其理解输入的内涵，使输入成为可理解性输入，并被学习者掌握。同时，这种教学方法也使学习者通过运用新的语言知识，不断改正和调节他们原有的语言假设，从而使其语言水平得到提高。在英语学习中，运用语言能部分地起到学习者在"自然语言"环境下与本族语者进行交流习得语言的相似的作用。

英语教师应充分重视语料库中大量丰富自然的目标语语料及其有关知识的输入，并引导学生根据语言的实际情况加以使用。这样做能够使学习者清楚地了解目的语中某个词在各种不同语境下的具体用法和不同体裁的文体特征，扩展其第二语言的词汇量、语法知识等，从而有助于其写作能力的提高。Swain 认为"只有当学习者有机会进行'可理解性输出'时，有意义的语言习得才得以实现"。Swain 论述了输出在二语习得过程中所起的作用：第一，语言输出为学习者进行有意义的练习提供了机会，目的是为了使语言在语言资源许可的范围内实现自主化，这是与语言的流利性相关的问题，而不是准确性的问题；第二，语言输出促使学习者去了解他们以往不知道或仅了解其中一小部分内容的事物；第三，输出也为验证假设提供了机会，这样，学习者会为了弄清某假设是否能够奏效而尝试使用各种表达手段。语言习得是通过发挥语言功能性和交际性作用的输出而实现的。换言之，二语教学需要为学生提供合适的机会让他们运用新的语言形式进行交流，同时也要创造一种情境使他们觉得进行交流的愿望是有意义的，他们的话语是可以被接受和理解的。学习者需要有这样的机会来说出或写出新的语言形式，以便改正和调节他们原有的语言假设。

（二）基于语料库的英语写作教学

1. 准备

在准备阶段，要求教师对语料库及其使用情况要做到非常了解并能熟练使用。在此基础上，还应让学生对语料库的界面和基本构成也有所了解。对学生进行语料库的介绍应在语言实验室进行，这样有利于学生在教师对之进行讲解的同时即刻进行实际操作，有利于学生提前学会其基本使用方法。

2. 实施

在有了前面的准备之后，即可进入实施阶段。在该环节，首先，教师应在课堂上对所用语料库做简要介绍，同时，引导学生学习并探讨语料库在写作练习中的功能。

具体实施时，教师可以设计一些练习先让学生以分组的方式来完成，然后再独立完成，以此培养学生独立使用语料库的能力。最为重要的是，教师要在课堂上给学生布置一定的写作任务，如利用语料库来查找特定词语的表达方式等，从而不仅使学生学会运用语料库中的资料来分析自己在作文中出现错误的方法，而且也培养了学生的语言意识。就搭配、语体、体裁等方面给学生设计出练习题，让学生在语料库中找出与之相同或相近的资料进行学习。这样，学生一方面可以学到常用词的搭配方式，另一方面也能逐步地熟悉语料库的使用方法，能把词汇的学习放在句子之中甚至语篇之中来进行，为他们以后的自主学习打下坚实的基础。

在后期的教学中，对语料库的使用不应仅限于词汇层面，语篇层面也要加以重视。由于汉英语篇存在较大差异，汉语为意合型，即以意义关系达到语篇的连贯；而英语为形合型，即以外显的连接进行衔接，所以衔接就是需要予以关注的重要方面，这也是中国学生在写作时的一个薄弱环节。为此，教师在英语写作教学中应适当讲解英汉语言间的差异，尤其是向学生介绍体现在写作方面的语言上的差异。让学生了解这种差异可以增强学生对语言的认识，有利于学生更好地学习英语。同时，语篇结构也是值得关注的。教师应在教学指导中指出这一方面，同时设计相应的练习，以让学生利用语料库对语篇差异有所了解。

学生在校期间能接触到的语体的类型单一，较为有限，所以其语言知识的输入也不足，从事写作时写出的内容也往往较为空洞。利用语料库，学生可通过观察和数据统计相结合的方式了解不同体裁写作的特点和用词特征等。关注体裁的教法可以用来指导学生对体裁的学习。通过对多种体裁的分析和研究，学生不仅可以掌握各类体裁的特征，还可以通过对不同体裁的对比，以及对语步策略和语言特征的分析，了解各种体裁的独立特征和共有特征，从而将之运用于自己的写作实践之中。

3. 评估

在此阶段，教师应组织学生对其所学语料库知识和在使用语料库过程中遇到的问题及其解决办法进行探讨，从中挖掘语料库更多的使用价值。在这个过程中，还应对写作任务的完成情况进行评估。评估是一种重要的学习方式，教师应组织学生对自己和他人写作任务的完成情况进行评估。

4. 自建小型写作语料库

在使用语料库进行教学的同时，教师还应鼓励学生尝试自己创建自己的小型写作语料库。利用该语料库，引导学生分析自己以往的作文中容易犯的错误。教师还应鼓励学生不断地扩充自己自建的语料库，收录易犯错误的例证，或是优美语句，以备学习和参考。学生自建语料库时可以利用现有的软件开展学习活动，而不是机械地逐词逐句地输入。语料库在英语教学的各方面都已经得到了广泛的应用，以真实可靠的、自然发生的语料为基础的语料库对语言学的各个研究领域都有着非常显著的实用价值。可以肯定，将语料库用于英语写作教学有重大意义。它可以作为重要的教学工具，帮助学生在写作中提高语言的准确性，增强文章结构的连贯性，丰富文章的内容。当然，语料库在写作教学中的应用远不止于此，其教学效果还有待于进一步进行大规模的实证性研究。

四、语料库在英语翻译教学中的应用

（一）词语的英汉对译

学生在翻译实践中为什么用不上自己所掌握的词汇？其实主要原因就在于英语和汉语中绝大部分词语都不能一一对应。如果利用平行语料库提供的大量的带有真实语境的例句，学生就能够掌握不同语境中同一词语的不同译法。比如，"克服"这个词，学生对于它的英译会脱口而出"overcome"，如：

人们用这些小玩意儿克服沉默，与人交往。

英译：People use the gadgets to overcome their reserve and make contact.

（二）固定结构的英汉对译

英语和汉语中都有一些常用的句型和特定结构，在具体翻译时该怎么处理，不是一句两句话能够解释清楚的，通常要求学生对于两种语言的双向掌握，这可以由平行语料库来提供帮助。下面通过"把"字结构的对译来说明这一点。如：

（1）它会把我们带到哪儿呢？

英译：Where would it take us？

（2）最好把沙拉碗弄成彩色的。

英译：Try to get a little color into your salad bowl.

（3）我们把汽车停在她的房子外面，坐在车里谈心。

英译：Parked outside her house, we sat in the car and talked.

（4）他用双手把我抱了起来，并送我回了家，我记得当时认为他是那么高大和强壮。

英译：He scooped me up and carried me home, an d I remember thinking how tall and strong he was.

（5）每天我快快乐乐地下山把垃圾倒在堆肥堆上。

英译：I delighted in my daily trip down the hill to dump the refuse on the pile.

（6）她把那首诗放在钱包里作为精神支柱。

英译: She is carrying it in her wallet for moral support.

以上例证可以说明，平行语料库应用在翻译教学中，确实有助于学生解决翻译实践中遇到的实际困难。目前出现的问题是很多语料库的使用还存在一定的限制，在线语料库中的语料还不是很充足。G.Cook曾说过："要实现语料库研究从语言学研究到语言教学的跨越，绝非一朝一夕之功。"随着语料库语言学的不断发展，平行语料库在翻译教学上会有更广阔的使用前景。

五、语料库语言学在大学英语教学中的意义

（一）语料库语言学在词汇教学中的运用

词汇教学是英语教学的基础。在传统课堂上，教师往往花费较多的时间讲解单词的音、形、义，督促学生强化记忆。学生掌握的词语意义和用法往往过于单一、死板，运用起来捉襟见肘。有些学生甚至找汉语中的对等词来记忆，不仅浪费精力，而且易造成误解。现实语境中的词语不是孤立存在的，而是处于和其他词语的搭配中，并产生共有意义。这在语料库语言学中被称为词语的"结伴关系"或"共现关系"。基于统计学上的定量分析，只要一词与另一词的共现频率达到一定标准，它们之间即可被认定是搭配关系。查尔默将词语搭配进一步界定为"以等同形式超过一次重现，并构成良好语法的词汇系列"，兼顾了搭配中的语法因素。两种说法都突出了掌握情况搭配对词汇学习的重要作用。学习者最终能否掌握英语，关键在于能否熟练运用典型搭配。现代语料库的应用可以使词汇教学不再局限于单词的孤立讲解。

语料库语言学在词汇教学中运用的基本方法是：输入要讲授的词作为"节点词"进行搜索，提取该词在语料库中所有的搭配词。在每行索引中，节点词居中呈现，左右构成其语境的词语被称为"跨距"。统计中，教师要把偶尔共现的词排除掉。只有那些与节点词反复共现的词才被认定为典型搭配。事实证明，节点词的意义正是"存在于与之结伴的别的词项之中"，正是典型搭配赋予了它丰富的含义。教师通过对典型搭配的分析，可以呈现节点词的含义和用法，加深学生对该词的印象。当前，将语料库引入词汇教学不仅可以将教师从烦琐的词汇讲解中解脱出来，提高教学效率，而且有助于学生由被动学习向研究型学习转变。

（二）语料库语言学在语法教学中的运用

在当代语料库语言学家辛克莱看来，语法与词语是一种"相互渗透"的关系。词语具有意义潜势，同时，在搭配和用法上也具有语法潜势。两种潜势都在语言交际中呈现出来，形成一种相对固定的词汇和语法机制。这种机制在语言使用中被称为"共选关系"，即"一定的词语和意义总是以一定的语法形式表现出来；一定的语法结构也总要以最经常和最典型的词语来实现"。因此，词汇教学和语法教学是密不可分的。语料库对词汇教学的作用也同样体现在语法教学中，并对传统语法教学理念形成挑战。传统语法教学秉承"规定性语法"教学模式，着重讲解句法结构。与此不同的是，基于语料库的现代语法教学更加侧重语法与词汇意义的"共选关系"，更倾向于"描述性语法"的教学理念，用大量生动的自然语料来呈现词句搭配中的语法规则，更加注重语言运用的区分度和准确性，使学生接触到更多地道的英语，以增强学生对语言交际的感知力。通过语料分析可以看出，在语言交际中，句式的选取往往不是为了验证或运用某个句式，而是对其进行词语填充；相反，人们总是为了准确地表达某个意义而随机选取最合适的词汇和句法结构。意义永远是第一性的，形式是第二性的。

语言教学的目的就是让学生掌握真实的语言。有些语法学家依靠个人直觉，为说明和论证某种理论框架而杜撰和自造的句子没有太大的效度，在很大程度上很可能会将人为的结构强加于实际语言运作，会对真实语言运作产生曲解。为避免这种人为的杜撰和扭曲，现代语法教学中多利用真实语料作为语法讲解的依据，这就是 Sinclairi 所说的"自然发生数据"。这种新的描述与解释不仅能够将学生从大量的句法结构记忆中解放出来，也能使语法学习充满乐趣。教师可以引导学生借助语料库自行分析总结句法规律；通过研究句式的演变趋势，还可以预测未来语的发展态势。这样一来，语法教学就不再是灌输式讲解，而是转变成探讨性研究了。

（三）语料库语言学对英语教学其他方面的意义

在修辞学和文体学的教学研究方面，可以借助语料库中的鲜活文本和自然口语数据提供大量的素材。如在具体语境中，如果某些性质相似的词语和关键词反复出现在文本之中，则关键词也就具有了相关的语义特点，这就是通常所说的"语义韵"。因此，学习者如果要判断文本的修辞，只需要搜索某一个关键词语，再抽调语料库中相对应的文本进行语义分析；如果是文学文本就可以据此推测文本的社会环境、写作背景、思想动态等信息。由此可知，语料库不仅对文学教学中的语段分析与阅读理解具有重要意义，还能够充分调动学生参与课堂教学的积极性。虽然语料库语言学以抽象的状态呈现，但是也具有很强的实用性，这不仅体现在高校英语教学中，而且在中职院校英语教学中也发挥出不同的作用。随着文化的发展，人们在日常生活中应用语言学的机会越来越多，也促进了学科的不断发展。

总之，科技手段与信息技术的大力发展使语料库语言学对高校英语教学产生了巨大的影响。语料库语言学既为语法、词汇、修辞、语言学等各学科教学带来了深刻的变革，也推动了英语教学理念与方法的进步，还使得课堂教学的信息量更加丰富，在很大程度上提高了学生的自主创造性。

第三节　大学英语教学改革的目的

大学英语教学改革在近年来受到了越来越多人的重视和关注。究其原因，大概有两点：一是其重要性，即大学英语教学对人才培养和国家发展的重要意义；二是其不适应性，即大学英语教学日益显现出来的弊端，已不能满足学生的自身发展和社会的长足进步。因此，对大学英语教学进行改革的呼声越来越高，并从未间断。本节首先分析大学英语教学改革的背景，在此基础上谈及两个问题：一是改革的目的，二是改革的理念，并提出实现大学英语教学改革目的与理念的策略。

一、大学英语教学改革的背景

在谈及大学英语教学改革的目的或理念之前，首先要了解改革的背景。大学英语教学从新中国成立后开始，先后经历了"学习苏联"时期（1949—1956）、建设时期（1956—1966）"文革"时期（1966—1976）、改革开放初期（1976—1982）社会主义现代化建设时期（1982年以后）等多个时期。在近几十年的发展中，大学英语教学取得了诸多成果，同时也暴露了一些问题。因此，我们可以将社会的发展和大学英语教学本身存在的问题看作大学英语教学改革的动力。

（一）社会发展

社会的发展是大学英语教学改革的重要推动力。随着经济全球化，全球经济一体化程度的加深，世界范围内的经济合作和文化交流在日益频繁的同时，深度也在不断提高，社会对高质量的跨文化交流人才需求增加。但是，在当前大学英语教学下的高校毕业生的英语能力还远远不能满足社会的需求。

此外，随着社会的进步和生活水平的提高，人们对知识的渴求也越来越迫切，对自身受教育的期望值也不断提高。高等教育越来越大众化，高校扩招已是不争的事实。这样的发展趋势带来的结果便是大学英语教学师资力量的紧缺，基础教学设施的不平均分配等问题。除了加大教师队伍的培训力度外，教学内容、教学方法、教学目标、教学手段、教学评估等方面的改革也势在必行，只有这样，才能适应新的教育形势。

（二）自身问题

在当前的大学英语教学模式下，培养出的学生多缺乏英语综合应用能力，口语交际能力明显不足。王守仁教授和王海啸教授曾对全国530所高校的大学英语教学现状进行过调查和分析。关于教师队伍，在提供大学英语教师职称情况数据的467所高校中，女教师的数量占总数的80.1%，而教师的职称情况也不尽相同。

在当前的大学英语教学中，教师队伍的性别、职称等都是不平衡的，这种不平衡的现象不仅影响教师个人的职业发展，对教学质量的提高也会产生消极的影响。

关于教学评估手段，终结性评估与形成性评估相结合，并注重形成性评估的作用，才能有效提高教学质量。《大学英语课程教学要求》中指出，形成性评估是教学过程中进行的过程性和发展性评估，即根据教学目标，采用多种评估手段和形式，跟踪教学过程，反馈教学信息，促进学生全面发展。王守仁教授和王海啸教授在对多所高校的英语教学进行调查中，重点考察了学生的课堂表现、平时测试、平时作业、期中与期末考试、网上自主学习表现等在教学评估中的比重，结果如表2-1所示。

表2-1　不同评估手段的重要性

评估手段	很重要（%）	较重要（%）	不重要（%）	总数
课堂表现	226（46.2）	251（51.3）	12（2.5）	489
平时测试	95（20.0）	350（73.5）	31（6.5）	476
平时作业	124（25.4）	349（71.5）	15（3.1）	488
期中与期末考试	373（76.1）	111（22.7）	6（1.2）	490
网上自主学习表现	75（18.1）	241（58.2）	98（23.7）	414
口语考试	130（28.0）	252（56.5）	72（15.5）	464

通过表2-1中的数据可以看出，虽然与其他项目相比，认为学生的课堂表现是重要的评估手段的学校有很多，但是大部分也认为网上自主学习的表现是不重要的。这表明，在现阶段的大学英语教学中虽然形成性评估的理念已被人们所接受，但是自主学习的教学方式还要做进一步的推广。

除了教师队伍、教学评估手段，在教学模式方面，《课程要求》中提倡课堂面授和计算机自主学习相结合的方式。虽然采用多媒体投影设备教学的现象较为普遍，但是大部分的班级并没有采用"课堂面授＋有教师辅导的语言训练"这种教学模式，这说明要实现《课程要求》仍有大量的工作要做。

二、大学英语教学改革的目的

在了解了大学英语教学改革的背景后，我们就要思考这样一个问题，大学英语教学改革的目的何在？人们既已对教学改革的必要性达成共识，之后便会涉及教学改革的目的问题，下面就对大学英语教学改革的目的进行分析。

《国家中长期教育改革和发展规划纲要》中指出，中国高等教育的人才培养目标是"培养具有国际视野、通晓国际规则，能够参与国际事务与国际竞争的国际化人才"。因此，大学英语教学改革的首要目的就是要提高高等教育人才的培养质量，将中国的高等教育国际化。所谓的"国际化"是指课程的国际化、师资的国际化和学生的国际化。这一目标的提出与我国的国情密切相关。随着经济的全球化，教育的国际化步伐也在逐渐加快，我国正致力于建设人力资源强国，在如此关键的转型时期，更需要教育提供强有力的推动力。

其次，大学英语教学改革的目的是为大学生的个体发展服务，如今社会对高素质的具有创新能力的国际化人才的需求剧增，英语能力已成为学生综合能力的重要组成部分。

因此，只有坚持大学英语教学改革，才能不断适应社会发展的需要和学生个体发展的需要。此外，赵光慧和张杰在《大学英语教学改革：个性化、学科化、中国化》一文中从不同的角度对大学英语教学改革的目的进行了详细的分析。他们指出，当前中国高校的英语教学改革首要目的便是实现"个性化"教学，避免"趋同化"。充分发挥大学英语教学的引领作用，最终实现社会交往中的"学科化"。此外，大学英语教学只有立足"中国化"，才能实现"国际化"。

（一）个性化

要通过大学英语教学改革实现"个性化"教学，首先应克服的最大障碍便是"趋同化"。"趋同化"大致表现在以下几方面。

首先，教育行政部门是统一的"社会行动主体"。在当今的大学英语教学中，不论是教学方案的制订，教学管理或评价制度的构建，还是教师队伍的培养，教学材料的编写或教学手段的开发等，都是在教育行政部门的统一指挥和监控下进行的，这便是"趋同化"的表现之一。

其次，统一化的教学管理。几乎所有的普通高校都是在教育部制订的统一的培养方案、管理制度和评价体系下进行英语教学，所使用的大学英语教材也不外乎是上海外语教育出版社、外语教学与研究出版社、高等教育出版社以及其他几所出版社出版的教材，并没有因为学校的差别和学生层次的不同而选用"个性化"教材。

"趋同化"教学体制的出现与国家的计划教育体制有着某种程度上的联系，其主要的教学核心是"教"而不是"学"。虽然，近些年来"以生为本"的呼声愈来愈大，但是在实际开展教学活动时是有一定难度的。

"个性化"教学要求有灵活变化的"动态"培养方案，即教学方案可以根据不同的学生、学生的不同表现随时进行调整，使方案适应学生，而不仅仅是让学生适应方案。教育行政部门在制订了统一的培养方案以后，只是具有宏观指导的功能，各个学校根据自身的实际情况和学生的层次水平可以调整方案和学制，学生也可以对培养方案提出合理性的建议，实现"教"与"学"之间的"相互理解"。此外，还可以尝试推广分层次大学英语教学。

（二）学科化

我国当前的大学英语教学主要是围绕"学习语言知识，掌握语言技能"展开的，并且受社会发展的影响，大学英语教学的中心应该转向以实用为目的的教学，即由"学"转向"用"，在"用"中"学"，通过一系列的语言实践，提升语言能力。

就"社会行动"而言，进行"学科化"的大学英语教学是十分有必要的。所谓的大学英语教学的"学科化"，并不是"英语"与"专业知识"或"专业英语"简单相加，而是两者之间的相互融合，是集"实际运用""英语表达""学科趣味"，甚至是"学术思维"于一体。大学英语教学"学科化"的有效途径之一就是在普通高校中开设以学科为中心的大学英语博雅课程，学生不仅可以了解与英语学科相关的知识和发展状况的表述，还可以接触相关的学术刊物、栏目等，同时还能为学生提供出国求学的帮助。

大学英语教学改革的最终目的是要走出"外语圈"，改变其从属地位的现状发挥大学英语教学的引领作用。各高校要在满足学生个性发展要求的基础上，开发多层次、立体式的大学英语教学模式，充分提高学生的英语应用能力和学科研究能力，在逐步提高学生的基本英语技能的同时，逐渐深化其专业英语知识和技能，使其在多个领域都能发挥专业英语水平的优势，力求做到英语"学科化"教学。

（三）中国化

语言具有深层次的思维功能。在当今的大学英语教学中，人们关注的更多的是学习英语的思维方式，克服汉语思维方式的消极影响，因此大学英语教学中更加注重以"西化"为特征的教学思维模式，即引进外籍教师，营造学习英语的环境等，或对英语教师进行出国培训，到国外大学进行实地考察等。这种教学思维模式是单向的，而大学英语教学改革的目的就是将单向变为双向互动的过程，既"西化"，又"化西"，即"中国化"。在引进西方思维模式的同时，还要使学生在中西文化的相互碰撞中，了解中华文化的传统，推动中华文化走向世界。

三、大学英语教学改革的理念

在进行大学英语教学改革时应遵循的理念是改革者必须要考虑的问题。我国的英语教学在开始之初是经过"西学东渐"的历史发展而来，是为了挽救民族危机而学习西方的先进文化技术，达到国富民强的目的。但是，在当今社会，我国正致力于建设创新型国家和人力资源强国，为适应这种发展趋势，大学英语教学要将培养国家需要的高素质人才作为教育思想，大学英语教学改革中要以中华文化为本，即以"中学为体"，在大学英语教学中传播中华文化，同时学习世界先进的知识与技术，增强中国的软实力。因此，大学英语教学的指导思想便是"传播"与"借鉴"。为了更好地实现这一教育目标，大学英语教学改革要进行全方位的整改，使英语教学朝着特殊化、学术化方向过渡，这就要求改革一方面要强调学生的主体地位，另一方面要提高学生的学习技能。

（一）强调学生的主体地位

知识型时代已经全面到来，社会对于应用型英语人才的需求与日俱增，而受传统教育模式的影响，学生的思维多受到限制，很难适应灵活多变的市场竞争的要求。因此，大学英语教学改革要全面关注英语应用的细节内容，以学生的发展为中心，强调学生的主体地位，依照学生不同的身心发展特征和学习水平，设定相应的职业、人生发展目标，并对应提高其在相应领域的英语综合应用能力和竞争实力，这是大学英语教学改革的基本理念之一。

（二）提高学生的学习技能

英语是传播中华文化，借鉴与吸收西方先进文化与技术的工具，因此，大学英语教学要培养学生跨文化交流和学术交流的能力。为与这一教育理念相适应，大学英语教学改革必须改变其教学内容，通过加强阅读教学培养学生"借鉴"的能力，通过加强写作教学培养学生"传播"的能力。

四、实现大学英语教学改革目的与理念的策略

近年来，随着经济全球化发展趋势的日益加强，英语逐渐成为社会发展所需人才的一项必备技能，因此，如何在大学英语教学中提高学生的英语应用能力，提高学生的市场竞争实力，是大学英语教学改革中应重点思考的问题。笔者在总结多年的教学实践探索基础上，总结出了两点有效实现大学英语教学改革目的与理念的策略。

（一）开创多元化社会实践交流平台

英语只有在"用"中才能学得深入和透彻，学生只有在特定的岗位和工作环境中进行实际操作和训练，通过处理不同的工作失误，接触不同的职务人员，才能了解自身真正的需求和市场的发展方向，也才能从根本上提升其英语对话能力和人文素质。但是，从当前的大学英语教学改革现状来看，学校为学生搭建合适的社会实践交流平台这一举措进行得并不完善。在部分高校中，英语教学仍局限于简单的课堂讲解和基本的情景演练。此外，课堂教学中也以理论知识为教学的核心，轻实践，不能很好地锻炼学生的英语灵活应用能力。

因此，为有效实现大学英语教学改革目的与理念，一些有能力和条件的高校可以考虑与相关企业建立长期有效的合作关系，共同建立丰富多样的社会实践交流平台，使学生在实际操练中领略英语学习的真谛。

（二）革新传统的测评模式

对现有的测评模式进行灵活的调整也是实现大学英语教学改革目的与理念的有效策略之一。通过设置不同的语境考核单，为学生自我素养水准客观细致化的鉴定提供依据的同时，也为日后教学改革侧重点进行人性化的变更提供了参考。教师要积极灵活地依照英语课程和市场环境等多种因素的要求，对传统测评模式的路径和难易状况进行革新，真正发挥出测评的功效，为之后实现良好的教学循环过程提供保障。

第四节 大学英语教学改革的必要性

从新时期《大学英语课程教学要求》颁布以来，我国的大学英语教学取得了巨大的进步，教学设施不断改善，大学生的英语水平也在逐年提高。大学英语教学在培养了无数复合型人才的同时，还促进了我国的对外开放和交流。但是，与此同时，我国多年来的大学英语教学也存在着一些问题，这就使大学英语教学改革的进程更加紧迫。本节就从大学英语教学的现状入手，分析大学英语教学改革的紧迫性，并提出新的要求。

一、大学英语教学的现状

（一）大学英语教学发展不平衡

我国地域辽阔，各地区间的经济、政治、文化发展水平多有差异，这些差异体现在教育方面则表现为学生的英语基础水平，认知能力，理解能力，记忆能力等都相差较大。除地区间的发展不平衡以外，大学英语教学在听、说、读、写、译等各能力的培养力度上也是不平衡的。2007年的《大学英语课程教学要求》中将大学英语课程的性质阐述为"不仅是一门语言基础课程，也是拓宽知识、了解世界文化的素质教育课程，兼有工具性和人文性"，其提出大学英语教学的目标是"培养学生的综合应用能力，特别是听说能力，使他们在今后工作和社会交往中能用英语有效地进行交际"，但是从大学英语教学的现状来看，我国大学生的这一交际能力还有很大的提升空间。

（二）教学资源匮乏

虽然随着社会经济的发展和社会对教育投入的增加，当前国内高校的英语教学资源与20年前相比有了很大的改善。但是，随着高校的扩招，大学生数量的快速增长，教师队伍与教学资源已经不能满足如此巨大的需求。尤其是教学资源的匮乏越来越突出，其主要表现在三方面。

首先，教师和学生真正需要的教学材料和资源很少，当前使用的教学材料不能满足学生的学习需求。

其次，市面上大多数应试辅导资料都存在误导教师教学和学生学习的情况。

最后，教材的相关性较差，缺少联系和系统性。很多高校为了平衡各家出版社的利益，会使用两家或两家以上的出版社出版的教材，但是这些教材之间相关性较差，多数都没有运用到英语教学实践中去。如果听说课程与读写课程中使用的是不同系列的教材，学习的整体性就会受到影响，不利于建立起语言输入与输出的关系。

（三）应试教育思想明显

当前的大学英语教学一定程度上受到了四、六级考试的影响，有的英语教材甚至将通过四、六级考试作为编写的目的。例如，有些英语教材在前言中就提到本教材中含有类似四、六级考试题型的练习，或将某一课时专门设计成四、六级考卷的形式。有些教材则提到在前几册教材中包含全部的四级词汇，在后几册教材中包含全部的六级词汇。

二、大学英语教学的最新要求

20 世纪 80 年代以来，一些新的外语教学观、教师观、学生观、人才观等相继出现，不仅对大学英语教学提出了新的要求，同时也为大学英语教学改革指明了方向。

（一）着眼于人的全面发展

人本主义教育观以学习者的发展为中心，强调学习者的主体地位，认为每一位学习者都具有无限的学习潜能。学习者是独立的个体，具有主观能动性，因此，教学要以学习者为中心，学习者与教师对学习都有控制、指挥权，共同承担教学责任，教学内容要符合学习者的学习动机，满足学习者的学习需求。因此，大学英语教学要注重学生的全面发展，使其能够在知识经济的时代灵活地运用学到的知识创新性地解决问题，并具有持续学习的能力，不断完善自己，做到终身学习。

关注学生的全面发展就要提高其综合语言运用能力。综合语言运用能力是建立在语言技能、语言知识、文化意识、学习策略、情感态度等素质的综合发展基础之上的。

教师还要在英语教学中注重情感教学，承认学生间的差异和个性，充分发挥学生的主体作用，努力营造和谐的课堂教学气氛，关爱学生，注重情感交流。

（二）充分利用 IT 技术

IT 技术（Information Technology），即信息技术，现已影响着人们生活的方方面面，在教育领域也引起了极大的变革。在大学英语教学中充分利用 IT 技术，可以将英语课堂变为充满活力与创意的学习场所。在设计英语教学的情景时充分利用多媒体技术、网络技术，使图文声像并茂，形式多样，既可以提高学生的学习积极性，发挥他们的主体作用,又能够使其在相对真实的学习情景中,通过多种模拟手段,提高英语的实践能力。

IT技术的运用也使英语课堂的教学空间形式发生了变化。在专门的计算机室进行英语授课时,学生的座位呈环形排列或呈若干个小圆形,降低了师生间的距离感,在这种宽松的教学环境中,学生的学习主动性和个性特点也能够得到最大限度的发挥。

(三)采用科学的评价方式

在传统的英语教学模式中,所采用的评价方式往往是单一的,以笔试的形式为主。随着教育价值观的变化,大学英语教学要求关注学生的发展,以学生的发展需要作为教学的导向,并对英语课程进行评价,以监控英语教学的效果,获得反馈信息,改进教学,促进学生的全面发展。

英语课程评价主要包括对学生学习的评价、对教师教育教学的评价以及对学校组织实施英语课程标准的评价。其中,对学生学习的评价既包括定位性评价、形成性评价,又包括诊断性评价和终结性评价。

第三章 多模态理论与高校英语教学模式改革

第一节 多模态话语分析理论

一、定义及产生背景

(一) 多模态话语分析的定义

自出现话语分析理论以来，研究者关注的焦点一直在语言本身。但随着多媒体技术的发展，人们越来越认识到多模态话语的重要性。国内的胡壮麟、顾曰国、朱永生等学者都对多模态话语分析的理论基础及研究方法做过相关的研究与论述，开创了国内研究的先河，成为该领域的领军人物。

然而，何为模态和多模态话语？不同的学者对此有着不同的看法。据资料显示大致有两种倾向：一种是认为多模态是多符号，代表论述，如李战子的"交际和再现意义经常需要多种符号编码，即多模式，如图像、手势、身体语言等"。另一种是倾向于从感官上定义，代表论述如顾曰国的"多模态文本就是一段关于某项多模活动的含音频的视频流"。而朱永生关于多模态话语的论述"多模态话语如何识别？第一条标准是看涉及的模态种类有多少……第二条标准是看涉及的符号系统有多少……"又把二者联系到一起。由于所有语篇都是多模态的，曾方本提出：我们需要注意对模态的理解可分狭义和广义。模态是感官，是狭义的；而模态又是符号，属于语言学的理解，是广义的；多模态符号不仅指不同的符号系统，还指同一符号的不同变体。同时，他首次提出了对多模态语篇的分类方式，即动态多模态语篇和静态多模态语篇，并将静态多模态语篇进一步分为单符号系统多模态语篇与多符号系统多模态语篇。这样，我们在具体的语篇分析过程中就有了清晰的理解和一致的标准，即模态就是符号形态，多模态语篇是多种符号资源整合的结果。

(二)多模态话语的产生背景

1. 感知模态产生

生命科学的研究成果告诉我们生命体在演化过程中逐步获得听觉、视觉、味觉、嗅觉、触觉五种不同的感知通道（Sensory Channel）：（1）靠耳朵获得的听觉通道（Auditive Channel）。（2）靠眼睛获得的视觉通道（Visual Channel）。（3）靠鼻子获得的嗅觉通道（Olfactory Channel）。（4）靠皮肤获得的触觉通道（Tactile Channel）。（5）靠舌头获得的味觉通道（Gustatory Channel）。这些通道都是生命体同周围环境进行信息交换的界面与路径。在残酷的物竞天择面前，这些感知通道能否相互作用，对周围的一切做出迅速而有效的反应，直接影响生命体的生存和繁衍。生物学家们认为，上述五种感知渠道的获得分别导致以下五种交际模态的产生：听觉模态（Auditive Modality）、视觉模态（Visual Modality）、嗅觉模态（Olfactory Modality）、触觉模态（Tactile Modality）和味觉模态（Gustatory Modality）。

在上述模态中，与话语分析关系最紧密的是视觉模态与听觉模态。近些年来，因科学技术的发展，触觉模态、嗅觉模态与味觉模态也开始应用于话语交际。这里仅仅以触觉模态为例，随着数据手套（Data Glove）的问世，人们可以依靠传递手指的弯曲角度，做出各种各样的三维手势，把语言与手势结合起来，从而使人机对话变成更接近于自然的人际对话。

2. 媒介、模式和模态的基础

在多模态话语分析中，模式（Mode）、媒介（Medium）、模态（Modality）三个词语经常出现。由于彼此之间在意义上有联系，界限不十分明确，容易造成混乱、误解，所以有必要说明它们各自的含义。一般来说，媒介指语言交际所使用的技术（Technology），从严格的语言学和符号学意义上来讲不能算是一个术语。模式指与系统功能语言学家所说的话语范围（Field of Discourse）和话语基调（Tenor of Discourse）并列的语境三要素之一的话语模式（Mode of Discourse），意指交流渠道（Channel of Communication）。比如，书面模式（Written Mode）、口头模式（Spoken Mode）、电子模式（Electronic Mode）等。这些模式的使用和变化在一定程度上影响了信息的流动，最终影响其语篇性（语篇应该具备的特征）。模态与情态一样，英语都叫"Modality"，但两者所指并不相同。情态指的是语言系统中说话者对事物的可能性进行判断和对事物的必要性表明态度的语义系统，然而模态指的是交流的渠道和媒介，包括技术、图像、语言、音乐、颜色等符号系统。

多模态话语就其性质而言，我们认为是人类感知通道在交际过程中综合运用的结果。因此，多模态话语分析不应该局限在语言学的研究范围，应该是跨学科的。事实上，经过十多年的发展，多模态分析已经超越了语言学的藩篱，扩展到符号学、人类学、哲学、社会学、新闻学、政治学、法学、心理学、医学和美学等领域，研究对象也从语言文字扩展到音乐、影像、图片、建筑风格和网页设计等多种社会符号系统上。多模态话语如何识别？这里，我们指出两个判断标准：第一，看涉及的模态种类的多少，这是当前语言学界普遍认可的标准。只使用一种模态的话语称作单模态话语，如使用视觉模态阅读小说或使用听觉模态收听新闻广播。同时使用两种或两种以上模态的话语称作多模态话语，也有人将同时使用两种模态的话语称作双模态话语。例如，使用可视电话进行交际时，交际双方都需要用眼睛看对方的表情变化和手势变化，用耳朵听对方的讲话内容；在日常生活中，我们使用手机交流时，需要用嘴讲，用耳朵听，用笔写信息，用手发信息；使用电脑上网时，需要用耳朵听文字的录音和图像发出的声音，用眼睛看屏幕上显示的文字和图像，在技术允许的条件下还可以用鼻子闻到电脑里发出的某种气味等。技术含量更高的是美国 ATT 贝尔实验室设计的 Hu Ma Net 系统，它能使异地客户召开会议时同时获得数据、声音、文字和图像。第二，看涉及的符号系统能有多少。有些话语虽只涉及一种模态，但却包含两个或两个以上的符号系统。比如，广播小说虽只涉及听说模态，但既有文字内容又有背景音乐；连环画虽只涉及视觉模态，但既有图画又有文字。我们也可把这些话语看作是多模态话语。

二、理论基础与理论框架

（一）系统功能语言学与多模态话语分析

系统功能语言学最适合于多模态话语理论模式的研究，主要有以下三方面的原因：第一，系统功能语言学不仅关心语言内部的运作机制，还研究语言外的环境与动因，以及伴随语言实现意义的特征，即其他适合于不同模态的体现意义的媒体。话语的多模态性实际上包含在这个框架之内。第二，系统功能语言学把话语意义和功能放在首要位置，而非实现它们的符号系统。这样有利于我们更加全面地研究语言的符号系统，因为它不局限于一种符号系统，而包含实现话语意义的各种符号系统。这样就为多模态话语研究打开了方便之门。第三，意义的实现是以多模态形式进行的，语言只是这些形式中最有效的一种。即便如此，不同模态的话语会在不同的语境中有着不同的作用，这是不同模态媒体相互作用的结果，用系统功能语言学理论可把不同模态之间的互相作用放在同一个框架中进行。

近年来，国内外学者对多模态话语进行了广泛的探索。在《图像阅读》一书中，克瑞斯和勒文比照了韩礼德的系统功能语法中的三大纯理功能，提出第一个系统的、全面的视觉语法分析框架，从构图视角、图片架构、色调等多方面讨论图像的意义表达方式。在国内的"第七届全国语言与符号学研讨会"上，社会符号学研究中的多模态化、多模态识读能力的描写和现实意义等多模态研究话题成为讨论的热点。由于目前多模态话语分析受到系统功能语言学和符号学的影响，朱永生称这方面的研究为"系统功能符号学"。

人是符号的高级动物，人类利用符号来组织经验与思维，同人沟通，传递信息或感觉。任何事物不仅是自身的还是潜在的符号，代表不同于自身的他的含义。语言学是符号学的一个分支。因此，无论是语言还是其他的事物，都是一种社会符号，它们的意义都在于代表了不同于自身的其他含义。在韩礼德的系统功能语法中，语言实现了三大纯理功能，而且构成了行为潜势和意义潜势，表示了人们能做什么和能说什么，其他社会符号同样应该具有这样的社会功能。这也可以说是多模态分析比照系统功能语言学三大功能的依据之一。

多模态分析中，模态指的是交流的渠道与媒介，包括技术、图像、语言、音乐、颜色等符号系统。多模态指的是除了文本之外，还带有图表和图像等模态的复合话语。

韩礼德建立了系统功能语法，他将错综复杂的语言功能分为三大纯理功能：人际功能、经验功能与语篇功能，分别体现人际沟通、语言表述经验事实与语篇衔接的作用。语言的一个很重要的特征就是其系统性。词汇语法层通过横组合与纵聚合形成一个"能说"的系统，而"能说"系统实现了"能指"的系统。语言实际上构成了一个"意义潜势"的系统，它实现了更高层面的社会符号意义——行为潜势，即人们能用语言做什么。在说明语言这种社会符号性的同时，韩礼德还提出了在人类众多的交流方式中，语言只是社会符号之一。

克瑞斯与勒文在《图像阅读》中指出韩礼德提出的三大纯理功能并不是语言所特有的。他们指出，图像作为社会符号学的一种，同时是一个选择的系统。图片包括什么、不包括什么，都是"选择"的结果，而这些选择体现了其意义潜势，在不同的社会语境下实现其社会功能。图片与语言的不同只是意义的表达方式不同。图片是靠矢量来体现经验功能的,通过矢量构造出的符号来反映出符号生产者、接收者与被表现事物之间的特定的社会关系,而它的语篇功能则是在各种元素内在和外在的整合中体现的。图片并不是简单地重现"现实",相反,它们产生的图像与生产、传播和阅读它们的社会机构的利益是紧密结合的。

图片是带着意识形态的。我们在对图片进行三大功能的探析时也带上了意识形态的烙印。

(二)行为理论和多模态话语的分析

除了用系统功能语言学分析多模态话语,还有学者尝试用其他理论来分析多模态话语。其中有代表性的是施康隆的介入性语篇理论(Mediated Discourse Theory)和顾曰国的实时语篇分析。他们的研究都以行为理论为基础,同时为多模态语篇的分析提供了不同的理论分析框架。

介入性语篇理论是施康隆在结合跨文化交际、交际社会语言学与社会文化心理学等相关学科的基础上提出的话语分析理论。此理论尝试着把人们的行为与话语有机结合起来进行研究,弥补话语分析理论忽略了行为研究、社会学理论又忽略了话语研究的缺陷。传统的话语分析把话语或篇章作为分析的单位,而 MDT 把介入性行为作为基本的分析单位。施康隆将介入性的行为定义成"被当作介入手段或文化工具的社会行为",介入性手段则指的是"任何被用来对社会行为起介入作用的符号对象"。诺里斯(Norris)在施康隆的理论基础上从动态语篇角度建立了多模态分析框架,同时将介入性的行为视作其分析的单位,并把介入性的行为分为低水平行为与高水平行为,用模态密度来描绘构成某一具体高水平行为的模态的强度与复杂性。

顾曰国是另一位受行为理论影响建立了多模态话语的分析框架的学者,他指出从内容层与媒介层两方面分析多模态语篇。他以航空乘务员为乘客服务为例,说明了内容层即"服务的具体动作",而媒介层是通过这一动作发生的持续时间及反映在时间轴上的帧数来体现的。这样,两者合成后形成了多模态文本。此外,他将多模态语篇分为社会心理层与个人行为层。社会心理层从上至下包括活动类型、社会情境和任务插曲;个人行为层包括行为、谈话及言外行为的语调单位。同时,顾曰国用自己的多模态分析框架,整合了角色建模语言,对多媒体、多模态学习提出了结构化数据建模的思想,并以此为基础构建背景现场的即席话语多模态语料库。

受行为理论影响的多模态话语分析理论和在系统功能语言学指导下的多模态话语分析理论之间几乎无沟通。其实，此两大阵营在研究的目的上并不矛盾，只是因构建角度的不同致使各自源理论不同。本书所采用的多模态视角重心是两者结合的共同部分。主要有以下原因：其一，从多模态视角出发，并非舍弃以往只研究英语口语转化文本的传统，而是兼顾从不同的模态研究文本以及文本以外的内容，如学习者在英语口语交际过程中的非言语行为。从这一点而言，本章既参照系统功能语言学中话语多功能性原理，也参照行为理论中研究话语以外的部分内容的原理。其二，在分析多模态视角下口语交际能力时，不仅要与系统功能语言学框架体系中的形式层面与媒体层面的内容紧密结合，还要结合行为理论中角色建模的研究方法，以便得出新视角下的某些未被发掘的特征。其三，系统功能语言学指导下的多模态研究往往通过多种媒介交织而形成的信息给人以多种感官映射，而行为理论下的多模态研究主要通过"内容层"与"媒介层"共同编织多模态文本，直接反映了人的行为。从这一层面来看，本研究不仅要通过多模态文本来研究各模态之间的交互作用，也要研究多个模态所体现出的对学习者行为进行的多感官特征折射。综上所述，就研究的内容与目的而言，以系统功能语言学为理论基础并以行为理论为指导的多模态话语分析框架的综合体可以成为我们的理论指导。

（三）多模态话语分析下理论指导框架

法国著名符号学家罗兰·巴特（Bartehes）是最早系统地分析多模态语篇的学者，他以符号学为视角，因此，多模态语篇分析一开始就被打上了符号学的印记。多模态话语分析既打破了传统的单一的言语信息的桎梏，又融入更多领域的研究，如心理学、社会学和认知学等。辛志英总结了当前多模态话语分析的主要流派，即交互社会学流派、认知学流派和社会符号学流派。在语言学界中，活跃在多模态话语分析领域的中坚力量一直是系统功能语言学家，他们以社会符号学为基础，以功能语法为理论基础，认为图像和声音等非语言模态作为符号资源在意义构建过程中同语言具有同样的功能作用，并将传统的分析语言理论拓展应用到非语言模态的分析中，最具代表性的为克瑞斯和勒文的"视觉语法"。

通过回顾相关文献，国内学者已对多模态话语分析的基本理论框架及分析方法有了系统的认识，但主要还是介绍与引进国外相关的研究，对如何进一步发展与完善这些理论仍然没有进一步的研究。

系统功能语言学为多模态话语分析提供了相对现成的理论框架。即在语境界面和话语意义层面，单模态的语言交际同多模态话语交际并无什么差别。利姆（Lim）在研究图画和语言形成的多模态话语时提供了一个框架。在框架中，语言和图画作为交际模态共有语域、意识形态、话语意义和体裁四个层面。在内容层，图画有视觉语法，语言有语言语法；在表达层，图形由图形符号所体现，语言由印刷符号所体现。最主要的研究领域是整合内容层面同表达层面，特别是内容层面的研究。

多模态话语的最佳理论模式是系统功能语言学理论，因为它无须为适应新的目的而改造理论框架本身。虽然多模态话语分析似乎扩大了它的研究范围，但系统功能语言学的理论本身不需要做任何改动，就可以直接作为它的理论框架。这个框架主要由五个层面的系统组合而成，分别是：文化层面，包括作为文化的主要存在形式的意识形态与作为话语模式的选择潜势的体裁或体裁结构潜势。语境界面，包括由话语基调、话语范围和话语方式组成的语境构型。意义层面，包括由几个部分组成的话语意义及谋篇意义、人际意义和概念意义。形式层面，即实现意义的不同形式系统，包括语言的词汇语法系统、视觉性的表意形体和视觉语法系统、听觉性的表意形体和听觉语法系统、触觉性的表意形体和触觉语法系统等，以及各个模态的语法之间的关系。它们分为互补性和非互补性两类：互补性包括强化和非强化两类；非互补包括内包、情境交互/交叠和增减。媒体层面，即话语最终在物质世界表现的物质形式，包括语言的和非语言的两大类。语言的包括纯语言的和伴语言的，非语言的包括身体性的和非身体性的。身体性的包括手势、身势、面部表情和动作等；非身体性的包括工具性的，如实验室、网络平台、实物（投影）、PPT、同声传译室、音响等。

第二节　多模态话语在英语课堂教学中的作用

一、多模态话语理论在高校英语教学中的运用

（一）利用多模态话语构建高校英语课堂

根据多模态话语理论的要求，高校英语课堂构建要通过利用音频、图片、文本、视频等各种教学资源来实现，充分展现教学资源的多元化特点。相关研究表明：学习者在学习过程中通过各种感觉器官接收信息，经过大脑处理，再经语言进行输出。学

习的过程是各种感觉器官相互配合、通力协作的过程。因此，在教学中，教师要根据多模态话语的互动教学理论，利用各种教学设备激活学生的思维，引导学生从多个角度理解和分析英语知识。例如，在讲授英国历史时，教师可以先让学生观赏一段《亚瑟王》的电影，激发学生的学习兴趣，然后通过幻灯片的形式，将不同历史时期的著名历史事件及人物按照时间顺序展示出来，每介绍一个时期，再配以反映相应时代特征的文学著作。比如，在介绍维多利亚时期的历史时，教师可以向学生展示诗人罗伯特·勃朗宁（Robert Browning）的作品，教学时通过文字、图像、声音等信息融于一体，能够激发学生的发散思维，使学生在轻松的氛围中掌握知识。

（二）基于视觉符号的视听教学

多模态话语理论是利用两种以上感官教学的理论，通过视觉符号的视听教学是高校英语教学的一种多模态话语教学模式。视觉图像可以将画面生动地再现，增强学生的视觉效果。具体的视听教学方式可以从语料选取、课堂实施和能力评价三方面着手。

语料选取：视听教科书种类很多，选择不当不仅不会提高学生的学习效率，反而会分散学生的注意力。视听材料的选取要以实用性和真实性为原则，如学术报告、话题访谈等，应尽量避免冗长的材料。

课程实施：互动形式为"教师—试听语料—学生"，教师首先要激发学生对听力的兴趣，然后展示视觉符号。课堂实施中，教师要充分利用会话形式，交互呈现视觉、听觉、文本等模态，利用文字、图片、视频等方式传递信息。

能力评价：除了检验学生有关音频输入的能力，教师还应对听力材料中的背景知识、表情动作、语音语调等因素的再次重现进行精心的模拟考核，这也是多模态试听能力的培养目标之一。

（三）基于多模态观点的阅读教学

个体的识读能力可以分为文化识读能力和技术识读能力两种。文化识读能力是指对文字的理解以及对文化内涵的把握能力。技术识读即对各种多模态信息识别、理解的能力。阅读教学中，教师除了对学生进行文字模态的教学内容外，还应强化学生识别非文字模态的能力，比如，文章中的黑体字、斜体字、主标题、副标题以及特殊标点符号等。例如，"Then I fell ill with Chronic Fatigue Syndrome and became virtually bed bound."这句话中，大多数学生不明白单词"Chronic Fatigue Syndrome"的含义；在英语中，特定的人、地、物的专有名词是用首字母大写的形式表达的，对文章内容的理解影响不大。因此，教师应训练学生对于首字母大写单词的敏感性，在阅读中对这类信息采取标注单词首字母、快速掠过的方式，从而节省时间。此外，对于一些不容易用语言表达清楚的内容，还可以通过图表、简笔画的形式进行表达。

二、教师多模态元话语对教学效果的影响

元话语是发话人引导听话人积极对话语内容做出反应的方式方法，其以听话人为中心。课堂中教师积极使用多模态元话语组织课堂教学，通过多模态元话语的使用与学生建立和谐的课堂氛围。和谐的课堂氛围有利于学生的脑力劳动，进而提高课堂教学效果。有效运用非语言符号元话语，可以辅助、补充言语符号元话语的表达意义，增强话语的自然性与交际性；合理使用教学环节示范语，可以确保教学步骤的明晰；恰当运用话题信息连接语，能够提高命题信息的连贯度；积极运用注释换言阐明语，可以促进命题信息的理解；积极运用信息来源链接语，能够提高命题信息的可信度；积极运用信息指向标记语，能够明确所指命题信息；适当运用信息明确增强语，能够明确信息内容；主动运用鼓励启思标记语，能够鼓励学生积极参与课堂活动；积极运用交际主题召唤语，可以与学生产生共鸣；正确运用情感态度评价语，能够激发学生学习热情；善于运用自我提及称呼语，可以促进师生互动，和谐课堂氛围。

多模态语境下影像、图片演示性教学是指在教学设计过程中把包含两种及两种以上符号的系统资源制作成PPT课件供课堂教学演示的教学模式。PPT演示属于多模态话语范畴，是通过多种符号资源内部的互动来实现意义的复合话语。随着计算机和网络技术的日益普及，多模态PPT作为最富有现代化特色的教学手段，越来越受到教师和学生的青睐。作为语言习得发生的基础和前提，语言输入已被各种技术手段在听觉、视觉、感觉等各种模态中予以强化。在学生学习过程中起主导作用的是听觉模态和视觉模态。听觉是主模态，主导交际的进程；而视觉模态则对听觉模态起强化和补充作用。从记忆理论来讲，大脑皮层接收触觉、嗅觉、动觉等各类细胞都具有"记忆作用"。如果在记忆某种材料时，能同时调动多种非分析器执行记忆服务，就会大大增强记忆效果。这是因为用这种方式记忆材料时，可以把眼、耳、口、手等多种感觉通道利用起来，接收来自不同感觉器官的信息，在大脑皮层留下很多"同一意义"的痕迹，在大脑皮层的视觉区、听觉区、动觉区等建立起多通道的暂时神经联系。然后，经过大

脑把各种感觉到的材料进行加工，使它们在大脑皮层留下深刻的痕迹。无疑，用这种方法记忆，比单纯地用耳听、用眼看、用嘴读或用手写的记忆效果要好很多，它将大大地延长人们的记忆时间。因此，现代多媒体技术提供了录像、图像、声音作为学习的实际环境，使学生易于理解和记忆；经常使用可以达到补充强化教学内容、吸引学生注意力、激发学生学习兴趣、易于学生理解等教学初衷。

三、多模态话语理论在高校英语教学中的作用

（一）激发学生的参与积极性

多模态话语理论中的非语言因素对于信息的传递以及意义的建构起着不可小觑的作用。这些非语言因素主要包括：伴语言特征，如语调、声调、音响度等因素；身体特征，如表情、手势、动作等因素；以及非身体特征，如设备、环境和网络等因素。在多模态的教学方式下，教师利用图像、音频等方式对语言知识进行多角度的诠释。例如，单词课上，教师可以播放含有目标单词的英文歌曲及电影视频，吸引学生注意，加深对单词的记忆。多模态教学环境下，文字、声音、图像等因素的相互作用对提高学生英语学习的积极性具有举足轻重的作用。

（二）提升学生的学习兴趣

多模态话语理论能够通过视觉和听觉实现场景互动的功能，采取"教师—试听语料—学生"三方互动的形式，刺激学生的相关感官，生动传递并强化知识重点，丰富课堂教学内容，加深学生对知识的理解。例如，教师通过具有感染力的语言描述以及肢体动作，同时采用背景音乐渲染气氛，使英语学习变得生动有趣，充分激发学生对英语学习的兴趣，从而提高教学质量，加强英语课堂的学习效果。

（三）提高英语教学效率

教学过程中使用多模态话语理论，可以将学生的各种器官调动起来参与英语学习。多种感官同时对大脑皮层神经进行刺激，有利于学生对英语知识的理解和记忆，从而优化学习效果。例如，在课堂中充分利用幻灯片或投影仪等多媒体设备，通过声音、语言、动作和图像等资源实现交际，营造声、文、光、色与图的互动式教学氛围，以刺激学生对英语学习的欲望，提高学生的主观能动性，从而提高英语教学效率。

（四）强化学习记忆

在外语课堂中运用多模态教学模式，可以强化学生的学习记忆，并提高记忆的持

久性。经大量的实践研究证明，记忆与获取信息的模态有着密切的联系。而多模态的课堂教学模式注重多种感觉器官并用，恰恰可以帮助学生提高记忆的持久性，使学生对词汇、语法等内容的记忆更加牢固，从而提高学生的记忆效果，提高课堂教学质量。

（五）促进知识内化

在课堂中运用多模态的教学模式，可以将文本的内容生动、活泼地呈现出来，有利于营造真实的语境。在课堂学习的过程中，学生可以亲身接触到不同形式的规范外语，使外语贴近自己的生活，而真实的语言环境可以促进学生摆脱母语的束缚，提高大脑对外语的综合反应能力，便于学生对外语知识的理解和吸收，有助于外语知识的内化。多模态的课堂教学模式要求语言与文化紧密结合。视觉、听觉模态的融合加之语言与文化的自然结合，会让学生在声情并茂的故事表述中不自觉地吸收着外语知识，并将其内化。

（六）提高语言运用能力

多模态在高校外语课堂教学中的应用，可以提升学生的听、说、写能力与外语表达能力，从而提高学生对外语的综合运用能力。例如，外语试听课上运用视频语音教学。学生通过视觉模态与教学视频的互动，在视听学习中获得直观性和体验性，通过视听路径获取语言信息，然后通过语音系统进行口语表达，以团队制作的形式运用计算机设计功能，融合图片、表格、视频短片符号模态展示观点及看法，在这个互动的视听说过程中，学生的外语综合运用能力得以提高。这种体现性的学习模式符合隐形教育模式的理念，让学生在不知不觉中获取知识，并提高自己的外语综合运用能力，从而提高课堂教学质量。

综上所述，多模态话语分析基于系统功能语言学，将语言学、图像、声音、动作等都看作是意义的源泉，一样具有系统性、多功能性。英语精读教学中，通过协调各个模态或同一模态中不同符号之间的关系，可使教学更加顺利、有效地完成。但是也要注意模态的适当使用，避免出现抵消和排斥的现象，影响教学。

第三节　多模态话语语境下英语教学模式的构建

一、多模态话语语境微课教学模式

微课，即微课程，这种教学方式是由美国教师于2008年秋首创的，方法为一分钟课程。此种方式在我国被称为"微课"，是指按照新课程标准及教学实践要求，以教学视频为主要载体，反映教师在课堂教学过程中针对某个知识点或教学环节而开展教与学活动的各种教学资源的有机组合。具体而言，它是以教学视频为主要呈现方式，对教程进行细化、拆分，将知识点、练习题、疑难问题、实验操作方法等与教学有关的资源单独作为一个重点教育单元，利用多媒体制作成3~5分钟（最多不超过10分钟）的短小视频，然后利用直观的教学方式将其讲深、讲透的一种教学方式。其特点包括：主题突出，指向明确；资源多样，情境真实；短小精悍，使用方便；半结构化，易于扩充。

微课的发展与应用能够充分利用多模态话语语境的理论，为其自身提供理论依据。高校英语微课内容构建于语言技能和学习内容的框架，就某个典型技能和内容进行针对性的微型学习。在此，我们将介绍适合高校英语课程的微课学习内容以及针对不同类型微课的教学设计和学习活动设计。高校英语的授课对象是非英语专业的本科生，该课程是大学素养课程中的必修课程。目前，绝大多数学校对刚入学的新生会进行入学考试，按照成绩打乱原有班级的束缚，重新编班；这样带来的问题是学生来自不同专业，却在同一时间共同学习英语课程，教师在统一授课的过程中，只能尽量照顾到大多数学生的学习情况，无法针对每一个个体进行单独辅导。因此，通过课程组教师共同备课，根据个人的优势制作多模态微课，让各个专业的学生根据自己的需求在课下进行自主学习，弥补课上教学遗漏的地方，才能真正做到教学为学生服务，以学生的需求为组织一切教学活动的出发点。例如，教师要求学生写课文摘要，学生在课下做起来十分艰难，尽管教师在课上讲解了写课文摘要的过程与步骤。因此，除了课上讲解，还需要教师进行课后跟进，可以在微课中手把手地教学生写课文摘要。微课的内容中图、文、音等多模态共存，是学生喜闻乐见的学习模式，在玩中学习，大大提高了学生的学习兴趣，是积极有效的第二课堂。教师会根据本学期学生的程度，对课文摘要的具体要求及写作步骤在微课中进行详细讲解，如摘要的定义、摘要作为一种写作题材的特点、摘要的写作目的、写作摘要的注意事项等。我们往届的毕业生中，有的毕业后选择出国继续深造，反馈给我们最多的学习经历是，在国外的课程教学中，不管什么科目，教师都会布置大量的课外阅读，或是自己独立完成，或是以小组的方式完成。教师会布置同学做各种摘要，上课进行讨论，以小组为单位，每个人负责不同章节，大家汇总各章节的摘要，这就需要小组成员的摘要要有一个相对稳定、固定的模式及语言表达、篇章结构。留学生们抱怨在国内学习过程中，教师不注重摘要写作，却让他们练习了大量四六级作文。这不仅是留学生的困苦，对毕业就业的学生来讲也是同样的困惑。在学习和工作中，总结能力非常重要，我们的英语课文结构清晰，非常适合摘要写作。如果教师能够通过课上讲解、课后有效的微课进行辅导，相信目前中国学生十分缺乏并有待提高的摘要写作能力会得到提升，并对他们日后的工作、学习产生长远的影响。

高校英语学习的基本技能有"听""说""读""写""译"五项。在这五项技能中"听"和"读"是"输入"（Input）语言知识信息过程；而"说""写""译"这三项语言技能是语言知识信息中的"输出"（Output）过程。

当前，以移动设备为载体的微课受到越来越多业界人士的认可。技术的成熟与普及是目前微课设计新颖与否的重要影响因素。微课使用者通过自己的移动终端机，按照学习者的不同需求选择适合自己的微课。为了更好地推广微课技术，为教师提供更多相互学习的机会，教育组织机构在全国从小学到初中到高中再到大学各级院校，组织了各种微课比赛。比赛能够促进微课的更快发展，为教师相互学习提供平台。值得注意的是，现在一些民办教育机构已经在网络上开发了有系统的微课，学习者可以通过付费的方式参加课程学习。然而，这是面向部分群众的微课。教育资源共享是我国的教育方针，使教育的优质资源达到共享，使相对落后的地区的学生能够享有优秀的教育资源，是教育平等的集中体现。

二、多模态话语语境"3-Class"教学模式

《国家中长期教育改革和发展规划纲要（2010—2020年）》提出了教育改革发展工作的方针，即"优先发展、育人为本、改革创新、促进公平、提高质量"。纲要为英语教育教学改革提出了更高要求。"3-Class"教学模式基于纲要的要求，研究探讨高校英语课程（非英语专业本科英语课程）在新的历史时期下的改革与创新，努力实现

"十二五"期间高校英语教育教学改革的新突破。最新出台的《教育部关于加强高等教育建设30条意见》第三条规定：完善人才培养质量标准体系；第八条：强化实践育人环节；第十一条：健全教育质量评估制度。教育部原部长袁贵仁先后围绕"质量"二字发表了重要讲话，即"一个中心"和"五大关键环节"。从"纲要"和"30条意见"我们不难发现，通过有效的途径提高教学质量已经成了科研方向的热点、难点和焦点。

无论是学时安排或是学分总量，高校英语课程都是本科教学的重要基础组成部分，提高高校英语的教学质量能够直接有效地提高高等教育质量。随着国家及各地政府对教育资源投入的增多，多媒体辅助教学在现在高校英语课程教学中广泛应用，使高校英语教学进入了一个新的历史阶段。其特点为图文并茂、声像互衬，为学生提供了更多语言实践的机会，对培养学生对语言本身、语言文化的了解起到了积极的推动作用。

根据目前我国的教育体制和计划安排，普通高等院校高校英语为必修课，学生完成基础课程的学习并修满学分即视为通过。但从学生完成学业的效果看，部分学生尽管能够修满学分，但是对英语知识的掌握和英语的应用能力却未能达到培养目标要求。为了弥补此项漏洞，使学生学有所得、学有所用，笔者根据多年教学经验和深入研究，创新性地提出了3-Class高校英语教学模式。

3-Class，是"Before-class, In-class, After-class"的缩写，是一种将课前、课中、课后在时间上有效衔接、在内容上有机结合的全新立体式教学模式。其结构为：Before-class阶段，教师应做好精心准备，将与备讲课程相关的内容，尤其是重点、难点知识，作为预习任务提前下达给学生；学生应认真预习，按教师要求高标准、高质量地完成预习任务，为顺利进入下一阶段学习奠定基础。In-class阶段，即教师授课阶段，教师将单元知识讲给已经做好课前预习的学生，让学生充分理解和掌握知识。该阶段为3-Class教学模式的核心环节，要求教师充分备课、熟练精讲、精神饱满，务求实效。After-class阶段，教师应根据本单元所学知识，为学生提供课后拓展补习资料，对课后学习情况进行跟踪、指导、评价。在落实3-Class教学模式时，教师务必做到周密设计、精心组织，切实达到有效衔接、有机结合的立体化、全方位推进的良好效果。

3-Class教学模式形式新颖、创新性强、互动良好，极大地提高了学生的学习兴趣，增强了学生学习的主动性。首先，课件内容源自教科书却又高于教科书，利用高科技条件，分单元设计，实现了形式新颖的创新教学模式。其次，教学设计方面，熟练运用任务、情境等多种教学方法，增设模仿、猜谜、连线等情节，互动效果极佳。再次，课件包容性强，内容丰富；运行顺畅，不会出现"死""卡""慢"等现象；运用操作也非常快捷简便。最后，课件界面布局合理，颜色搭配协调，动画设计新颖、活泼，视觉效果好，符合教学风格，能够满足学生学习心理。尽管多媒体课件方式教学已经普及，但对高校英语教科书进行多模态话语分析，并利用高科技手段实现多模态化教学却是教学法研究的新领域，也是高等院校、大学教师需要探讨的新课题。

三、多模态话语语境高校英语翻转课堂教学模式

（一）翻转课堂定义

翻转课堂（Flipped Classroom 或 Inverted Classroom），是指教师将所授课程录制成视频资料供学生课前预习，在课堂上教师不再详细讲解课文而仅答疑解惑的一种翻转传统的教学方式。翻转课堂的方式最早是由美国科罗拉多州的两名高中教师为缺勤的学生补习而尝试采用的，后被推广。翻转课堂的实施，是对课堂教学方式的重大变革，《环球日报》《华尔街日报》等各大主流媒体都曾对这种教学模式给予过专题报道，相关教育专家纷纷对其给予高度赞赏。

传统的教学模式为：学生在课堂上听取教师授课内容，课后进行复习、巩固，以加深理解、全面掌握。翻转课堂则翻转了传统的教学方式，它是教师在课前先以视频方式录制好授课资料，让学生用于课前学习；课堂上，教师仅对学生的预习情况进行检验、指导、答疑和互动交流，使学生在课堂上完成传统课后的任务，实现学习知识的前移，从而全面掌握所学内容。

（二）翻转课堂教学模式

此模式根据课上的学习内容及技能培养的方向确定学生自主学习的内容。教师课前对要使用的多媒体辅助自主学习软件的设置，可以满足不同语言能力的学习者的需求，一般根据班级学生学习的具体程度可设置为 level1、level2 和 level3 三个层次，学生在课后可自主进行选择，真正实现翻转课堂。同样，在课后的自主学习内容的设置上，教师也要充分考虑到课上无法完成的练习部分，把这部分内容也搬到课后自主学习的翻转课堂上。通过练习，教师找出学生出现问题的共性部分，在课上教学中加以强调，以便更好地完成教学目标。翻转课堂的自主学习过程，教师是可以步步监控的，选择优质的外语学习软件，通过软件提供的项目，如日学习时间、周学习时间统计、任务完成情况、与教师沟通情况等，教师能够更好地检查学生课后学习的情况，这种

监控是以往的教学模式和教学手段无法实现的。

任课教师将翻转课堂学习情况在课堂教学的过程中做阶段性总结,并对学生存在的共性问题在课堂上解决并进一步巩固,保障课上课下的同一性;对个别性问题,教师可以进行课下的个性化指导。外语课堂上经常进行的"头脑风暴"(Brainstorm)活动,在课堂上进行将会浪费大量的时间,而且在学生没有任何心理和知识输入的情况下进行"头脑风暴",效果并不是很理想,因此"头脑风暴"这部分活动完全可以提前在自主学习平台上发布上课要进行的任务,让学生在有准备的情况下,到课堂上进行此项任务,这样既能够节约课堂宝贵的时间,又能够更好地让每个学生参与到与本单元主题相关的各项活动中来。翻转课堂上提供的影像资料,有的比较难理解,教师可以在课堂上对部分内容进行讲解;通过座谈了解,学生对翻转课堂中的视频、音频等学习内容很感兴趣,但他们反馈,希望得到教师在课上的讲解及帮助。教师对这部分的处理可以通过以下方式进行,根据需要可以给学生写出"summary""outline"或"details"。

经过自主学习、课堂学习的阶段,学生的单元任务基本完成,但整个学习过程并没有完成,仍然需要课后巩固,保障学习效果。课后的巩固学习共分两部分:一是教师布置的课后学习任务,二是学生根据自己的学习情况进行的查漏补缺。课下巩固的主要环节之一是单元测试,通过多媒体辅助教学软件,可以对语言学习的各个技能进行检测,并给学生做出反馈及对错误题型给出同类型的再次测试,教师在网络平台可以随时为学生提供学习指导,更好地发挥自身的主导作用。在课下巩固这一环节,可以设置一个学生学习的反思部分,让学生对学到的知识进行梳理,对尚未熟练掌握的技能有所了解,在下一个阶段的学习中继续努力,通过不同阶段学生的自我反馈信息,让学生对自己整个学期的学习做出个人的形成性评价。

四、多模态话语语境高校英语实践课教学模式构建

为适应社会对大学毕业生英语水平和应用能力的要求,高校英语教学模式的改革势在必行。应以历年来高校英语教学中的改革为指导思想,探索大学英语课程的实践教学模式改革。在任何学科的教学过程中,教师都不能缺失对学生文化素质的培养。任何以牺牲对学生文化素质培养的教育都是失败的,在外语教学过程中,教师尤其要注意到这一点。外语教学可以涉及丰富的知识内容,为学生的个性发展提供思维空间,

充分发挥学生在教学过程中的主体作用。英语实践模拟课能够大大提高学生学习的自觉性，充分发挥学生学习的主动性，增强学生的参与意识和竞争意识，使学生全程参与到英语学习的全过程（预习、学习和复习的各个环节）中，大大提高学生学习的连贯性和学习效率。如何在完成规定教学任务的前提下，给学生更多实践语言的机会，对于提高他们的语言应用能力至关重要。在哈尔滨商业大学英语实践教学改革过程中，教师充分利用了语言实验室和网络平台，让学生在模拟的实践教学环境中轻松学习英语并扎实地应用英语。哈尔滨商业大学设置了充足的语言实验室，供教师和学生使用。在英语听力课程中，依托优质的教学软件，教师可以和学生充分互动，把传统的大学英语听力课演绎为一堂堂生动的、学生积极参与的英语视听说课程。

同时，开设实践模拟课对于教师业务能力和教学方法的提升起到了推动作用。我们以哈尔滨商业大学英语教学实践课改革为实例，分析其大学英语课程的具体执行步骤、教学效果以及学生的收获。该模式对未来高校英语教学会产生深远影响。

五、多模态话语语境下体验式外语教学模式构建

（一）体验式外语教学模式的概念

体验式外语教学模式，指的是在英语教学中，以学生为主体，以教学任务为主线，以计算机、网络信息、多媒体技术为依托，让学生通过具体体验的方式来了解和掌握语言，并将其与实际紧密结合，从而将语言运用到现实当中的一种英语教学模式。该种教学模式，以传统教学模式为基础，增设了课前设计、课堂真实情境体验、课后指导练习等环节，是教育改革的一种创新尝试，是适应现代英语教育的一种全新体验。

（二）体验式外语教学模式的基础

学习是一个认知的过程，通过观察、聆听、接触等方式收集和处理外部信息，可以逐步达到理解和掌握知识的程度。体验式教学，将处理信息的方式再加一道环节，即增加自主体验，通过体验提高学生自主学习的能力，增强学生学习的主动性，从而建立以学生为主体的新的教学模式。该模式的建立符合人的认识理论，对培养学生自主学习、积极参与、勇于实践等方面的能力大有益处。以学生为主体的体验式英语教学，必须要有适合学生体验的环境基础，而以计算机和网络信息技术为支撑的教学手段能够有效弥补传统教育的不足，为体验式英语教学创造良好的环境基础。信息技术所提供的多模态模式，有利于激发学生的学习热情；它创设的直观环境，有利于增进

学生的学习兴趣；它载入的丰富教学资源，有利于增长学生的阅历和知识。教学的方法决定教育的成败。传统教育注重的是"教"，而体验式外语教学模式重视的则是"学"。体验式英语教学，通过改变侧重点和主体的方式，能使学生在学习过程中，通过完成任务、扮演角色、交际交流等方式，实现情感体验、角色体验，从而培养学生开展外语实践的综合能力。

（三）体验式外语教学模式的优势

通过真情实景和具体运用，使学生理解、掌握学习内容，从而学会如何运用，而不仅仅是孤立地学习某种语言。这种教学模式以实际应用为原则，呈现了当代外语教学模式的新思路，值得大力倡导。利用现代的计算机网络和媒体信息技术为载体开展的教学，有效地提高了学生的听、说、读、写和实际应用语言的能力。充分培养学生自主学习的意识，变"要我学"为"我要学"，通过主体转变，大力培养学生的主动性、积极性思维，以切实地达到培养目的。

体验式教学模式作为现代英语教学的新模式，充实和完善了传统教育理念，创设了具体操作规范，在具体应用中，应注意加强以下几方面工作。

全面贯彻体验式教学原则，既围绕课文又不局限于课文开展课堂设计。（1）完成好课前素材的准备，教师在备课时要收集大量的语言、文字、故事、地理等与课程相关的素材，将这些素材以多媒体课件形式予以体现，便于学生开展自主课前学习。（2）在课堂上教师要当好导演，充分调动学生的积极性，发挥好情境作用，让学生体验好每个角色，教师及时并有针对性地开展点评，便于学生把握和提高。（3）安排好课后练习任务，学生根据教师布置的任务，结合课堂体验的感触，完成相应的练习，以使所学知识和技能得以巩固和提高。同时，教师要注意充分利用计算机和网络现代信息技术，特别是运用好网络这个载体，鼓励教学形态多模态化。在硬件建设方面，搭建和完善信息网络平台，创设自主学习中心；在软件建设方面，充分运用多媒体技术，开发、制作出大量品质精良的多媒体学习资料，创设优美的网络自主学习环境，促使学生产生浓厚的自主学习兴趣，为学生利用信息技术学习提供条件，将学习延伸到课外。

传统教学方法是"讲解—复习—运用"，以讲为主；体验式教学则是以学生自主学习为中心，故而应充分发挥好任务驱动的作用，使学生通过完成任务达到熟练掌握新知识的技能。根据教学目标和任务要求，在教学过程中，教师应充分设计丰富多彩的活动，采用游戏、互动、交流、辩论、角色扮演、情境表演等有效方式使学生多体验、多感触，以提升学生强烈的参与意识，并培养学生积极主动的学习心态。根据现代评估理论的要求，对于英语教学的评估，应该既对教学过程进行评估，也要对达到的结果进行评估，所以应将评价与体验式教学有机结合，方能达到教学目的。建立多方面、多角度、多手段、全方位的评价系统，将教师的教学与学生的自学结合起来评价，设置课程设计、课前学习、课堂参与、课后作业等评价内容，采取打分式、讨论式、反思式、互评式等评价手段，及时总结经验，不断提升体验式教学效果。

体验式英语教学模式，是当代教育改革的创新形式，是适合于英语教育的一种全新教育模式，该教育模式的充分实施，将会有效提高学生自主学习的主动性，有效激发教师课程开发和设计的积极性，符合英语教学的总体目标，符合培养大学生的根本目的，必将为培养新时代的大学生发挥巨大作用。

第四节 认知理论视角下的多模态英语教学模式

一、当代认知理论与教学思想的融合

（一）当代认知理论

认知心理学于20世纪50年代兴起，它以信息论、系统论、控制论、计算机科学和心理语言学为基础，采用信息加工的观点解释人的认知过程，给许多心理学分支尤其是教育心理学带来了巨大的影响，在当前的心理学思潮中占据主导地位。同时，认知心理学以其丰富的研究成果逐渐形成了自己独有的内容体系，一切对认知或认知过程（包括感知觉、注意、记忆、思维和语言等）的研究统称为认知心理学。这门科学以信息加工为核心，将人脑与计算机进行类比，所以又称为信息加工心理学。

认知心理学中的信息不同于信息的经典概念，也就是我们日常所说的音讯或消息，也不同于现代计算机科学中数据和文本两类信息的概念。认知心理学中的信息是指认知主体从环境刺激或决策与选择中得到的表征。一类信息源于外部环境的变化、环境的数据或资料的增减会通过主体感官引起主体感知信息的变化，据此分为视觉信息、听觉信息、体觉信息、空间和时间信息等；另一类信息源于认知主体长期经验所积累的知识储存。这些知识作为信息在存储或提取过程中有不同的表征形式，分为描述型

知识和程序性知识,前者是关于事物及其关系的知识,包括对事实、规则、事件等信息的表达,可通过口头语言或书面语言描述出来;后者是关于完成某项任务的行为或操作步骤的知识,难以描述,只能在个体操作过程中表现出来。认知过程就是指信息输入、编码、储存、提取、输出的加工过程。其间主体大脑内不断进行着编码和解码的信息加工,这一程序从简到繁,低层次的感知觉信息流向高层次的知识表征或影响运动和动作意向的决策信息;高层次信息包含低层次信息,例如,记忆信息的过程分为信息的获得、保持和提取等不同的子过程。信息流的动力学原则表现为信息加工的阶段性,同时信息加工还指变换信息的表征形式及其阶段性变换,加工方式通常分为两类:一类是自上而下的加工和自下而上的加工,另一类是串行加工和并行加工。

认知心理学发展到近一二十年出现了一个新的研究课题——元认知(Metacognition)。美国著名儿童认知心理学家约翰·弗拉维尔在对儿童记忆能力的研究中提出了元记忆的概念,并以此为基础进一步演化出元认知理论模式。他对元认知的定义是:元认知是认知主体为完成某一具体任务和目标,根据认知对象对认知过程进行的主动监测、调节和协调的过程。通俗地讲,主体大脑中的认知加工活动并不是简单的输入和输出,而是随着知识经验的积累和成熟,人们逐渐了解并学会了控制它们,这就是元认知。但是,关于元认知概念的界定心理学家各持己见。有人认为,元认知是跳出一个系统后去观察这个系统的认知加工;有人认为,元认知是明确地专门指向个人的认知活动的积极反省的认知加工过程;但多数人认为,元认知是对认知的认知,是个人对自己的认知加工过程的觉察、自我评价和自我调节。

按照弗拉维尔的元认知理论模式,元认知由元认知目标、元认知知识、元认知体验和元认知监控四个部分组成。其中元认知知识、元认知体验和元认知监控三者构成了相互依存、相互促进的关系。首先,元认知知识是元认知监控和元认知体验产生的基础。其次,元认知体验可以激活和修正元认知知识,也可以监控和调整元认知策略的使用。最后,恰当的元认知策略的使用能够通过增强元认知体验来充实现有的元认知知识。

随着跨学科的发展,当代认知理论不断渗透教学领域,形成一种新的认知教学思想,这对于促进学生素质的全面发展、提高教学效率具有重要意义。

(二)认知教学思想

传统的教学受行为主义影响,侧重以结果为中心、以教科书为中心和以教师为中心。行为主义认为,教学过程涉及的因素只有两个:一是教育者的教学操纵,二是学习者的结果操纵。前者是指呈现给学生的刺激特点和强化方式,后者是指学习者对刺激材料所做出的反应,两者都是外部可观察的事件。教育心理学的任务是研究教学操作对结果操纵的影响方式,并探讨二者之间的关系。同时,行为主义认为,结果操纵由教学操纵决定,这种观点完全否定了学习者自身素质、学习方法等内部因素的作用,把学习者看作消极被动地接受外部环境的强化,因此也就导致了传统教学思想上的误区。当代认知理论不仅重视教学操纵和结果操纵等外部事件间的关系,更重视外部事件与内部事件间的联系,还注重研究内部的认知过程和结构如何影响教学操纵和结果操纵间的关系、不同的教学方法怎样影响认知过程的结果,从而影响学生的外部行为表现,把教与学结合在一起,既重视教师的教,又重视学生的学。根据教育心理学家加涅的观点,教是用来激活和支持内部学习过程的外部事件的安排,学是由于经验引起的学习者的知识变化。

认知派教育心理学家的研究目标集中于教学环境和学习者的特征如何相互作用,从而导致学习者的认知能力增长。因此,认知教学理论包括三个主要论点:加工过程论、认知结构论和学生中心论。

1. 加工过程论

认知心理学把人脑的功能类比为计算机的运行程序,认为认知过程即信息加工过程。认知理论关于教学的研究主要探讨不同的教学方法如何影响学生的认知过程,从而影响学生的学习结果,而不像行为主义那样仅限于研究教学操纵和教学效果的关系。经典研究表明,认知加工过程是影响学习效果的直接因素,不同的学生,听同一位教师讲课,或是阅读同一篇课文,由于学生思维的加工水平不同、理解不同,学习效果自然也就不尽相同。教科书、教学方法和奖惩措施只是影响学生学习效果的间接因素。

在加工过程论思想的影响下,认知策略和学习策略的研究日益受到重视。加涅认为,认知策略是指学习者调节自己的内部注意、学习、记忆与思维过程的各种技能。布鲁纳把认知过程视为最重要的教育目标,认为确定信息加工的阶段和顺序,有利于建立合理、准确的学习模型和总结有效的认知加工策略。如前所述,弗拉维尔提出的元认知概念不断渗透于教学领域,使认知教学策略不断深化。元认知策略涉及个体在运用一般认知策略时对必要的计划、监控和调整进行自我调节,是运用认知策略不可或缺的重要组成部分。弗拉维尔将认知性策略分为两类:具备性缺陷和应用性缺陷。前者指学生缺乏认知策略,后者指学生不知如何使用已有的认知策略。这就要求教师在教授一般的认知策略时，应及时讲授元认知策略，使两者形成自然的延伸，教会学生如何有效地控制、调节自身的学习活动，以取得良好的学习效果。

2. 认知结构论

当代认知理论不仅重视认知过程，还重视认知结构，加工水平的深度是认知结构的一个重要方面。根据奥苏伯尔的观点，学生有意义的学习就是把新知识和原有的知识联系起来，并把新知识纳入学习者原有的认知结构之中。他说："富有意义的新思想是通过把它们归类到一个已存在的认知结构中去才被学会的。"加涅认为，学习者必须能够进行信息加工，将理解的刺激转变为有组织的网络结构，而且要具有加工深度。言语信息是要被结合到一个较大的命题结构中去才能被学会的，加工水平越深，学生对知识的理解越深刻，掌握得越好。学生头脑中的知觉表征方式是智力活动的结果和认知方式的体现。认知结构与教科书的知识结构不同，主要表现在以下几方面：

（1）信息的表征方式不同。主体头脑中的知识多以语义方式简约表征，以直观方式储存，而教科书中的知识主要通过语言文字来表述。布鲁纳将儿童的认知图式划分为动作表征、形象表征和符号表征三个水平，认知理论认为信息在大脑中的编码可在不同水平上产生。

（2）信息的构造方式不同。头脑中的知识是非线性的，具有一定的层次网络结构，信息在头脑中的构造方式因人而异，专家倾向于依据高级原则组织知识，而初学者则依据表面特征以零散、孤立的方式储存知识。

（3）知识的完备性不同。教科书中的知识是完备的、系统的，而头脑中的认知结构在遗忘规律的作用下常出现漏洞。传统的教学方法相对注重教科书的知识结构和逻辑结构，而当代认知理论则重视认知结构的研究。研究学生头脑中认知结构可为改革当代教学方法提供科学依据。布鲁纳强调课程应偏重于学科的结构。他说："不论我们选教什么学科，务必使学生理解该学科的基本结构。"同时他给出了阐述这一观点的四点理由：教给学生学科的基本结构可使学科更容易被理解；把知识放进构造得很好的模式里面更容易被记忆；学习一个模式，有助于理解可能遇到的其他类似的事物，是通向适当训练的迁移大道；他还强调学科结构能缩小高级知识和初级知识之间的差距。

3. 学生中心论

认知教学理论强调认知因素直接影响、决定学习结果和效率，认为已有知识或认知结构是学习的必要条件,如果没有预先存在的、可利用的、清晰的认知结构就不会产生有意义的学习。学习时学生必须善于把新知识纳入已有的认知结构进行深水平语义加工,才能理解和掌握新知识。因此,认知加工深度和策略是决定要学到什么的充分条件,教科书、教法、环境条件和社会影响等外部条件都是影响学习的间接因素。既然学生的学是决定学习结果的直接因素,那么学生主体作用的发挥就成了当代教学的重要问题。认知教学理论受人本主义心理学的影响,提倡学生主体、教师主导或教学活动双主体,提出了学生中心的口号。这对传统教学思想提出了挑战:首先,这一理论在创造学习的外部条件时以主体内部的认知规律为前提,从某种意义上说,教师的教之所以重要是因为它能影响学生的内部认知过程,即引发学生有意义学习的心愿,启发学生进行深水平加工,改进和调动已有的认知结构。其次,这一理论改变了传统的教师主宰天地的教学方法,侧重于集体讨论法,这有助于激发学生批判性思维和对学科材料的深入理解,提高其对新学知识的解释、推理和运用能力,而且对学生的态度和价值观以及后来的行为表现都有积极的影响。再次,认知教学理论树立了教学目标新观念,认为将学生培养成为独立、自主、高效的学习者才是最重要的教学目标。

二、三位一体的多模态大学英语课堂教学的构建

(一)教师的多模态教学

1. 高校英语教学中多模态选择原则

根据系统功能语言学的语境理论,情景语境包括话语范围、话语基调和话语方式三方面。在外语教学中,这三方面分别表现为教学内容、师生特点和教学条件。教学内容是指所教授课程的知识领域、难度深度以及所要培养的学生的听、说、读、写、译等基本技能,是课堂教学要实现的首要目标,也是制约模态选择和教学方法选择的主要因素。比如,听说课使用的主要模态是听觉模态和语言模态,还可以增加与教学内容相关的视频或图画,或者由教师设计一定的身体姿态来调动学生的视觉模态。教师的个人特点、教学理念和学生的水平及个性差异也同样制约着具体教学模态的选择。因为教师是实现课堂教学的主导因素,所以教师的教学理念和个人兴趣起关键作用。例如,从教师与学生的关系上看,如果教师认为学比教重要,就会侧重培养学生的实践能力,而不是把教科书当作权威,这样一来,学生就会成为课堂的活动主体,教师则会注重调动学生使用多种模态来强化、提高多方面的语言能力;相反,如果教师持

相反理念，认为教比学重要，那么教师就会利用课堂上的大部分时间进行教科书的讲解，学生的主要任务就是听讲，那么他们课堂学习过程中使用的主要模态相对而言就会比较单一。教学条件包括教学环境和教学设备等客观因素。目前，现代化教学设备已经比较普及，教师可以通过多种模态呈现教学内容，不过这对教学设计的要求也更高了。

基于以上三方面，教师在外语教学中要相应考虑以下三点：

（1）话语范围，即教授的内容、深度、长度等。

（2）话语基调，即教师的性格、特长和学习者的知识及能力结构等，以及二者之间的关系。

（3）话语方式，包括硬件设施、教学环境等，如针对知识获取型的教学目标，教师主要采取解释、说明等方式；针对技能训练型教学目标，教学过程以训练、行动为主等。

这三方面对意义的建构会起到重要的作用。

有了这些做基础，我们便可以考虑具体模态的选择问题了。模态选择的原则是以模态选择的动因作为基础的。为了取得更好的教学效果，教师要尽量选择多种有效的措施和方法，特别是技术手段；但从经济的角度讲，模态的选择应是越简单越好。所以，教学模态的选择是在最优化和最简单化的矛盾之中进行的。而从两者的先后顺序上讲，最优化原则是首选原则，这就解释了为什么虽然运用现代技术不仅昂贵而且非常复杂，但很多教师还是尽力选用最先进的多媒体技术作为教学媒体。这样，我们可以把获得最优化效果作为总原则，即充分利用现代媒体技术，最大限度地表达讲话者的意义，取得最佳效果。在这个总原则指导下，还有相互联系的几个原则：有效原则、适配原则、经济原则。

有效原则是指选择任何一个模态的前提都是要取得更好的教学效果，避免出现某个模态的无效使用，或者某一模态产生的负面效应等于或者大于正面效应。例如，用多种模态来解释同一知识或事物能够强化学生的记忆，但这样也会分散学生的注意力。如果这个负面效应过大，就会使其效果在整体上是零，甚至是负的。这样使用这种模态组合就是多此一举。

适配原则是指在选择不同的模态时，要考虑不同模态之间的相互配合，以获得最佳搭配为标准。例如，几个独立的模态各自都可以产生很好的正面效应，但组合在一起则可能无法相互配合，相互之间会发生摩擦从而产生降低总体效应的情况。例如，在英语文化课或口语课中，口头讲解和角色扮演都是行之有效的教学方法，但如果教师非要将二者混合在一起，在角色扮演的过程中强行加入讲解，这样就会影响角色扮演对学生能力的培养，产生不了应有的效果。

经济原则通俗易懂，就是表示选择模态时越简单越好。

有效原则和适配原则都有各自的次级原则。有效原则包括工具原则和引发原则。工具原则是说在教学中，用某种模态为教学主程序提供便利，如提供真实语境等。虽然外语课堂不是真实的社会交际环境，但多媒体技术可以为其提供尽可能真实的语境，如将图像、录像、声音等作为教学的实际环境，可使教学接近最佳效果。利用从真实交际场景中得到的录像材料作为外语教学的学习材料，学生会了解和认识真实语境的实际情况，获得更加具体的语境知识；或者将其作为交际对象，让学生与录像中的交际者在录像提供的语境中进行交际。发展现代多媒体技术的一个最基本的理念是多模态交际，它可以使受话人通过多通道获得信息，比单模态话语更容易使受话者理解和记忆，如 PPT 可以通过视觉和听觉提供文字、语音、图形、图像、录像等形象，即使不适当的模态搭配可能会影响效果，也不影响别人讨论它的使用。另外，如《新视野大学英语视听说》教科书中，编者为每单元的"Speaking Out"部分提供了三段视频，不仅能让学生听到原汁原味的英语，更能对每个对话的背景有深切体验。如此一来，学生在编写相应对话过程中能够将所学的交际用语运用得更加灵活，也能掌握得较为牢固，增强了语言实际运用能力。引发原则表示现代技术还可以从内部提供动力，使学生发自内心地愿意从事这种活动，把外因转化为内因。

具体方法有很多，在此仅举一些简单常见却非常有效的例子：①提供特殊的东西、大的东西、颜色艳丽或者浓的东西，因为这些东西更能吸引人们的注意力。这就是突出事物，把事物前景化。例如，教学中在 PPT 画面上用艺术体、黑体、大体字，可以使文字突出；在文字中加上图片更能吸引学生的注意等。②提供美丽、怪诞、幽默的东西，因为这些东西更能引起人们的兴趣，提高学生的参与度。所以，在教学中，用现代技术提供美丽的图片、幽默的简笔画、秀丽的环境介绍等事物，都可以使学生积极参与，注意力集中。③提供有挑战性的环境或对抗的环境、幽默的环境，因为这些环境可以激发人们参与的热情，如提供一些有一定难度的破解题、谜题，描述一个对抗的语境，或者提供一项交际任务等。

适配原则的次级原则包括强化原则、协调原则、前背景原则、抽象具体原则。强化原则表示在同时选用两个或两个以上模态时，一般是一个为主模态，另一个对它进行强化，使传递的意义更加突出。例如，在用PPT展示句子"Peter was killed in a traffic accident"时，可同时插入声音读出这个句子，还可以在PPT画面上配上照片等，这样就能帮助学生更有效地理解、掌握句子。协调原则表示不同的模态联合或交叉使用时，各种模态之间要相互协调，还原人类社会交际的本来面目，一种媒体不能独自完成的交际任务可以由其他媒体来补充。例如，我们在讲一个语境依赖性强的对话故事时，如果没有图画，学生会觉得不知所云。但是如果我们配上图画就很容易了，还可以产生幽默感等附加效果。但我们要注意，联合或交叉使用并非指多种模态任意地结合或交叉，因为模态间也会形成相互排斥和抵消的关系。比如，学生在做快速阅读或限时阅读时，如果在PPT中插入Flash动画或背景音乐，会与文字内容冲突，分散学习者注意力。

前背景原则表示，在同时选用两个或两个以上模态时，其中的主模态处于前景中，其他模态为它提供背景信息。在外语教学中，口头交际显然都是处在前景中，由其他模态提供背景。例如，一场戏剧开始时，演员说话前和说话中会出现背景，提供事件发生的时间、地点、环境，还可以包括人物等。又如，在介绍奥运会会歌时，作词、作曲等介绍的书写模式为主模态，对音乐的播放则背景化了，起辅助作用。抽象具体原则表示在同时选用两个或两个以上模态时，一种模态来表达比较抽象、概括、偏僻、理解难度大、深奥的道理或结论等，用另一种模态来提供实例、说明、关系等使理解更加容易。例如，在谈论"龙"时，中国人头脑中出现的形象是中国雄伟荣耀的、代表皇帝的龙；即使我们说的是西方的龙，如果不加说明，也会在中国听众中产生相似效果。用文字说明就需要很多的话语，但用图形方式表现出来则十分容易理解，因为根据图像本身人们就可以明白，西方的龙是邪恶的化身。另外，如在语音课的讲解中，字母"l"在词头和词尾的发音不同，如果教师仅依赖口头教授舌位、口型及发音的差异，难以达到理想的效果，而如果结合音位图就很形象具体了。这类多模态的表现形式还包括用表格表示数量和关系、用简笔画表示理论框架、用流程图表示进程等。

2. 多模态高校英语教学中教师角色的培养

在多模态教学模式下，教师要从主导角色转变为引导角色，主要精力要放在自我提升和辅助指导上面，课堂则要充分留给学生。

那么教师如何做到自我提升呢？在多模态教学中，教师首先要精心准备课本知识，并进行课外拓展，了解和掌握所教授知识的重难点，明确教学目标，根据课程内容选择合适的教学模态。同时，教师应对学生进行深入了解，掌握他们的实际英语水平、具体的英语输入和输出等方面的情况，根据他们的课堂语言反馈及时调整教学策略，因材施教。此外，教师要熟练掌握多媒体技术，可以采用PPT教学，并充分利用网络资源，通过电子邮件、QQ、微信公众号等网络工具，与学生展开交流；教师还应掌握音响、摄像等技术，能运用各种视听手段设计出真实的、针对性强的、具有可操作性的任务，并构建多模态教学模式。如此教学，就能突破时间和地点的限制，由课内延伸到课外，从而激发学生的学习兴趣，调动其积极性。

在多模态教学中，教师的主要任务是帮助学生辨识各种符号及其意义，并指导他们利用各种符号资源建构知识，增强其对各类文本的批判能力，以获得新知识。教师的辅助指导主要体现在以下几方面：

第一，合理设定小组。教师要根据学生的背景、知识和经历合理划分学习小组。学习小组的划分要有助于每个组内成员积极主动地参与到学习过程中，并能够彼此协助支持以提高学习效率。

第二，进行积极明确的指导。教师应引导学生积极进入情境，分辨各种多模态资源并辅助他们独立思考和探索。例如，可以组织学生小组讨论或辩论等，引导和激发他们主动去解读各种符号资源并建构意义，使学生用语言描述事物，提出自己的见解，并与小组成员交流讨论，以实现知识的扩展和强化，从而提高学习效果。

第三，进行合理评价。教师可以鼓励学生进行反省思考，并与同伴互相交流，根据自己的背景知识、文化体系，对所讲的内容进行评价和批判性解读，让学生采用个人陈述或辩论等多种形式，展示他们对同一语篇的不同理解；同时教师要对学生的表现做出合理的评价，这样就可以提升综合英语教学效果，实现学生的自主学习，提高其知识应用能力。

3.基于多媒体技术的多模态教学模式

（1）课件演示模式。

课件演示模式，是指教师通过使用教学课件开发程序或工具，把外语教学中要传授或涉及的教学内容制作成多媒体教学课件，并将其通过多媒体投影设备呈现给学生。这种教学模式在学生较为集中的情况下比较方便使用。

课件演示模式的特点包括：课件制作过程简单；教学信息量大，教学效率高；以科技发展学生的学习兴趣；教学形式较为单一。

（2）情境创设模式。

情境创设模式，是指在外语教学过程中，教师充分利用各种多媒体信息资源，如声音、视频和文字等，再加上相关的应用软件，创设出语境与所教授的外语课程相关的一种教学模式。

情境创设模式的外语教学设计对教师的信息技术要求较高，教师主要需要做以下两方面的准备工作：一是要用多媒体编辑软件（如 Cool Editor 等）对外语多媒体教学素材（音像素材）进行编辑和整理，去掉无关紧要的情节，以使素材更加紧凑，避免一些无关信息分散学生的注意力，进而提高学生的学习效率；二是要合理编辑与音像素材相关的文本资料（如课上需要讲解的语篇信息、单词、背景介绍等），再将文本信息以字幕等方式进行与视（音）频资料的同步整合。

情境创设模式有效地利用了多媒体技术，刺激学生同时调用多种感官进行多模态学习。身临其境的感觉不仅提高了学生的学习兴趣，还让学生认识到所学的语言信息要在何时、何地以及如何有效地利用与表达，增强了学生的体验感以及实际运用能力，提高了学生的学习效率。

（二）学生的多模态学习

根据认知学理论，学生是课堂教学的主体。学生多模态学习主要指学生运用多模态手段并通过多种感官观察、认知、接受、分析、处理和运用语篇信息和非语篇信息的认知能力。

认知心理学认为，产生学习行为的基本前提条件是注意力、好奇心、观察力（通过五官）、记忆力和发现及试图解决问题的意识五方面。其中记忆力至关重要，分为瞬间记忆、短期记忆和长期记忆。顾曰国认为，恰当的模态转换可以增强学习者对所学内容的内化度，提高内容记忆的持久性。因此，在教学过程中教师应有效采用多种模态增加学习材料的直观性和经验性，通过问答环节、小组讨论、演讲辩论、角色扮演等刺激学生对新知识的感知，用多种感官接收并输出多模态的话语信息，增强记忆效果。在影响记忆力的诸多因素当中，注意力是最重要的。研究发现，注意力和记忆力的强度都跟获取信息的模态直接相关，而公认的事实是情感的冲击可以吸引注意力并加深记忆强度。所以，在课堂设计上，教师使用的视频材料、口头或书面的语言材料和讨论的话题要有一定的内涵和深度，能够关照到学生的社会情感或个人情感，使其对所接收信息有深切感受，增强其理解记忆能力，这样有助于提高学习效果。

多模态学习首先要求学生通过视觉模态进行教科书文字识读和认知语篇信息，包括语篇树状信息结构和信息点。然后，学生要认真观察教师所演示的多模态教学内容，以获取相关信息。最后再综合运用多模态认知语篇信息和非语篇信息进行多模态信息输出（如回答问题、展开讨论或进行课堂表演等形式），以便训练自身的语言表达能力、思维能力和操作能力。学生多模态学习主要分为教师课堂传授和学生自主学习两种方式。

（三）多模态教学评估

多模态教学评估是指师生双方根据所制定的教学目标对教与学的效果所进行的多种方式的检测。该评估包括师生自评、师生互评、学生互评等方式。多模态教学评估是多模态教学模式中不可缺少的组成部分，多模态教学评估不能只依据传统的期末考试成绩这种单一的评估手段，教师和学生双方都应成为被评估的对象。教师要评估自身使用的教学方法或手段是否合理，比如，图像、视频、音频或网络等多种手段在课堂教学中的效果，及时调整不合理的多模态教学方法，以便在有限的课时内有效地完成教学任务。此外，学生也应对教师的教学效果进行评估，教师通过学生的评估来了解教学中多模态运用的情况，如各种模态调用是否合理恰当、设计信息与模态是否匹配、设计是否易于操控等。

教师通过双向评估可以发现问题、解决问题，进一步提高多模态教学的质量。教师对学生的评估要设计多种评估指标和参数，绝对不能从单一的语言文字方面来评估，而是要对学生在平时学习过程中的英语听说读写能力、信息认知能力、语言交际能力、思维能力以及对多模态信息的处理能力等多方面因素进行综合评估。具体参数包括学生根据自身所取得的成绩进行自评，学生小组活动中根据参与多少、贡献大小等进行互评。每单元结束后收集的评估结果可作为动态评估学生表现的重要依据。课堂表演、课堂问答、期末考试等综合成绩按一定比例计算，每学期各项动态测评成绩按一定比例计入学生总评成绩。

三、大学英语多模态认知教学模式的问题与策略

外语教学是一种混合型的学习过程，既要包含语言知识的学习，又要包含语言技能的训练。实践证明，创造良好的多模态学习环境能够有效提升外语教学效果。但是，当前我国高校英语教学在向多模态方向发展的过程中受到了多种因素的阻碍和制约，主要表现为以下两方面：

（一）教学方法与模式无法适应多模态教学的需要

大学英语课堂教学虽然在一定程度上运用了现代信息技术，但当前的教学模式总

体上仍以传统的教学方法和模式为主，无法完全适应现代多模态教学的需求。从事高校英语教学的教师大多接受的是"单模态"的学科教育，在教学中不免带有学科偏见。教师的教学经验、知识结构、兴趣爱好等主观因素在很大程度上影响了教学方法的选择。多模态外语教学提倡教师考虑学生的特点和兴趣，根据不同的教学目的综合运用多种教学方法，如交际法、情境法、任务教学法等。教师应结合自身的教学经验和学生的水平，采用多元化的手段来呈现同一项教学内容，充分利用多模态化教学的优点，使学生对英语学习产生浓厚的兴趣，从而提高教学效果。

（二）教师对多模态教学存在认识误区

目前，人们对多模态教学普遍存在一个认识误区，那就是使用计算机多媒体教学就是多模态教学。在高校英语教学中，多模态教学与多媒体教学这两个概念是交织在一起的，然而，我们有必要区分它们，只有如此才能加深对两种教学模式的认识，并为课堂设计提供更加理性的依据。多媒体是计算机和视频技术的结合，是指在计算机系统中组合两种或两种以上媒体的一种人机交互式信息交流和传播媒体，使用的媒体包括文字、图片、照片、声音、动画和影片等。高校英语教学改革倡导的多媒体教学是将计算机多媒体技术与传统课堂相结合的多媒体组合教学，也叫电化教学。即使用电化教学设备进行教学，如在教学中采用幻灯、电视、电影、录音、录像、通信卫星、电动教学模型等教具以增进学生对教科书的理解和巩固。在大学英语课堂上，对多媒体技术运用最广泛的就是使用多媒体课件进行辅助教学。而多模态教学是运用多种感官、通过多种手段来调动学习者的学习兴趣和促进学习者的学习效果。通过概念区分可以看出，实际上，多模态教学的内涵超过了多媒体教学的范畴，多媒体技术能够为多模态教学提供现代技术上的支持。多模态不仅仅是多媒体技术提供的各种模态，还包含了教师教学过程中自身的姿态、腔调等多种模态和学生学的过程中使用的各种模态。在多模态与多媒体教学的混淆之下，部分教师对大学英语多模态教学存在严重的误解：认为使用PPT就是多模态教学，PPT制作不精良也无大碍。可现实却无法不让人担忧。从多模态话语的角度来看，在技术上，多媒体课件能够将文字、图像、声音和视频集于一身；但从教师课件的设计来看，模态的运用往往比较单一，并没有起到全面调动学生多种感官的作用，相反，会引发学生的视觉疲劳和精神涣散。PPT课件虽然被广泛使用，但总体上仅仅是作为传统黑板的替代品而存在的，也就是说，教师把原本用粉笔写在黑板上的内容放到了屏幕上，甚至有的教师把教科书中的内容原封不动地复制到课件中，使 PPT 成为电子版的教科书，偶尔为了画面好看才会附上一两幅图片。因此，教师需要花时间、下功夫研究多媒体课件的设计，注重将各种模态有机、有效地结合为一体，才能激发学生的学习兴趣，有效提高学生的学习效果。

教师要不断更新教育理念，充分考虑上述制约因素，针对教学内容和教学目标合理选择适应的模态和媒体，设计新的教学方法和教学模式。

第五节 多模态英语教学评估体系的构建

一、多模态话语英语教学评估体系构建的理论依据

随着多模态话语的产生，国内外语言学专家十分关注多模态话语理论研究，多模态话语已经成为应用语言学研究的前沿，且研究的热点是在外语教学领域。模态指人类通过视觉和听觉等跟外部环境中的人、动物或物件等之间进行的互动方式。用单个感官进行互动的叫单模态，用两个感官的叫双模态，三个或三个以上的叫多模态。"多模态话语指运用听觉、视觉、触觉等多种感觉，通过语言、图像、声音、动作等多种手段和符号资源进行交际的现象。"

通过多种模态刺激听话者的感官是多模态教学理论所提倡的，通过调动学习者多种感官协同运作，以加深印象、强化记忆、提高交际的有效性。传统的单一的文本模式中的网络技术、多媒体技术以及语料库研究和言语工程研究的不断发展使其转变为当今的多种模态话语表现模式，而且教室中的多媒体设备已使教学多模态化。传统的文字读写向多模态读写转变，教学方法、教科书编写和学习任务等也相应发生了变化。从技术上和方法上看，教学形式的多模态化也使英语教学更为生动、更富有成效。"多模态话语分析的意义在于它可以将语言和其他相关的意义资源整合起来，它不仅可以看到语言系统在意义交换过程中所发挥的作用，还可以看到诸如图像、音乐、颜色等其他符号系统在这个过程中所产生的效果，从而使话语意义的解读更加全面、更加准确。"运用多模态分析研究方法研究课堂中的互动行为，使以前抽象的脱离语境的文本分析变得更加生动形象，展现了当今多模态话语分析的一大态势。之所以采用多模态话语教学理论研究方法是因为计算机多媒体辅助语言教学已广泛应用于外语教学领域，为外语教学提供了全新的手段和便捷的途径，教师可以在多媒体辅助下利用多模

态话语理论及多媒体资源设置不同的教学情境及多通道话语意义表达方式,有效地开展应用型大学英语,即特殊用途英语或专门用途英语(English for Specific Purposes),如科技英语、商务英语等多模态教学,让学生能够更加直观、更加生动地学习知识,并在多媒体教室接受图、文、声、像一体的立体方式教学,使学生以高昂的情绪投入特殊用途的英语知识建构中,为学生营造生动活泼的学习气氛,从而激发其学习兴趣,达到良好的教学效果。张德禄教授指出:"对于一定的话语以什么模态和媒体表达最为有效,是需要进一步认真研究的课题。"

二、多模态话语英语教学评估体系构建的基本原则

(一)教学须保证外语学习者主要集中于"意义"

在这里区分了两种意义:语义学意义(词汇或者语法结构的意义)和语用意义(交际过程中高度情境化的意义)。当然学习者对两种意义都不能忽略,但是语用意义却是重中之重。两种意义的教授方法有所不同,为了给予学生参与和练习语用意义的机会,教师往往会采用任务型教学法。对于语义学意义,教师和学生分别将自己定位为教授者和学习者,而外语教授和学习是他们的目标。对于语用学意义,教师和学生将外语看作是一种交际工具,而他们自己则是交际者。根据对大学英语教师授课过程的观察,虽然我们仍然花费了大量时间在语义学意义上(因为语义学意义是使用语言的基础),但教师们加大了对语用意义的重视程度。这两种意义并不互相排斥。讲解完词汇后,很多教师会要求学生用所学过的单词说一段话,以便给学生更多机会将这些词放到语境中,放到实际生活中。一般在外语课堂上,教师最多会将1/4节课的时间用于词汇讲解,剩下的3/4的时间将会要求学生做课堂报告,越来越多的教师意识到语用意义的重要性。在做报告时教师们并不在意个别词的使用,而是将它看作师生之间的一种交际。尽管学生会犯一些语法错误或者用词不够准确,只要不影响理解和交流,教师便不会打断学生。

(二)教学须保证学生掌握大量的惯用语

惯用语,或者词块,是外语学习的一个重要来源。瑞易(Wray)和佩金斯(Perkins)将惯用语定义为"作为整体在记忆中贮存或提取的各种类型的词串"。本族人往往比外语学习者,包括高等水平外语学习者,使用更多的惯用语。通常教师会要求学生记忆一些固定用法,例如,如何打招呼、道歉、感谢等。这些惯用语在外语学习中有很

大作用，因为学习大量惯用语有利于学生外语流利程度的提高。在我国高校英语教学中，教师仍然坚持使用这种方法。在课上，一些教师经常要求学生背诵一些文笔优美的课文段落或短语。通过这种方式，学生将其作为大量的惯用语储存在记忆中。然后，学生需要一段时间将这些语言块由短时记忆变为长时记忆，最终内化为自动的表达方式，从而更加流利地说出英语。

"自动化"这个概念的产生基于心理学家的研究，他们认为我们处理信息的过程是受控的，或者是自动的。学生的学习涉及从受控到自动的转变。学生在对语言进行记忆和自动化之后，可以自己创造出一些表达方式，这对他们语言输出的流利度很有好处。因此，课上教师会要求学生练习使用学过的惯用表达方式。

三、多模态话语英语教学评估体系的构建

英语教学评估内容是由培养目标决定的，即培养学生的英语综合应用能力，尤其是听说能力，会使学生在今后工作和社会交往中能够有效地进行口头和书面的信息交流。不仅如此，我们还要提高学生综合文化素质和增强其自主学习能力，这样才能更好地适应我国的经济发展还有日后国际交流的需要。根据以上事例我们不难看出，大学英语评估体系要从以下三方面对学生进行评价：一是语言综合运用能力，该能力可以详细理解为听、说、读、写、译五种技能，每种技能又可细化为多种微技能；二是学习的方法和步骤，以及学习策略的掌握情况，重点评价学生的观察能力、提出疑问的能力、根据问题做出猜想和假设的能力、对信息的收集和处理能力、交流与合作的能力等。在对其评价中，我们要将形成性评价与终结性评价合理地结合起来，客观记录学生参加了什么活动、投入程度怎样、他们在活动中的表现和进步等其他情况，在得出评价结论前，我们要对学生在学习的过程中所经历的途径、运用了哪些方法进行比较综合；三是对情感态度的评价不能像知识和技能一样直接进行，只能通过一些可观察的指标间接地推断和度量。因此，为了了解学生情感态度与价值观等方面的现状和进步，教师应通过对学生学习中具体的观察和记录来获得。

我们对于不同类型的信息应使用不同的模态进行认知，因为对信息的认知和识读是多模态的。比如，语篇信息以视觉、听觉、触觉模态进行全面的听、说、读、写、译认知；非语篇信息则是以视、听、展、演等视觉、听觉、触觉模态为主来认知，并且能够通过说和写等触觉模态转换为语篇信息。商贸领域还有旅游领域的知识性信息、

技能性信息、文化性信息都可以归类到语篇信息或非语篇信息之中,所以也可以用视、听、读、写、演等多模态进行认知和识读。当进行这类特殊用途英语教学时,我们也会使用"多模态教学、多模态学习、多模态教学评估"三位一体的教学模式。

多模态教学就是教师在多媒体的环境下,充分调用多模态手段传递和获取信息。教师通过分析旅游或商贸英语的特点,可采用多种手段进行信息传递,如视频、电影剪辑、录音、照片、图表、实物等,这样就可以充分利用模拟旅行社、宾馆、饭店、旅游景区或商贸洽谈、商贸交易等业务展开相关的教学活动。教师以课程具体内容为根据科学地使用各种模态,合理地把握语篇信息与非语篇信息的比例。开展多模态教学活动时,第一步要进行的是多模态教学设计。该设计应在教学目标、教学程序、教学任务、教学方法和教学手段(对多模态的选择)等方面得到体现。多模态教学设计需要考虑两个条件,即教学环境与教学条件。首先要明确设计依据,然后再确定授课的其他具体方面,包括教学目标、教学程序、教学任务、教学方法和教学手段。此外,为了确定每个阶段的教学目标和教学任务,教师还需要为整体教学过程设置不同的阶段,之后再为每个教学阶段选择合适的教学方法和教学模态。由此看出,教学设计是一个综合性的整体。

多模态学习指的是学生利用多模态手段并通过多种感官多模态地处理、认知、接受和运用语篇信息和非语篇信息。对多模态的学习,首先,要求学生以视觉模态进行教科书文字识读和认知语篇信息,其中包括语篇树状信息结构以及信息点。其次,学生要仔细观察教师所演示的多模态教学内容以获取有关信息,最终综合运用多模态认知语篇信息和非语篇信息进行多模态信息输出,这里包括回答问题、展开讨论和进行课堂表演等形式,通过这些形式训练自身的语言表达能力、思维能力以及操作能力。教师课堂传授和学生自主学习是学生进行多模态学习的两种主要方式。其一,在课堂上学生先要学会理解教师提供的各种信息,然后才能领会各种模态所含的信息意义。通过听、说、表演等多种模态方式学生基本可以掌握所学内容,如观看视频前,教师有意地提醒学生留意视频中与课本知识有关的重要环节和要点,在课堂学习之后学生就能掌握所学内容的主要信息。另外为巩固课堂教师所教内容,学生可以去当地所学专业的涉外工作场所进行观摩学习。从理论上来说,这种学习方式将非常有效地帮助学生提高所学专业的英语听、说、读、写能力和思维能力,同时还会提高学生的跨文化交际能力。其二,自主学习主要指学生根据教师所布置的课外学习任务,根据自己的学习方法，通过视觉、听觉和触觉与网络环境下的学习资源进行多模态自主学习，在规定时间内完成教师布置的自主学习任务。在多模态学习方面要想达到课堂教学互动的效果，教师应引导学生多模态地获取、加工各类语篇信息，之后在课堂上进行实践和运用，并帮助学生捕捉课堂上教师所提供的各类与语篇信息相关的非语篇信息，将非语篇信息成功转换为语篇信息。

第四章 信息化背景下信息技术与大学英语课程改革

第一节 信息技术与课程整合

信息技术与课程整合尽管在我国已开展多年,但不少教师仍对此缺乏正确的认识。有些教师把信息技术与课程整合看作是现代化教学的一种工具、手段,或是更有效地学习信息技术的一种方式。更多的教师则是把信息技术与课程整合和计算机辅助教学完全等同起来,认为只要在课堂上运用了多媒体或是课件就是在进行信息技术与课程整合。这种看法反映出广大教师对信息技术与课程整合的内涵和实质缺乏了解,也表明他们对于实施信息技术与课程整合的途径与方法缺少了解和掌握。

一、信息技术与课程整合的目标与内涵

(一)信息技术教育应用的发展

自 20 世纪 50 年代末研究出第一个计算机辅助教学系统以来,信息技术教育应用在发达国家大体经历了三个发展阶段。

从 20 世纪 60 年代初至 20 世纪 80 年代中期被称为"计算机辅助教学阶段(CAI)"。这一阶段主要是利用计算机的快速运算、图形动画和仿真等功能辅助教师解决教学中的某些重点、难点。这些 CAI 课件大多以演示为主,这是信息技术教育应用的第一个发展阶段。在这一阶段,一般只提计算机教育,还没有提出信息技术教育的概念。

自 20 世纪 80 年代中期至 20 世纪 90 年代中期为"计算机辅助学习阶段(CAL)"。此阶段逐步从辅助教为主转向辅助学为主,强调如何利用计算机作为辅助学生学习的工具,如用计算机搜集资料、辅导答疑、自我测试以及安排学习计划等。这个阶段不仅用计算机辅助教师的教学,更强调用计算机辅助学生自主学习,是信息技术教育应用的第二个发展阶段。在这一阶段,计算机教育和信息技术教育两种概念同时并存。

应当指出的是，我国由于信息技术教育应用起步较晚，目前大多数高校的信息技术教育应用模式仍然主要是 CAI 阶段，即计算机辅助教学阶段。

信息技术与各学科课程的整合是从 20 世纪 90 年代中期开始的，被称为"信息技术与课程整合阶段（IITC）"。至此，信息技术教育应用进入第三个发展阶段。这一阶段以信息技术应用于教学为显著特征，教学模式发生了重大变化。在这一阶段，原来的计算机教育（或计算机文化）概念已完全被信息技术教育所取代。信息技术与课程整合，是当前国际教育界非常关注的一个研究课题。

（二）信息技术与课程整合的目标

信息技术与课程整合，不是把信息技术仅仅作为辅助教或辅助学的工具，而是强调利用信息技术来营造一种新型的教学环境，该环境应能支持情景创设、启发思考、信息获取、资源共享、多重交互、自主探究、协作学习等多方面要求的教学方式与学习方式，即实现一种既能发挥教师主导作用又能充分体现学生主体地位的、以"自主、探究、合作"为特征的教与学方式，这样可以把学生的主动性、积极性、创造性较充分地发挥出来，使传统的以教师为中心的课堂教学模式发生根本性变革。教学模式变革的主要标志是师生关系与师生地位作用的改变，这种改变使学生的创新精神与实践能力的培养真正落到实处，而这正是我们的素质教育目标所要求的。

西方发达国家把信息技术与课程整合看成是培养 21 世纪人才的根本措施，而 21 世纪人才的核心素质则是创新精神与合作精神。信息技术与课程整合是培养创新人才的重要途径乃至根本措施，其所要达到的目标就是要实现创新人才的培养。这既是我们国家素质教育的主要目标，也是当今世界各国进行新一轮教育改革的主要目标。

（三）信息技术与课程整合的内涵

通过以上对"信息技术与课程整合目标"的分析可以看到，我们对整合目标的确定，是首先从分析信息技术与课程整合的性质、功能入手的，在把握信息技术与课程整合本质特征的基础上推导出其目标。因此，只要稍加精炼与加工，我们就完全有可能从上述关于整合目标的分析过程中，引申出关于信息技术与课程整合的定义或内涵。

这一定义或内涵可以表述为：所谓信息技术与学科课程的整合，就是通过将信息技术有效地融合于各学科的教学过程来营造一种新型教学环境，实现一种既能发挥教师主导作用又能充分体现学生主体地位的以"自主、探究、合作"为特征的教与学方式，从而把学生的主动性、积极性、创造性较充分地发挥出来，使传统的以教师为中心的课堂教学模式发生根本性变革，从而使学生的创新精神与实践能力的培养真正落到实处。

由这一定义可见，它包含三个基本属性：创设新型教学环境、实施新的教与学方式、改革传统的教学模式。新型教学环境的建构是为了支持新的教与学方式，新的教与学的方式是为了改革传统的教学模式，改革传统的教学模式则是为了最终达到创新精神与实践能力培养的目标，如创新人才培养的目标。可见，"整合"的实质与落脚点是改革传统的教学模式，即改变以教师为中心的教学模式，创建新型的、既能发挥教师主导作用又能充分体现学生主体地位的"主导—主体相结合"的教学模式。

"环境"这一概念含义很广，教学过程主体以外的一切人力因素与非人力因素都属于教学环境的范畴。所以，上述定义就信息技术在教育领域的应用而言，和把以计算机为核心的信息技术仅仅看成工具、手段的 CAI 或 CAL 相比，显然要广泛得多、深刻得多，其实际意义也要重大得多。CAI 主要是对教学方法与教学手段的改变，没有出现新的学习方式，更没有改变教学模式，所以它和信息技术与课程整合二者之间绝不能画等号。但是，在课程整合过程中会将 CAI 课件用于促进学生的自主学习，所以"整合"并不排斥 CAI，其目的是运用 CAI 课件作为提供学生自主学习的认知工具与协作交流工具，这种情况下的 CAI 只是信息技术应用于整个教育过程的一个环节、一个局部。而传统的以教师为中心的计算机辅助教学是把 CAI 课件作为辅助教师突破教学中的重点与难点的直观教具、演示教具，这种情况下的 CAI 就是信息技术应用于教育的全部内容。可见，对这两种教学情景下 CAI 课件的运用，其应用方式和内涵实质都是不一样的。

目前从全球教育的发展趋势看，信息技术教育应用逐渐进入第三个发展阶段，即信息技术与课程整合的阶段。进入这一阶段后，信息技术就不再仅仅是辅助教或辅助学的工具，而是要通过建立新型教学环境和教与学方式，从根本上改变传统的以教师为中心的教学模式，以培养学生的创新精神与实践能力为教学目标，即大批培养创新人才的目标。

二、信息技术与课程整合的途径与方法

信息技术与课程整合对我国当前教育深化改革具有重要意义。就高等教育而言，我国教育信息化的硬件设施有了很大的发展，高校的校园网络建设基本上已经在全国

范围内普及。有关专家指出，目前我国大学校园网90%以上只用于科研方面的资料查找，而没有其他的教育教学应用；在其余10%科研以外的应用中，有一部分用于教育行政管理（如学校办公系统、电子图书馆、学生成绩统计等），另有一部分用于辅助教学（一般都停留在多媒体课件＋Power Point的浅层次运用）。真正能在某些学科教学中，通过开展信息技术与课程的有效整合实现教育深化改革的高校为数并不多。如何运用信息技术环境（尤其是网络环境）来促进教育深化改革，改变传统的以教师为中心的教学模式、形成"主导—主体相结合"的新型教学模式，是关于提升高校的学科教学质量与效率的问题，也是中国教育信息化、科学化的关键问题。

目前国际上普遍认为，只有通过信息技术与课程的有效整合才有可能解决上述问题。信息技术与课程整合的理论必须对信息技术与课程整合的目标、内涵、方法等三方面的问题做出科学的回答，以整合途径与方法，这是信息技术与课程整合理论中最关键的问题。有关专家指出，信息技术与课程的有效整合意味着数字化的学习，而数字化的关键是将数字化内容整合的范围日益增加，直至整合整个课程并应用于课堂教学。当具有明确教育目标且训练有素的教师把具有动态性质的数字内容运用于教学的时候，它将提高学生探索与研究的水平，从而有可能达到数字化学习的目标。为了创造生动的数字化学习环境，学校必须将数字化内容与各学科课程整合。

美国教育技术CEO论坛的第三年度（2018年）报告提出进行有效整合的步骤和方法如下：

（1）确定教育目标，并将数字化内容与该目标联系起来。

（2）确定课程整合应当达到的、可以被测量与评价的结果和标准。

（3）依据上面第二条所确定的标准进行测量与评价。

根据以上步骤，按照评价结果对整合的方式做出相应的调整，以便有效地实现教学目标。但是应该指出，这样的步骤和方法既不涉及"整合"的指导思想，又不涉及"整合"的教学设计、教学资源与教学模式，对教师而言在实际的操作中会有困难。

从事信息技术教育的学者普遍认为，信息技术应用于教学主要是在课前与课后，包括资料查找以及在学生与学生之间、学生与教师之间进行交流与合作，而课堂教学过程的几十分钟里一般难以发挥信息技术的作用，还是要靠教师去言传身教。信息技术应用于课前，是指教师利用这种方式在课前将讲授内容、相关资料、重点难点以及预习要求，事先通过网络发布，使学生在上课前能做好充分准备，若有疑问还可随时和教师进行沟通与交流。基于问题的学习、基于项目的学习、基于资源的学习则属于基于网络的专题"研究性学习"模式。由于这类模式是围绕自然界或社会生活中的真实问题而展开的,往往是多个学科的交叉、多种知识的综合运用,要进行大量的实际调查、访谈或测量,需要花费较多时间,只能利用课外时间来完成,所以不适合作为课堂上的常规教学模式。

我国对整合内涵与本质的认识源于西方的观点,即从创造新型教学环境的角度来理解整合。在各门学科的信息技术与课程整合过程中,坚持新时代中国特色社会主义思想和基本方略,努力找到实现信息技术与课程深层次整合的基本途径与方法。

(一)以先进的教育理念为指导

为了实现上述目标,必须运用先进的教育理论,特别是以建构主义理论为指导。信息技术与课程整合的过程绝不仅是现代信息技术手段的运用过程,还是教育深化改革的过程。没有理论指导的实践是盲目的实践,改革必将失去正确的方向。建构主义理论并非能解决教学中的任何疑难问题,但建构主义所强调的"以学为主",学生主要通过自主建构获取知识意义的教育思想和教学观念,对于传统教学结构是极大的冲击。除此以外,建构主义的学习理论与教学理论以及建构主义学习环境下的教学设计方法,可以为信息技术环境下的教学,也就是信息技术与各学科课程的整合提供强有力的理论支撑。

(二)以建立新型的教学模式为中心

在分析信息技术与课程整合定义与内涵的过程中曾经指出,"整合"的实质与基础是变革传统的教学模式,即改变以教师为中心的教学结构,创建新型的既能发挥教师主导作用又能充分体现学生主体地位的"主导—主体相结合"的教学模式。这就要求教师在进行课程整合的过程中,密切关注教学系统四个要素(教师、学生、教学内容、教学媒体)的地位与作用,通过课程整合,使这四个要素的地位与作用发生相应的改变,并深入思考以下问题:改变的程度有多大,哪些要素改变了,哪些要素没有改变,没有改变的原因在哪里?这些问题,正是衡量整合效果与整合层次深浅的主要依据。

(三)坚持"学教并重"的教学设计理论

目前流行的教学设计理论主要有"以教为主"的教学设计和"以学为主"的教学设计两大类,后者也称为建构主义学习环境下的教学设计。由于这两种教学设计理论均有其各自的优势与不足,所以最好是将二者结合起来,形成优势互补的"学教并重"

的教学设计理论。这种理论既重视发挥教师的主导作用,又充分体现学生的主体地位。在运用这种理论进行教学设计时,以计算机为核心的信息技术,包括多媒体和计算机网络技术在内,不单单是辅助教师教课的形象化教学工具,更是作为促进学生自主学习的认知工具与协作交流工具。建构主义学习环境下的教学设计理论,能在这方面发挥重要的指导作用。

(四)重视教学资源的建设

丰富而高质量的教学资源,是实现课程整合的必要前提,是学生自主学习、自主发现和自主探索的必不可少的条件,也是改变教师主宰课堂、学生被动接受知识这种状态的要求。缺少了这个前提,新型教学模式的创建便无从说起,创新人才的培养也无法实现。教学资源的建设,要求广大教师努力搜集、整理和充分利用互联网上的已有资源(如免费教学软件等),在确实找不到理想的与学习主题相关的资源的情况下,教师才有必要自己去进行开发。

(五)注意结合学科的特点

新型教学模式的创建要通过全新的教学结构来实现。教学结构属于教学方法、教学策略的范畴,但又不完全等同于教学方法或教学策略。教学方法或教学策略一般是指教学上采用的单一的方法或策略,而教学结构则是指两种或两种以上教学方法或教学策略的稳定组合。在教学过程中,为了实现某种预期的效果或目标,创建新型的教学模式,往往要综合运用多种不同的方法与策略。当这些教学方法与策略的联合运用总能达到预期的效果或目标时,就成为一种有效的教学结构。能实现新型教学模式的教学结构很多,且因学科和教学单元的内容不同而各异。在实际教学中,教师应结合各自学科的特点,通过信息技术与课程的深层次整合去创建新型的、既能发挥教师主导作用又能充分体现学生主体地位的"主导—主体相结合"的教学模式。这种新型的教学模式的类型是多种多样的,是分层次的。常见的实现信息技术与课程深层次整合的教学模式包括探究性教学模式、专题研究式教学模式、仿真实验教学模式等。探究式教学模式适用于各个学科每一个知识点的常规教学,这种模式可以深入地达到各学科认知目标与情感目标的要求。专题研究性教学模式适用于培养学生解决实际问题的能力,包括发现问题、提出问题、分析问题、解决问题的能力。仿真实验教学模式则适用于物理、化学、生物等课程的实验教学。这几种教学模式均有各自不同的实施步骤与方法，如果能将这几种教学模式灵活运用，将有力地促进信息技术与课程设计的深层次整合。

三、信息技术与课程整合在大学英语教学改革中的实践意义

传统的大学英语教学模式，实质上就是以教师为中心的教学模式。在这种模式下，教学系统中四个要素的关系是：教师是主动的施教者，是教学过程的权威，教师通过口授、板书等方式把语言知识传递给学生；作为学习过程主体的学生，在整个教学过程中主要是听讲、记笔记，处于被动接受状态；媒体在教学过程中主要是辅助教师教课，即用于突破教学中重点、难点的演示教具、直观教具；教材是学生获取知识的主要来源，教师讲这本教材，复习和考试都是依据这本教材。这种教学模式的优点是有利于教师主导作用的发挥，有利于教师对课堂教学的组织、管理与掌控。但是，这一模式的不足就是影响了学生的主动性与积极性的发挥，不能把学生的主体地位很好地体现出来，难以达到理想的教学效果，这正是传统的以教师为中心教学结构的最大问题。

在教学实践中探索和实践将信息技术与大学英语课程整合的教学模式，将会有助于大学英语教学改革进程的推进，提高大学英语教学的成效。学科教学过程涉及三个教学阶段：一是与课堂教学环节直接相关的"课内阶段"，另外两个是课堂教学环节之外的"课前阶段"和"课后阶段"。因此，从最高层次考虑，信息技术与课程整合的教学模式只有两种，即按照所涉及的教学阶段来划分的"课内整合模式"和"课外整合模式"。

第二节 信息技术与英语课程整合的重点

现代信息技术与外语课程的整合是目前外语教育教学改革的制高点、突破口。首先，学与教的活动要在以多媒体和网络为基础的信息化环境中进行，包括多媒体计算机、多媒体课堂网络、校园网络和互联网络等。学与教的活动包括在网上实施讲授、演示、自主学习、讨论学习、协商学习、虚拟实验、创作实践等环节。其次，要对课程教学内容进行信息化处理，使之成为学习者的学习资源，可以通过教师开发和学生创作，把课程学习内容转化为信息化的学习资源，提供给学习者共享，而不仅仅是教师用来演示；还可以把课程内容编制成电子文稿、多媒体课件、网络课程等，教师用

来进行讲授或作为学生学习的资源。充分利用全球性的、可共享的信息化资源，如数字化处理的视频资料、图像资料、文本资料等，作为教师开发或学习创作的素材，整合到课程内容相关的电子文稿、课件之中，整合到学习者的课程学习中；还可将共享的信息化资源与课程内容融合在一起，直接作为学习对象，供学生进行评议、分析、讨论。最后，利用信息加工工具让学生进行知识重构，利用文字处理、图像处理、信息集成的数字化工具，对课程知识内容进行重组、创作，使信息技术与课程整合不仅只是向学生传授知识，让学生获得知识，而且能够使学生进行知识重构和创造。

一、信息技术与外语教学整合的目标

信息技术与课程整合的宏观目标可概括为"建设数字化教育环境，推进教育的信息化进程，促进学校教学方式和学生学习方式的根本性变革，培养学生的创新精神和实践能力，实现信息技术环境下的素质教育与创新教育，培养有21世纪能力素养的人才"。

（一）在学科教学中渗透信息技术教育，提高师生信息素养

面向素质教育、基于信息技术的课程与教学改革，其根本要点是将培养和发展人的信息素养作为渗透素质教育的核心要素。信息技术与课程的整合，是渗透信息技术教育的基本途径。今天，基于知识与信息的新经济形态已经崭露头角，以多媒体计算机和网络为代表的信息技术取得的飞速发展使"21世纪是知识信息的时代"成为共识。面对新世纪的挑战，为了实现教育的跨越式发展，我们必须将迅速提高青少年的信息素养作为渗透整个素质教育的核心要素，将信息素养的培养融入教材、认知工具、网络以及各种学习与教学资源的开发之中，以形成人对信息的需求，培养人查找、评估、有效利用、传达和创造具有各种表征形式信息的能力，并为此拓展对信息本质的认识。

（二）完善拓展课程的学习内容，为多种专业人才的培养打下基础

通过信息技术与课程的整合，可以充实、完善、拓展、提高课程的学习内容，以实现从单一学科知识作为课程内容向逐步形成以高新技术为主体的综合知识型课程内容的转变，提高学生学习兴趣，同时培养学生终身学习的态度和毅力，使之具有主动吸取知识的愿望并能付诸日常生活实践，将学习视为享受，而不是负担；能够让学生独立自主地学习，能够自我组织、制订并执行学习计划，能控制整个学习过程，对学习进行自我评估，从而为社会发展所需要的各种人才的培养打下基础。

（三）培养学生的自我适应、自我生存能力

在信息时代，知识量剧增，知识成为社会生产力、经济竞争力的关键因素；知识的更新速度加快，有效期缩短。另外，知识的高度综合性和各学科间相互渗透，出现了更多的新兴学科、交叉学科，由此带给人们难以想象的社会生活、经济生活、政治生活和人类一切领域内深刻而广泛的冲击和影响。在这种科学技术、社会结构发生剧变的大背景下，自我适应能力、自我生存能力变得至关重要。学校教育中，这些能力可以通过综合学习、研究性学习予以培养。在综合学习、研究性学习中，信息技术的应用占有十分重要的位置，而信息技术与课程的整合是当前综合学习的主要形式。

综上所述，整合的目标是促进外语学科的教学质量，促进外语学科教学目标的实现。也就是说，整合追求的是促进外语学科的教学质量，提高学生学习外语的效果和效率，而不是技术方面的目标。外语课程的总体目标是培养学生的综合语言运用能力。而综合语言运用能力的形成建立在学生语言技能、语言知识、情感态度、学习策略和文化意识等素养整体发展的基础上。整合目标对学生的基本要求为：有较明确的外语学习动机和积极主动的学习态度；能听懂教师有关熟悉话题的陈述并参与讨论；能就日常生活的各种话题与他人交换信息，并陈述自己的意见；能读懂相当水平的读物和报纸、杂志，克服生词障碍，理解大意；能根据阅读目的运用恰当的阅读策略；能根据提示起草和修改小作文；能与他人合作，解决问题并报告结果，共同完成学习任务；能对自己的学习进行评价，总结学习方法；能利用多种教育资源进行学习，进一步增强对文化差异的理解和认识。整合就是要将信息技术的应用"毫无痕迹"地融合在课堂教学中，促进更好更快更多更省地完成上述任务和要求。只有在此基础上，才能追求发展性的培养目标（培养和提高学生的信息素养，不仅限于技术操作），将发展性目标统一在基础性目标的实现过程中，并与之协调发展，而不能本末倒置。

二、信息技术与外语教学整合的前提

整合要结合外语学科特点和学生心理特点。在整合的过程中，要依据外语学科特点和学生生理、心理特点剪裁和组合信息技术，安排课堂内容结构，运用教学策略和设计活动等。首先，外语课程的学习是学生通过外语学习和实践活动，逐步掌握外语知识和技能，提高语言实际运用能力的过程，其中，听、说、读、写是一个有机整体。因此，在课堂中，我们应该改变传统的过多重视语法和词汇知识讲解的做法，采用任务驱动的途径，把听、说、读、写和译的各种技能结合起来，并把它们统一在具体的问题和任务中，让学生在做中学、在做中用。其次，根据对外语学习认知过程的分析来设计课堂教学的各个环节、步骤和活动。利用信息技术激发学生的兴趣，用任务调

动学生的探究热情，用个性化的学习让学生独立思考，用协作学习让学生进行交流、运用和建构。当然，我们还要尝试着根据学生爱说爱动、善于模仿、记忆力强，有强烈的竞争意识和表现欲，喜欢将学到的语言材料随时运用到对话、叙述和表演中的特点，来设计开展丰富多彩的课堂交际活动，以便于学生边学边练，学用结合，使所学语言材料能够在运用中获得巩固和提高。

三、信息技术与外语教学整合的条件

整合是需要条件的，要在以多媒体和网络为基础的信息化环境中实施。它不同于过去研究的视听技术支持下的多种媒体在教学过程中优化组合应用的整合，而是指学与教的活动要在信息化环境中进行，包括多媒体计算机、多媒体课堂网络、校园网络和互联网络等。当然，不应是为了用技术而用技术，而应在现有的条件下，充分发挥信息技术的优势为学生创造出理想的学习环境，促进教学方式、学习方式和教学结构等的一系列转变。实践证明，信息技术在外语教学中有以下优势。

（一）语言学习环境自然、真实

信息技术能够创设自然而真实的语言学习环境。集成性是多媒体技术的关键特性之一，它可以将文字、声音、图形、动态图像有机地集成在一起，并把结果综合地表现出来。与课本、录音带等教学媒体相比，多媒体计算机能提供更为真实、更接近自然的语言输入，提供情景性更强、更生动活泼的语言教学，从而激发学生的兴趣和学习动机。再加上多媒体技术与网络的结合不仅可以提供来源和表现形式多样化的外语输入量，而且还可以为学习者创造丰富、自然的目标语环境，让他们在真实的环境中学习和接受挑战性的学习任务，促进学习形态由低投入（被动型）转向高投入（主动型）。这对于学习者发现语言规律、建构自己的语言系统是非常重要的。

（二）丰富的资源有利于自主学习

多媒体与网络能够提供丰富的教学资源，引导学生自主学习。借助多媒体计算机和网络的海量存储，每个学生都能很容易得到比以前任何时候都多的信息。各种新型教学资源补充、扩展了传统的教学资源，使学生获得了更多的学习机会。不仅如此，很多计算机软件还能够提供友好的交互界面，针对语音、听力、词汇、阅读、写作等语言技能提供练习任务，并给予相应的反馈和指导。通过人机对话的方式，学生可以自主地探究学习。这样，一方面可以扩大课堂的信息容量，从而增大训练的广度、密度和深度；另一方面也有利于因材施教和个别化的教学，更有利于培养学生的学习兴趣，使其找到获取知识的最佳途径，获得最佳的学习效果，这是传统的课堂教学所不能比拟的。另外，超文本技术实现了信息的非线性组织，各种信息之间有丰富的链接，构成了立体的信息空间。因此，学生可以按照自己的思路来学习，以更好地适应每个学生的学习风格和学习进度。借助这一潜在优势，教师和学生可以进行教学演示，让学生通过多种感官获得丰富的体验，而且可以对演示过程进行自主控制；促进知识的直观化和可视化，促进学生对知识的深入加工；获取丰富的、不同类型的信息，丰富、扩展对学习主题的理解；表现自己的感受、知识、见解等。

（三）更好地体现了素质教育

计算机和网络使素质教育在外语教学中得到了更好的贯彻和体现。一方面，在计算机和网络所创设的真实、自然的语言学习环境中，学生不仅满足了个人兴趣，在生动活泼的氛围中感受和体验到了特定的语境和标准的语音、语调，从而更好地把握所学内容，还陶冶了情操，开阔了视野，了解了外国的风土人情和文化，进而提高了跨文化交际能力。另外，在和同伴的直接交流中，还可以发挥创造思维能力和合作能力，让他们充分地学以致用，解决实际问题。另一方面，外语学习是多种感官的协同学习，掌握一门语言必然是听、说、读、写、译诸方面能力的综合运用，计算机和网络不仅可以兼顾这些方面，而且可以达到比传统教学手段更好的效果，从而全面提高学生的素质。

四、信息技术与外语教学整合过程中的误区

（一）缺乏正确的整合观念

有的教师认为信息技术与课程整合就是将信息技术简单地纳入课程中，只要在课程教学中使用了计算机就是整合；有的教师把信息技术与课程整合看作是一种时尚，并不清楚实施信息技术与课程整合是为了什么，只是因为大家都在应用信息技术，或者上级号召应用信息技术而不得不应用；还有的教师只把信息技术与课程整合仅仅看作是现代化教学的一种工具、手段或更有效地学习信息技术的一种方式，认为信息技术与课程整合就是要把信息技术课程与其他学科课程融合在一起，以便学生在学习其他课程时能更有效地学习信息技术，把信息技术与课程整合看作是有效学习信息技术方式的一个典型例子。这些观点显然是不了解信息技术与课程整合的内涵和实质导致的。

（二）直观形象教学与语言教学脱节

信息技术能提供真实的直观形象材料，使学生获得全新充分的感知，但是教师还必须适时加以适当的提示、强调、总结和引导，不能只关注直观材料本身而忽略对学生讲解所展示的视觉材料与教材之间的内在联系，忽略形象材料的辅助性和课文材料文字信息的重要性，造成直观形象教学与课堂语言教学脱节的现象。教师应针对语言教学重点和难点进行教学设计，只有把握好教学内容的深度，合理使用信息技术，才能取得良好的教学效果。

（三）没有把握"适时、适度、适当"原则

"适时"就是运用多媒体时要选择有利于学生掌握重点并使教学达到最佳效果的时机。"适度"就是多媒体的运用要做到既不喧宾夺主地滥用，也不因噎废食而全然不用。"适当"就是多媒体要用在"精彩"之处，用在激发学生学习之处，用在突出重点、突破难点之处，用在利于学生内化教学内容之处。教师要注重发挥多媒体的特点与功能，找准计算机多媒体与教学内容的切入点，合理使用信息技术，以取得良好的教学效果。要确保发挥信息技术的优势和实效，必须依次考虑以下问题：信息技术是否适用于当前教学内容、学习者和教学目标的需要？信息技术在实现当前教学目标方面是否有不可替代的优势，具体体现在哪些方面？如何通过有效的教学策略使潜在优势转变为教学实效？如何消除当前教学中应用信息技术的不利影响？

（四）缺乏科学性地掌握信息技术与课程整合的方法

在整合过程中，个别教师在教学实践中把热情过多地落在具体技术手段上，好像用得少了就不是整合，用不出新招数就不够新颖。这样就使课程教学成了教师不断追求技术创新的表演课，整合的效果是大屏幕代替粉笔加黑板，机器代替人授课，电子教材代替书本，本质上并没有改变传统教学结构，只是减轻了教师课堂工作量，加大了课堂信息量，实质是穿"新鞋"走老路。实际上，整合的立足点应当是课程，而不是信息技术，当学生能够选择信息技术工具来帮助自己及时地获取信息、分析综合信息并熟练地表达时，信息技术与课程整合才有意义、有效果。

（五）没有把握好整体性原则

在整合课堂教学中，教师应以"以人为本"的课程理念和教学思想为导向，通过教学设计，以符合学科特点和学生学习需求的方式，高效应用信息技术，追求信息技术在促进教学、学习和学生全面发展方面的实效性。信息技术整合的教学设计是一

个结构性的系统。因此，教师应把握整体性原则，综合考虑该系统包括的各个要素和环节，包括教师、学生、教学内容、教学目标、教学媒体和方法等，追求信息技术应用与教学方式变革的相互促进。教师必须明确，在整合的课堂教学中，教学策略起着核心作用，教师应追求的是每节课或一系列教学活动在教学、学习和学生发展等方面的实效，而不能过多考虑教学中采用的信息技术的多与少，或者所用信息技术先进与否。

（六）没有掌握信息技术与多种活动方式的综合运用

多媒体与网络技术给教育教学带来了一次深刻的革命，但它并不是万能的，不能代替学生的操作实践等活动，也不能完全取代教师的地位，它只是一个帮助我们认识世界的好工具。我们要避免信息技术应用与其他活动方式的对立，杜绝切断学生与社会、生活实践联系的"全盘信息化"，不能为用信息技术而剥夺学生的动手实践机会。课堂活动的主要形式不是人机互动而是师生之间、学生之间的互动，因此，要充分发挥教师的主导作用和学生的主体作用，让学生自己去加工、整理、呈现信息，以提高他们的主观能动性，创造良好的教学关系。此外，在充分利用现代信息技术的同时，要注重常规媒体与教学手段的有机结合与渗透，以达到事半功倍的效果。

信息技术与课程整合的过程绝不仅仅是现代信息技术手段的运用过程，它必将是伴随教育教学领域的一场深刻变革。既然是场革命，那么摆在课程改革面前的重要任务，就是要努力推进信息技术与学科之间的"整合"，在新的形势下，以新的条件、新的手段、新的教育教学观念、新的视角对学科进行改革。这种改革将在不同层次逐步推进，上至大纲教材，下至课堂、课外。这种改革带有信息时代的特色，步入一个崭新的阶段，对于每一所学校、每一位教师都是一个机遇、一次挑战。

五、信息技术与外语教学整合的关键

整合就是要建立一种新型的教学结构。在整合中，不是仅仅把信息技术作为辅助教或辅助学的工具，而是强调利用信息技术营造一种理想教学环境，通过教师—学生—信息技术—教学资源有机融合和持续互动，建立起教师主导、学生主体的新型教学结构，以实现一种能充分体现学生主体地位的以"自主、探究、合作"为特征的新型学习方式，切实促进外语教学的改革。这是我们整合的关键。要通过新的师生关系、新的学生关系和新的学习工具，为学生创造大量学习、实践、思考的机会，让学生去发现和利用当前的信息和资源（包括师生、生生、生机之间的互动交流所获得的），并用所学知识和技能解决较为复杂和真实情景中的"开口"和"对话"，让学生实质性地参与教学过程，真正地做到"为用而学，在用中学，学了就用"。

第三节　信息技术与大学英语课程的课内整合

　　信息技术与课程整合的教学模式是"课内整合教学模式"和"课外整合教学模式"。"课内整合教学模式"分类比较复杂，根据选用教学策略的不同，"课内整合教学模式"原则上可以分为自主探究、协作学习、演示、讲授、讨论、辩论、角色扮演等多种类型。其中，探究式教学模式是指在教学过程中要求学生在教师指导下，通过以"自主、探究、合作"为特征的学习方式对当前教学内容中的主要知识点进行自主学习、深入探究，并进行小组合作交流，从而较好地达到课程标准中关于认知目标与情感目标要求的一种教学模式。探究式教学模式的基本特征用一句话概括为：既重视发挥教师在教学过程中的主导作用，又充分体现学生在学习过程中的主体地位。

　　本节笔者将对目前影响较大的信息技术的"课内整合教学模式"——探究式教学模式进行介绍和分析，讲述其产生的背景、内涵与特征、实施步骤等，并结合这种整合模式在大学英语教学中的实施案例，探讨信息技术在大学英语教学中的"课内课外"整合模式的目标、内涵和实现的途径。本节的主要目的是帮助广大大学英语教师更深入地理解，如何在建构主义理念下将探究式教学模式运用在大学本科高年级阶段双语课程的教学实践中。

一、建构主义理念下的探究式教学模式

　　建构主义教学观有别于传统的教学观。传统教学观认为，教育的目的是把前人所获得的知识传授给学生，师者只要传道授业便完成了使命，学生只是知识的被动接受者。建构主义教学观认为，学习过程是以自身已有的知识和经验为基础的建构活动，教师应该以此为终极教学目的，辅助学生完成知识建构。因此，基于建构主义教学观所设计的主体学习活动是动态的，设计中应充分考虑主体已有的知识积累和学习经历与经验。主体已经形成的人生观和世界观也会对知识建构产生影响，在教学活动设计的过程中也应该最大限度地考虑到学生在这方面所呈现的个体差异，在探究知识的过

程中培养学生的批判性思维。对学生知识的评价体系应该建立在问题解决过程中，以学生对事物的理解和解决问题的能力作为衡量的标准。将传统的"教师决定式"或灌输式教学模式转化为开放式，使教学活动的每个环节都有学生主体的参与，学习质量好坏不仅是学生知识积累的多寡，更多的是学生外化知识能力的提升。换言之，学生获得知识的多少不再取决于学生死记硬背教师讲授内容的能力。在教学过程中，教与学不再只是简单的知识的传输和接收过程，而是包含了教师与学生之间的互动、学生与学生之间的互动，以及学生主动探索、不断构建新知识体系的过程。

建构主义学习观认为，学习不是信息简单地从外到内的单向输入，而是通过新信息与学习者原有的知识经验双向的相互作用实现的。因此，基于建构主义学习观的教学活动设计还应包括学习者与学习环境之间的互动。学习应该通过学习者的高水平的思维活动来实现，而不是简单沿着记忆的流程进行。学习者需要建构关于事物及其过程的表征，但这种知识建构不是原封不动地搬运知识，而是应用已有的认知结构对新信息进行加工而完成的。在这个知识学习、整合、内化过程中，每个学习者都以自己原有的经验系统为基础，对新的信息进行认识和编码，建构新的认知体系。在这一过程中，原有知识由于新经验的介入而发生调整和改变。因此，建构主义所倡导的学习，不再是教师向学生简单传递知识，而是学生主体建构自己知识的过程。学生不再是被动的信息接收者，相反，学生要在主动改造和重组原有经验的基础上建构新信息的意义，这种建构不可能由他人代替。学生学习的主要任务不再是对各种事实性信息的记忆、复述和简单应用，而是在教师指导下主动地、有意义地对外部信息进行选择和加工，搜集并分析有关的信息和资料，进而对所学习的问题提出各种假设进行验证、评价甚至批判。

基于建构主义理论的探究式教学过程以学生为主体、以学生发展为本、以教师为主导，无论是对教师，还是对学生，都提出了更高的要求。这就要求学生必须保证课后的时间及精力投入。建构主义教学理念强调情景学习，目的之一就是让学生融入学习的情景中，主动观察、模仿情景中所隐含的知识与技能，进而培养独立思考的能力，以解决实际面临的各项问题。在建构主义理念下，作为探究问题的学习者要有一个由"边缘"到"核心"的转变，这个过程就是学生自主能力提升的过程，符合情景学习理论的边缘参与规则。探究式教学要求学生勤于思考、发表独创见解、有创新精神，要求学生课后不断反思，迫使学生形成反思能力，形成科学的学习方法。

多数学者认为，学习方式是指学生在完成学习任务过程中的基本行为和认知取向。可以说，学习方式是当代学习理论中的一个重要概念，它不是指具体的学习方法和学习策略，而是指学习者在学习过程中发挥自主性、探究性与合作性方面的基本特征。传统的学习方式把学习建立在人的客体性、受动性和依赖性的基础之上，而忽视了学习者的主动性、能动性和独立性。转变学生的学习方式就是要转变这种他主的、被动的和依赖的学习方式，倡导自主的、探究的与合作的学习方式，使学生的主体意识、能动性和创造性不断得到发展，并真正成为学习的主人。

　　2007年，教育部高教司发布的《大学英语课程教学要求》指出，各高校应充分利用现代信息技术，改进以教师讲授为主的单一教学模式，使英语的教与学可以在一定程度上不受时间和地点的限制，朝着个性化和自主学习的方向发展。新的教学模式应体现英语教学实用性、知识性和趣味性相结合的原则，有利于调动教师和学生两方面的积极性，尤其要体现学生在教学过程中的主体地位和教师在教学过程中的主导作用。教学模式改革的目的之一是促进学生个性化学习方法的形成和学生自主学习能力的发展。新教学模式应能使学生选择适合自己需要的材料和方法进行学习，获得学习策略的指导，逐步提高自主学习的能力。为此，明确倡导要在大学英语教学中推进以"自主、探究、合作"为特征的学习方式，从而改变传统的以教师为中心的教学模式。2010年，《国家中长期教育改革和发展规划纲要（2010—2020年）》（以下简称《纲要》）明确指出，要深化教育体制改革，改革人才培养体制，提高人才培养水平，创新人才培养模式。在此基础上，《纲要》进一步明确创新人才培养模式，即在遵循教育规律和人才成长规律的前提下，深化教育教学改革，创新教育教学方法，探索多种培养方式，形成各类人才辈出、拔尖创新人才不断涌现的局面，为此要倡导启发式、探究式、讨论式、参与式教学，帮助学生学会学习，注重学思结合。在教学过程中，教师要激发学生的好奇心，培养学生的兴趣爱好，为学生营造独立思考、自由探索的良好环境；同时，要充分发挥现代信息技术作用，促进优质教学资源共享，引导学生深入研究，确定不同教育阶段学生必须掌握的核心内容，形成更新教学内容的机制。在上述背景下，探究式教学模式为我国教育界日益熟悉和接受，越来越多的高校教师开始将这一教学模式运用到不同学科专业课程教学的教学实践中。

　　探究式教学模式对传统的以教师为中心的单纯以讲授为主、学生被动接受的教学模式提出了挑战。教学模式的改变不仅是教学方法和教学手段的变化，而且是教学理念的转变,是实现从以教师为中心、单纯传授语言知识和技能的教学思想和实践,向以学生为中心,既传授语言知识与技能,更注重培养语言实际应用能力和自主学习能力的教学思想和实践的转变,也是向以培养学生终身学习能力为导向的终身教育的转变。探究式教学模式的学习对象(学习主题)是课文中的某一个或几个知识点,这与课外整合模式中的研究性学习教学模式有着本质上的不同,因为研究性学习教学模式的学习主题总是围绕自然界或社会生活中的某个真实问题而进行。由于任何课程的教材都是由一篇篇的课文组成,而每篇课文又总是包含一个或几个知识点,这就表明信息技术与课程整合的几乎所有日常教学活动(包括各种不同学科的常规课堂教学活动)都可以采用这种模式。事实上,探究式教学模式目前已经成为能满足各学科常规课堂教学需要的、最有效也是最常用的课内整合模式之一。

二、探究式教学模式的内涵与特征

认知目标涉及与学科相关的知识、概念、原理与能力的理解和掌握;情感目标则涉及感情、态度、价值观与思想品德的培养。在实施信息技术与课程深层次整合的过程中,各学科知识与能力(如阅读、写作、计算、看图、识图、实验以及上机操作等能力)的培养,以及健康情感、正确价值观与优秀思想品德的形成,都可通过探究式教学模式逐步落实。探究式教学模式的特点和优势具体表现在以下两方面:

1. 教师的主导作用

尽管探究式教学模式主要采用"自主、探究、合作"的学习方式,在教学过程中强调学生的自主学习和自主探究,但是它并不忽视教师在教学过程中的主导作用。相反,它通过下面四个角色使教师的主导作用在整个教学过程中得到全面发挥。

(1)学习动机的激发者。探究式学习的对象要由教师确定。探究式模式的教学总是围绕课程中的某个知识点(探究式学习的对象)而展开,到底是哪个知识点,不是随意确定的,更不能由学生自由选择,而要由教师根据教学目标的要求和教学的进度来确定。同时,教师应适度激励学生以极高的热情和主动性参与活动,如考虑学生学业素质、兴趣、需要,适时适度给予学生必要的个性化指导,营造相互信任支持和帮助的学习气氛,并鼓励学生全身心投入探究学习活动中。

(2)学生自主学习和协作学习的组织者。即教师要给学生提出若干富有启发性、能引起学生深入思考并与当前学习对象密切相关的问题。在学习的对象确定之后,为了使探究性学习切实取得成效,还需在探究之前选择或设计教学的探究策略,如根据具体情况采用"支架式"策略、"抛锚式"策略、"随机进入式"策略等,启发和引导学生进行探索、发现规律,帮助学生在自主学习中完成知识建构。同时,教师要设计多种交互形式,如竞争、辩论、伙伴合作、问题解决、角色扮演等方式,组织学生开展协作学习。

(3)学习环境和资源的设计者。在探究过程中教师要为学生提供多方面的帮助与指导,以便学生可以带着问题进行探究。这一过程固然是由学生个人或学习小组去实施完成,但教师的作用也是必不可少的:教师应该为学生的探究活动设立积极的学习情景(如吸引、情景、学业三种内容的设计)、新旧知识的联系线索、帮助构建新知识、精选设计组织和传递学习资源,甚至需要提供有关的探究工具,指导和引领学生正确高效地使用相关的教学资源(如图书馆中的专业数据库),以及对探究式学习中的方法、策略做必要的指导。如果这方面的学习支持与指导不落实、不到位,将会挫伤学生的学习信心与学习积极性,使探究性学习的效果大打折扣,甚至完全落空。

(4)探究过程的评价者。探究过程完成后教师要对学生的探究过程进行评价和反馈,帮助学生进一步总结与提高。按照探究性学习的流程,探究过程结束后一般要先由学生个人或学习小组做总结,教师一般不会直接给出总结。学生通过一次探究性学习虽然能取得不小的收获,但他们毕竟是初学者,总结起来难免有片面甚至错误之处。通过全班的讨论交流,集思广益,取长补短,在一定程度上可以克服这些片面甚至错误之处。但是如果希望全班学生都能对当前的学习对象由此达到比较深入的理解与掌握,即对所学的知识点都能从感性认识上升至理性认识,做到不仅知其然,而且知其所以然,还需要教师的帮助。教师毕竟对整门课程的内容和知识有比较全面透彻、深入细致的把握。

2.学生的主体地位

根据建构主义理论,在探究式教学活动中必须确保学生的主体地位。换言之,学习是否有成效取决于学生在学习过程中的主体地位是否获得了保障。探究式教学模式因为采用"自主、探究、合作"的学习方式,所以在教学过程中特别强调学生的自主学习和自主探究,以及在此基础上实施的小组合作学习活动。一节课的教学目标主要靠学生个人的自主探究,加上学习小组的合作学习活动来完成。由于在此过程中学生的主动性、积极性、创造性都能普遍地得到比较充分的发挥,因而这种教学模式不仅可以较深入地达到对知识技能的理解与掌握，更有利于创新思维与创新能力的形成与发展，即有利于创新人才的培养。一般来说，学生的主体地位是通过这些角色得到体现的：第一，自主学习者；第二，探究发现者；第三，团体合作者；第四，积极参与者；第五，自我评价者；第六，观点分享者；第七，知识的生产者和思想的贡献者。以教师为主导、学生为主体的课堂是能够焕发生命活力的课堂，学生在这样的课堂中积极参与，表现主动专注，学习的目标性强。综上所述，"主导—主体相结合"的教学关系，是探究式教学模式最本质的特征。这种教学模式的成功实施涉及两方面，既要充分体现学生在学习过程中的主体地位，又要重视发挥教师在教学过程中的主导作用。离开其中的任何一方，探究性学习都只能是虎头蛇尾、无功而返、无果而终。

三、探究式教学模式的实施步骤

探究式教学模式通常包含下面五个实施步骤：

第一步，创设情景。创设情景不仅是教师教学主题的需要，也是激发学生的学习动机和自主探究动机的需要。教师创设情景的方法多种多样，可以设置一个待探究的问题，而此问题的解决需运用当前所学的知识；也可以播放一段与当前学习主题密切相关的视频录像、举一个典型的案例、演示专门制作的课件、设计一场活泼有趣的角色扮演。当然，所有这些活动都应有一个先决条件，即必须与当前的学习主题密切相关，否则达不到创设情景的目的。教师通过上述各种方法创设能激发学生学习动机和探究动机的情景，学生一旦进入教师创设的情景，就可在情景的感染与作用下形成学习的心理准备，并产生探究的兴趣。

第二步，启发思考。在学生被创设的情景激发起学习兴趣并形成学习的心理准备之后，教师应及时提出富有启发性而且能涵盖当前教学知识点的若干问题，切忌提出一些有明显答案或明知故问的问题。让学生带着问题去学习和掌握有关的知识和技能时，这一过程也就是学生主动高效地完成当前学习任务的过程。在问题思考阶段，教师对于学生应当如何解决问题、利用何种认知工具或学习资源来解决问题，以及如何处理在探究过程中遇到的新问题等，都应给出具体的建议和指导；学生则要认真分析教师所提出的问题，明确自己所需完成的学习任务，并通过全面思考形成初步的探究方案。

第三步，自主学习与自主探究。在实施这一步骤的过程中，学生要利用教师提供的认知工具和学习资源,或者利用在教师指导下从网上或其他途径获取的工具和资源,围绕教师提出的与某个知识点有关的问题进行自主探究。这类自主学习与自主探究活动包括:学生利用相关的认知工具去收集与当前所学知识点有关的各种信息;学生主动对所获得的信息进行分析、加工与评价;学生在分析、加工与评价的基础上形成对之前所学知识的认识与理解,即由学生完成对当前所学知识意义的自主建构。在学生进行自主学习与自主探究的过程中,教师应密切关注学生的学习与探究过程,并适时地为学生提供如何有效地获取和利用认知工具、学习资源及有关学习方法策略等方面的指导。

第四步,协作交流。为了进一步深化学生对当前所学知识意义的建构,教师应在学生自主探究的基础上,组织学生以讨论的形式开展小组或班级内的协作与交流。通过共享学习资源与学习成果,在协作与交流过程中进一步深化学生对当前所学知识的认识与理解。教师在此过程中应为学生提供协作交流的工具,同时要对如何开展集体讨论、如何面对小组成员的分歧等协作学习策略做适时的指导,而且在必要时也应参与学生的讨论和交流,不能只做场外指导。协作交流的过程不仅是学生深入完成知识与情感内化的过程,也是学生了解和掌握多种学习方法的过程。

第五步,总结提高。总结提高是实施探究式教学模式的最后一个步骤,其目的是通过师生的共同总结,补充和完善全班学生经过自主探究和协作交流之后,对当前所学知识的认识与理解方面仍然存在的不足,以便更全面、更深刻地达到与当前所学知识点有关的教学目标的要求。在实施这一步骤的过程中,学生的活动包括讨论、反思、自我评价、相互评价;教师的活动包括点评学生的学习情况、提出与迁移拓展有关的问题并创设相关情景、对当前所学知识内容进行概括总结,以帮助学生了解当前所学知识点与其他相关知识点之间的内在联系。对于提出与迁移拓展有关的问题,可以要求学生应用所学知识去解决某个问题,也可以要求学生应用所学知识去完成某件作品。

第四节　信息技术与大学英语课程的课外整合

前面对课内整合教学模式进行了介绍，本节将对信息技术的课外整合教学模式——研究式教学模式做重点介绍。

信息技术的迅猛发展，直接冲击着传统的大学英语教学模式，也直接影响着信息技术与大学英语课程的课外整合教学模式。为此，进一步探讨信息技术与大学英语课程的课外整合模式，即研究性学习教学模式的意义重大。

一、建构主义理念下研究式学习教学模式的内涵与特征

建构主义提倡在教师指导下的、以学习者为中心的自主学习，此种学习既强调学习者的认知主体作用，又不忽视教师的指导作用。教师是意义建构的帮助者和促进者，而不是知识的传授者与灌输者；学生不再是外部刺激的被动接受者或被灌输的对象，而是对信息实施加工处理的主体，是意义建构者。建构主义提倡在教与学的过程中用系统分析、共时方法和深层阐释去分析和解决问题，旨在用"全新科学模式"取代传统的教与学的方法，注重用辩证的方法进行教与学。

（一）"研究式学习"的定义

研究式学习是学生在教师指导下，从自然、社会或生活中选择、确定专题进行研究。在研究过程中学生主动实施获取知识、应用知识、解决问题的学习活动。研究式学习是以问题为载体，以小组合作为形式，在活动过程中创设一种类似于科学研究的情景，让学生通过自己收集、分析和处理信息，感受和体验知识产生和形成的过程，培养学生发现问题、分析问题、解决问题的能力。作为一种学习模式，研究式学习不同于接受式学习，它具有自主性、交互性、实践性、开放性等特征。设置研究式学习的目的在于改变学生以单纯地接受教师传授知识为主的学习方式，为学生构建开放的学习环境，提供更多的获取知识的途径，鼓励学生将学到的知识进行整合、消化、吸收，最终应用于客观实践。在此过程中，教师还要注重培养学生的创新精神和实施能力。

（二）"研究式学习"的特征

研究式学习是20世纪80年代末在我国教育界广泛推崇和实施的一种学习策略和

学习模式。研究式教学指的是在建构主义教学思想指导下进行的一种教学和学习方法，要求在教学过程中，教师用科学的方法指导学生以研究的方法进行学习，并在教师指导下，学生充分发挥潜能去掌握知识，运用知识解决实际问题。同时，研究式教学模式要求教师具有创新思维和科学施教的本领，引导学生主动去发现问题、分析问题、解决问题，培养学生创造性学习的能力。目前，研究式学习以其实用性而广受关注，但是研究式学习作为一种学习理念仍处于探索和发展阶段，对其理论指导意义及实践性还有待做进一步的系统研究。归纳起来，研究式学习有以下特征：

1. 强调学习的自主性

研究式学习强调学生的自主学习，学生通过自主学习来激励自己。学生可以根据自己的兴趣、爱好、个性、特长自主选择研究课题，自主进行课题研究，自主完成研究成果，自主交流与分享。在整个学习过程中，学生始终享有高度的自主性，学生是课题的提出者、设计者和实施者，而教师仅作为合作者、参与者、指导者和促进者存在。

2. 强调学习的交互性

研究式学习具有互动性，这种互动性是由研究课题和研究方式交互作用生成的，不同的研究课题和研究方式会生成不同的研究内容。交互性体现为师生之间、学生之间的互动，教师和学生在互动中共同完成学习任务和学习内容的建构。

3. 强调学习的开放性

研究式学习把学生置于动态、开放、主动、多元的学习环境中，打破了封闭式的学习状态，鼓励学生走出课堂，步入社会。这种开放式的学习，体现为活动过程、目标内容、问题解决、学习环境的开放性、多元性和动态性，为学生提供了更多的获取知识的方式和渠道。

4. 注重学习的实践性

研究式学习以学生的直接经验为基础，以丰富学生的直接经验为归宿，让学生自己动手实践，在实践中学习，在学习中实践。在活动过程中，学生通过查阅资料、社会调查、亲手实验、走访、实地考察等多种途径，获得各种有价值的信息，收获直接经验和亲身体验。

5. 注重过程及学生的体验

研究式学习注重研究的过程，而不注重研究的结果；注重学生的意识、精神、创造性的培养，而不注重现成的结论。研究式学习以活动的过程作为个体存在与发展的基本形式,强调学习活动化、活动过程化、过程体验化。学生个体的发展不是被动接受,而是主动摄取,积极自主地完成建构过程。

6. 强调师生间的平等

研究式学习要求教师为学生创设轻松、融洽和愉悦的学习环境,使学生在学习过程中获得一个发现世界、探索世界的宽松环境,让他们主动思考,勇于问,敢于想,善于做。师生关系平等有助于双方感悟彼此的思维方式及看待问题的角度,增进了解,互相促进,共同提高,共同进步。

7. 促进创造性与潜在性的统一

研究式学习与传统学习的最大区别就是其可以培养学生的创造性和创新意识。研究式学习是一个能动的创造性的学习活动,能够极大地激发教师和学生的创造热情,调动他们的积极性和主动性。教师注重的不再是知识的简单复制、粘贴以及对学生机械的灌输。学生注重的也不再是死记硬背教师传授的"金科玉律"或是从书本中寻找现成的"标准答案",而是经过思考、探究、综合运用相关理论知识,将理论知识与实践有机结合,充分发挥自己的想象力、创造力,寻求带有"主观能动性"的解答。研究式学习是具有主观能动性和创造性的学习,它能够帮助学生形成发散性思维,激发教师和学生的创造热情及学习的积极性和主动性。

二、研究式学习教学模式的实施步骤

建构主义认为,学习是获取知识的过程,是学习者在一定的情景即社会文化背景下,借助他人(包括教师和学习伙伴)的帮助,利用必要的学习资料,通过意义建构的方式获得知识,而不是通过教师传授得到知识。建构主义教学实质上是一个研究和再发现的过程,通过不断研究和再发现达到学习的目的。要达到学习的目的,就要有科学的学习方法。

建构主义理论强调以学生为中心,要求学生身份由外部刺激的被动接受者和知识的灌输对象转变为信息加工的主体、知识意义的主动建构者,而且要求教师身份由知识的传授者和灌输者转变为学生主动建构意义的帮助者和促进者。这意味着教师应当在教学过程中采用全新的教学模式,摈弃传统的、以教师为中心的教学方法,采用全新的教学方法,运用全新的教学设计理念,创设适应建构主义理论需求的学习环境、教学模式、教学方法和教学设计。建构主义理念下的研究式学习教学模式通常包含以下五个实施步骤。

（一）提出问题

在此环节中，教师通过创设问题情景激发学生学习与研究的兴趣，并由此引出当前研究式学习的主题——自然界或社会生活中有待解决的某个真实问题。

（二）分析问题

在此环节中，教师应该首先向学生介绍分析问题的方法，如由表及里、由浅入深、由近及远、透过现象看本质、客观事例归纳、换位思考、用两点论而非一点论看问题等诸多方法；然后再根据问题的性质和研究的需要教给学生相关的研究方法，如问卷调查法、文献调研法、案例收集法等，并对研究式学习的策略给出具体建议与指导。由于研究式学习的对象是自然界或社会生活中的真实问题，一般都比较复杂，因此在此环节中，学生在"同化"与"顺应"过程中时，教师应随时给予学生引导和帮助。

（三）解决问题

这一步骤通常包括两个子环节：提出解决问题的初步方案和优化解决问题的方案。在这个环节中，研究式学习的研究主体，可以是学习者个人进行自由探索和自主学习，即"自我协商"；也可以是学习小组集体进行探索和研究，即"相互协商"。通常情况下，提出解决问题的初步方案这个子环节由学习者个人在深入分析问题的基础上自主完成，第二个环节——优化解决问题的方案通常是学习小组成员"会话"与"协作"的成果。

（四）实施解决问题方案

为了节约学习成本，避免不必要的浪费，在实施解决问题方案的过程中，一要注意做好形成性评价，及时收集反馈信息，经常进行反思；二要根据真实问题的实施情况，随时调整或修正解决问题的方案。

（五）总结提高

研究式学习的总结包括个人总结、小组总结和教师总结。小组总结应以个人总结为基础。教师总结应以个人和小组总结为基础，教师需要帮助学习者把对客观事物的认识由感性上升到理性，丰富与完善他们对科学概念与原理的认识，培养学习者全面、系统、完整地认识和理解问题的能力，使每位学习者都能做到知其然，更知其所以然。

研究式学习是对建构主义教学方法中抛锚式教学法的发展与完善，是建构主义理论广泛应用的产物。开展研究式学习，需要建构主义理论的指导，反之，研究式学习实践又会进一步完善建构主义理论体系，并为建构主义理论广泛应用提供实践经验。

三、对研究式学习教学模式下英语教学的反思

研究式学习的教学过程,使笔者和学生都获益匪浅。以内容为依托的研究式学习一改传统教学模式的教师主体地位,激发学生的主体意识,使学生从始至终积极参与学习。由于研究式学习注重学习过程,学习过程中学生持续进行"联系"与"思考"活动,把"新""旧"知识进行"同化"和"顺应",结果是学生的创新思想和思辨能力得到强化,形成多视角、多元化、自主性的思考习惯。开展研究式学习需要学生之间相互分工与协作,通过课内外的协作性学习,学生的团队合作意识得到加强,人际沟通能力得到提升。这些能力的养成对于学生毕业之后尽快融入社会环境、建立良好人际关系、顺利开展工作是十分有益的。以下是笔者针对研究式学习教学模式的实践所进行的反思,拟从几个不同的方面分析和探讨这一教学模式在实践过程中需要注意的问题和环节。

(一)教学观念的转变和教师角色的定位

研究式学习教学模式与传统的以教师为中心的教学模式有很大不同,其强调以学生为中心,提倡学生在教师指导下的自主学习。要改变学生的学习方式,就要求教师的教育观念和教学行为必须转变,这是开展研究式学习的前提。为此,教师需要重新调整自己的角色,与学生建立平等的关系,为学生创设宽松、自由、民主、协作的学习环境,这是取得良好学习效果的保证。教师要把学生置于学习的主体地位,树立服务于学生的意识,创设能够引导学生主动参与的学习环境,激发学生的学习积极性。教师在备课过程中也应该时时想着学生,从学生的水平、视角出发设计问题,引导学生开展学习研究。研究式学习对教师备课质量、内容要求更高,教师备课的重点是"备学生"而不是"备书本"。

(二)学生的中心地位和自主学习

为了确保研究式学习的顺利进行,教师在教学中要做到以学生为中心,不断提高学生自主学习的能力,对学生有全面细致的了解,这样才能在学习过程中从各个层面为学生提供细致入微的引导和帮助,对学生的研究式学习给予充分的支持。

以笔者研究的旅游英语课程为例。这门面向旅游英语专业三年级学生开设的专业英语课程采用全英语授课形式,以内容为依托,以英语为教学工具,以原版教材为核心教学内容。由于这门课程既要求学生掌握旅游专业知识,又要提升他们的英语水平,

因此，学生面临着专业内容学习和外语学习的双重困难。课程讲授的初始阶段，学生中存在的畏难情绪较为突出。为了帮助学生应对课程初始阶段的困难与压力，笔者根据每一个章节的内容特点，设计出导读内容，对于较为抽象、专业性强或容易产生歧义的概念先进行详细的介绍与分析，以帮助学生解决他们自己无法独立解决的学习困难，然后再布置需要研究的问题，开展小组学习，组织讨论。同时，笔者会向学生推荐与研究问题相关的经典著作和重要文献，供学生研究学习，对课堂专业内容进行巩固与延伸。

在学习的过程中，很多学生对自己的外语能力信心不足，害怕学习内容难度过大，担心在学习材料中遇到大量生词、句法结构复杂难懂等问题。了解到这一情况后，笔者利用两周的授课时间，首先对本门课程进行宏观介绍，对一些国际政治专业领域常用的、学生感到陌生的英语专业词汇、短语进行集中讲解，把国际政治理论中常见的概念用英文加以介绍和分析，厘清彼此之间的关系。之后，笔者又选择一两篇较有代表性的英文专业文章提前发给学生进行课下自主研读，留待下一次上课时围绕该文章的内容展开讨论，讨论的内容主要涉及"是什么"和"为什么"的问题。

事先用英语对专业内容和相关概念进行讲解和分析，使学生从专业知识和英语语言知识方面做好了准备，对于这门课程的畏难情绪明显减少，为接下来的课程学习铺平了道路。

上述学习和讨论也为笔者了解学生的英语语言水平提供了很好的机会。笔者根据学生运用英语交际的能力和语言水平，把全班学生按照英语语言水平进行分组，确保每个小组的语言水平基本相近，各组内学生的语言水平高低基本平衡，这样做的好处是有利于后续自主性研究学习顺利开展。可以说，研究式学习方式能否取得成功在很大程度上取决于教师对学生的了解程度。

以学生为中心还体现在每个学生在学习过程中受到关注与帮助的多少。笔者在教学实践中发现，研究式学习方式适合于小班授课。如果班级过大，学生数量过多，就难以保证每个学生都有平等的机会参与到同一个教学内容的全部探究过程，容易在学生中形成"中心"和"边缘"地带。这是因为学生的语言和知识水平存在差异，好学生在学习中会表现得更加积极主动，这势必会造成水平较低、性格内向的学生成为研究式学习中的"看客"，使他们在研究式学习中被"边缘化"。如果把班级人数控制在合理的范围，这一不良后果就可能会避免。

(三)教学机制和学习资源的配套建设

研究式学习教学模式的推广和完善是一个系统工程,这一教学模式的确立不但需要任课教师的参与和投入,也需要学校其他管理部门的支持和配合。从课程体系的角度看,开展研究式学习要以研究式课程体系的确立为前提,因为研究式课程是研究式学习方式的载体。确立课程体系要明确研究式学习的首要目标是培养学生的创新意识和自主学习能力,强调知识学习的综合性、过程性、创新性和应用性。从教学评价的角度看,研究式学习需要建立配套的形成性和过程性评价体系,注重对学习者实际能力和综合素质的考查。从研究式课程的内容看,课程提供的知识应具有交叉性、前瞻性和多元性等特点,这就要求教师具备丰富多元的知识结构,通常在精通一门专业的基础上还要再精通一门外语。教学模式的多元性、开放性要求教师在内容选择、时空安排、资源配备、研究方法等方面要为学生提供更大的灵活度。可见,建构主义理念下的研究式教学对教师的素质和教学基本功提出了更高的要求。为了提高教师的综合素质与教学能力,要鼓励教师开展研究式学习的教学实践,聘请专家学者对教师定期进行培训,挖掘多种渠道让教师走出校门,接触社会,接触生活,开阔眼界,掌握学科发展变化的前沿性信息,拓展研究式学习的资源和渠道。

建构主义理念下的研究式教学模式非常重视学习环境的创设和学习资源的开发,提倡信息技术与课程的整合。为此,教师要掌握相应的专业知识和现代信息技术,为学习者提供研究式学习所需要的情景资源、信息资源、研究手段。在研究式学习的教学过程中,教师要具有信息安全意识,注意引导学习者区分信息的优劣,取其精华,去其糟粕,抵制网络和媒体可能对学习者造成的不良影响。信息化的教学需要现代科技的支持,而校园网络、多媒体和计算机系统等硬件学习条件的创造,需要学校教学管理部门的配合与支持。此外,教学管理者应该从教学目标、教学模式和评价体系等方面推进教学改革,制定相应的考核、奖励机制,鼓励教师进修学习,更新专业与相关技术知识。教学管理者应该具有可持续发展的眼光,和在职教师协商制订周全详尽、切实可行的进修学习计划,尤其要积极倡导和鼓励教师开展跨学科学习,提高教师的教学科研水平与综合素养,以适应研究式学习过程中不断出现的新需求,使教师能够在教学中为每一位学习者提供科学正确的引导和帮助。

总的说来,面向非英语专业学生开设专业英语课程,是高等教育改革的一项重要内容和发展趋势,它顺应了经济全球化和高等教育国际化的要求,它既是大学专业课程国际化的一种形式，也可以被看作是对大学英语教学模式的革新与发展。目前，英语作为国际通用语的作用已经显示出来，开设专业英语课程的目的就是将专业内容的学习和外语学习有效结合起来，通过学习原版教材和专业领域相关的英文资料，为学生提供接触专业英语的平台，使学生了解专业前沿学科的发展状态，同时增强英语的实际运用能力。以专业内容为依托，以英语为媒介语的学习方式，能够有效帮助学生掌握搜集和利用第一手研究资料的方法，开阔学术视野，培养创新思维，提高思辨能力，发展自主学习能力，并最终使他们成长为社会需要的复合型、创新型、高素质的国际化人才。

第五章 基于翻转课堂的英语教学改革

随着教育制度的不断变革,翻转课堂作为一种新型的教学模式开始出现在人们的视野中,它和过去的教学模式有所不同,它更加注重培养学生的自主学习能力。本章重点探究翻转课堂教学方法的理论、基于翻转课堂思想的高校英语教学设计、翻转课堂在高校英语教学中的应用。

第一节 翻转课堂教学方法的理论探究

一、翻转课堂教学方法的定义与特征

(一)翻转课堂教学方法的定义

翻转课堂是由英语"Flipped Class Model"翻译过来的术语,教育界称之为"翻转课堂式"教学模式。它与传统的教学模式完全不同,传统的教学模式是以教师讲课—布置作业—回家练习的传统顺序完成;而翻转课堂与传统的教学模式形成一个鲜明的对比,翻转课堂是采用"先学后教"理念,消除了传统教育过程和教学内容的强制性和思维过程的依赖性,重点在于把知识转化为自己的东西,真正做到了"以学生为中心"。

翻转课堂又称反转课堂、颠倒课堂,传统模式下的"教师讲课,学生练习"的方式与翻转课堂所特有的"课前学生自学,上课共同练习"的方式正好相反,因此称之为翻转课堂。从教学组织的角度来说,翻转课堂就是将知识分段,翻转课堂的目的就是将知识片段化,教师制作教学微视频,学生在课前观看微视频,并随时对疑难知识点进行讲解,课中师生之间还可以利用互动来对知识进行充分吸收,课后微视频还可以起到复习巩固的作用。国内外学者对翻转课堂的解读体现在宏观和微观两个角度。从宏观来看,是对翻转课堂理论的定义,即翻转课堂对知识传授、内化的翻转;从微

观角度来看,翻转课堂是过程内涵。

国内部分高校也相继开始了翻转课堂的实验研究。翻转课堂"先学后教"理念的技术化使其执行性极大提高,消除了传统教育过程中教学内容的强制性和思维过程的依赖性,重点在于把知识转化为自己的东西,真正做到了"以学生为中心"。具体来说,翻转课堂教学方法具有如下八方面的特征:

(1)注重学习过程。学习者在学习过程中提高职业能力和学习业绩,以此实现教学目标。

(2)注重学习者思维方式的培养。在教学过程中,注重学习者思维、发现及分析解决问题的能力,注重思维方式、学习能力的培养。

(3)注重学习者自主学习习惯和能力的培养。在翻转课堂教学过程中,无论是课前、课中还是课后,都有一定的形式、任务和压力来培养学习者的自主学习能力。

(4)注重学习者合作精神的培养。学习者在未来工作中最需要的就是团队合作能力,所以,在翻转课堂教育过程中利用团队合作的方式进行学习有利于合作精神的培养。

(5)从传统教学"关注知识的传授"向"关注学习者的发展"转变。以学习者为中心,以培养学习者职业能力为目标开展教学。

(6)从传统教学怎样"教好教材"向怎样"用好教材"转变。课程不等同于教材,教材是课程的主要知识载体。因此,在教学过程中,在充分发挥教材作用的基础上,将行业企业的新知识、新技术和新方法等及时融入教学内容之中。

(7)从传统教学注重"教"向翻转课堂教学注重"学"转变。在教学过程中,教是促进学的基础方法,学是实现教学目标的核心方法,而培养学习者的自主学习能力则是教学的主要目标之一。

(8)从"传统教学"向"新理念教学"转变。教师和学习者的理念转变是核心。

(二)翻转课堂教学方法的特征

20世纪50年代,世界上的很多国家还在进行着广播电视教育,之所以其他的教学模式没有对教育界造成影响,而翻转课堂却能很快得到大家的认可,是因为翻转课堂相比其他方法来说有以下两个鲜明特征。

1.教学内容

(1)短小精悍的教学视频。在应用广泛的互联时代,短小精悍成为翻转课堂的一个特点。几分钟的视频时间占据了主导地位，十几分钟的视频已经成为较长视频。一个视频对应一个特定的问题，针对性比较强，更利于查找；视频长度符合学生身心发展特征，能巧妙地控制在学生注意力集中的时间段范围内；具有暂停、回放等多种快捷功能，有利于学生自我控制、自主学习。

（2）清晰明确的教学信息。教学视频可直接听到教师书写时的画外音，视频中还可以看到教师的手不断地写出讲解中的数学符号，直到填满整个屏幕。而传统教学录像中，在学生自主学习的情况下随意出现教师的头像及教室里摆放的各种物品都会分散到学生的注意力。这就是翻转课堂的教学方式与传统的教学录像的区别所在。

（3）重新建构学习流程。一般情况下，学生的学习过程大致包括两个阶段：第一阶段是通过教师与学生、学生与学生之间产生互动来实现的"信息传递"。"信息传递"是教师提供视频，还可以进行在线辅导，学生则是在课前完成学习；第二个阶段是在课后由学生自己来完成实现的"吸收内化"。"吸收内化"就是利用学生和教师之间的相互交流在课堂中完成的，教师在课前就能够知道学生遇到的难点，所以在课堂上的辅导就更有目的性，同时同学之间的交流与帮助更能使"吸收内化"得以实现。在缺少教师指导和同学互帮的情况下，"吸收内化"阶段会使学生产生挫败感，丧失对学习的动力。翻转课堂则能重新架构学生的整个学习过程。

2. 师生角色的变化

（1）教师角色发生转变。第一，教师的角色从传统课堂上的讲解者转变成了学习的督导者和引路者，课堂也不再只是教师的一言堂，但也并不是削弱了教师的主导地位，只是学生的主体地位因为翻转课堂的原因得到了充分体现。教师可以利用一些有利于学习的组织策略性活动，如基于角色扮演、问题的研讨、小组鼓励性学习、游戏化学习等来提升学生对学习的兴趣。第二，教师在教学内容上也承担着教育资源的提供者和视频讲解课程的设计开发者的角色。在课前，教师要做好相关知识的教学课件及相关的网络资源等，便于学生能从各个角度充分掌握所学知识。

（2）学生角色的转型。在翻转课堂教学方法下，学生可以自定义学习计划，可以有效控制自己的学习时间、学习地点、学习内容、学习量的多少，在整个学习过程中成功由传统的知识接受者转型为学习中的主角。在课堂上可以充分发挥自己的学习和互相帮助的能力，这样能更好地理解和吸收知识。因此，学生的角色也发生了转变，从知识的接收者变成了知识的生产者，同学之间可以互相帮助，接受知识快的学生可以帮助接受知识慢的学生,承担教师"教"的角色。

（3）可自主安排学习时间。学生可以根据自己的时间来安排学习,也可在"碎片时间"观看视频。随着现代信息技术的不断发展,学生完全可以掌握自己的学习进程,可以根据自己的学习状况来选择哪里需要反复观看,哪里不需要看；学生还可利用交流平台问同学或者教师问题。因此,学生就是知识的主动建构者,而在传统的教学中很难做到这种及时性和适切性。

（4）翻转课堂的教学环境。正是由于现代信息技术的不断进步与发展,创新的教学模式才能得以实现。传统课堂只是利用粉笔、黑板、PPT等教学工具形成的教学环境,而翻转课堂却利用全面的学习管理系统整合了线下课堂与网络空间。这个学习管理系统对教师和学生都有很大的作用,教师可以利用它组织和展示各种教学资源,对学生的学习情况也有所了解,这样辅导起来更有针对性；学生可以利用它与同学一起学习、互相帮助,完成学习任务。

（5）翻转课堂的"混合式学习"。欧洲国家的许多学者普遍认为,翻转课堂是一种全新的"混合式学习方式",是增加师生之间互动及学生个性化学习的一种新型手段,对课堂教学模式产生了重大变革。事实上,翻转课堂的初衷就是课前看视频听讲解、课堂做作业或讨论这两种学习方式的混合,面对面传统的课堂教学与在线教学方式结合起来的混合式学习模式。

（6）翻转课堂实现个性化教学。翻转课堂拥有自己的教学模式,它把群体教学与个别教学结合到一起,它认同每个人的发展速度都是不同的,以及教学的步骤也是不同的。每个学生所具有的潜力是不同的,拥有的智力也是不同的,因此,每个人的发展方向也不同。同种条件下,同样的学习内容,有的学生能够完成得既快又好,但是有的学生却需要花费很长的时间和精力去学习。传统的课堂教学希望所有学生都能在同种条件下完成相同的学习内容,这是不可能实现的,因为传统的课堂教学没有考虑到不同的学生对学习要求的标准也是不同的。然而在翻转课堂的教学中,学生不仅可以主动地掌握自己的学习进度、体现异步的特点,还可以根据学生提出的问题进行研究讨论,教师根据每个学生的情况对其进行指导,这从根本上也符合异步教学所强调的"教学内容问题化、学生学习个体化、教师指导异步化和教学活动过程化"的基本特点。这样看来,翻转课堂具有的异步性的特点能够提升学生学习的主动性和学习效率。

二、翻转课堂教学方法的基础理论

（一）泛在学习理论

21世纪，计算机技术和网络通信技术突飞猛进地向前发展，同样的学习模式也在相应地不断变化，从刚开始的数字化学习（E-learning）后来又出现移动学习（M-learning），现在，最先进的泛在学习（U-learning）又浮出了水面，比前两者更深入，更有研究价值。

近几年，泛在学习（U-learning）已经普及到全国各地，甚至很多国外的学者也在使用及研究这种学习模式。泛在学习主要是学者根据自己的需求和自身的条件不断积极地运用广泛的计算机技术来学习多种丰富知识的一种学习模式，它是数字化学习和移动学习的深入化和广泛化。泛在学习的使用范围是无限制的，它可以不受任何时间与空间的限制来开放灵活地完成自己的学习目标，可以活到老学到老。

有很多学者在理解泛在学习概念的时候认为其与泛在计算（ubiquitous computing）的概念有联系，并觉得泛在学习概念是在泛在计算概念的基础上完成的。1988年，学界对计算机与网络的应用再次进行深刻的研究，最后得出了"泛在计算"这一对人们影响最大的看不见东西的概念。之后，泛在计算技术不断在教育界深入发展，以至于深层化的泛在学习诞生了。从此，泛在学习在泛在计算的影响下让个人的学习活动不断地融入日常生活中。

通过对国内外学者的研究成果的整合总结，泛在学习主要分为以下五个特点：

（1）泛在性。学者们可以在任何时间和空间下来泛在性追求自己的学习目标。

（2）可获取。学者们可以放心大胆地在所有地方追寻自己的学习资源。

（3）交互性。在学习过程中，学者们可以不断与教师及专家进行互相交流和沟通，来实现共同进步。

（4）教学行为的情境性。通过把学习和生活中的每个细节相结合，让特定的知识问题在这种情景下很容易被发现。

（5）关注现实问题。学者们在泛在学习的过程中，将他们在现实中所遇到的问题得以有效地处理，并完成自己的学习目标。

跟着网络信息技术和教育技术迅速发展，学习的方式也是一步一步发展到现在的泛在学习，并也向未来的方向不断前进。泛在学习不管什么时间和什么地点都可以被学者广泛地运用与学习,具体来说,通过现在的信息技术在网上开设微课的方式,让更多的学者可以通过计算机和手机等通信方式下载并学习相关的知识。

(二)翻转课堂学习理论的掌握

20世纪60年代,通过对以前的学习能力提出异议进而掌握学习理论被提出。人的学习能力从出生开始就有不同的差异,从正态分布分析,大多数学生的能力都处于中间档次,有少数学生处于高能力及低能力。因此,教师可以应用智力测试的方法来预测学生成绩的好坏。许多个别差异的学生并不是真的个体所固有的,而是偶然的。由此可见,学生只要有合适的条件,都能学会他们想学习的知识。

学生相互之间的差异性与学生学习能力的差异性是两个不同的概念,直接影响学生学习能力的主要原因就是他们的学习时间与学习速度是有区别的,同时学习时间与学习速度是可以后天调整的。学习程度的快慢主要取决于学生实际所用的学习时间与掌握吸取该学习的成果所需的时间的函数,即:

学习程度 = f(实际用于学习的时间量/需要的时间量)

学生要想充分地吸取知识,就要把自己实际用于学习的时间加以延长并充分利用起来。

影响学业成绩的重要原因是学生在接受新事物之前自身所具备的条件,一部分原因是学生对所学的内容是否产生共鸣,还有少数原因是教学质量与学生之间没有确切地融合。经过大量实验验证,个别教学是最为理想的方法,但由于资源高效有限,因此暂且无法推行个别教学模式。教师按照章节顺序将教学内容分解成不同的模块,以学生掌握的教育目标理论为基础,设计每一模块的教学内容,之后适当地布置一些测试性题,不断检测学生对知识点的掌握情况,随时对所安排的教学内容进行调整。教师可以因人施教,因为每一位学生对概念的理解都不尽相同,所以教师需要针对不同的学生做相应的调整和补充。在传统的课堂上,教师为了整体教学的进度,通常是群体教学,往往忽略了部分学生对知识点的接受与否。而当下网络时代教学恰巧克服了这一弊端,翻转课堂把个性化学习真正地落到了实处。

根据对学习理论的掌握情况,翻转课堂教学方法把学生的实际学习时间充分利用起来并提高了很多。学生在利用翻转课堂教学方法进行学习时,在上课前学生自己可以先在微课上简单地学习基础知识并了解观看微课的时间与频率,然后,教师通过这个模式能够确切地了解学生的学习状况并加以正确的辅导。教师根据课前了解到的学生微课信息做有关方面的教学方案。通过这种模式学习以后，学生积极主动去自主学习，对学习的态度有很大的改变，知识的掌握度必定增高。

（三）ARCS 动机设计模式

ARCS 动机设计模式是在动机—成绩—教学影响理论的基础上提出的。这一模式认为，影响学生的学习动机有四个要素：注意（attention）、切身性（relevance）、自信心（confidence）、满足感（satisfaction），将四个要素首字母组合在一起便是 ARCS 动机设计模式。因此，教师在进行教学设计的同时，还应根据教学内容进行动机策略设计，激发学生的学习动机。

按照 ARCS 动机设计模式，在教学活动开始时，教师首先应该唤起并维持学生对学习活动的注意；然后使学生理解完成这项学习任务与他自身密切相关，建立教学与学生之间的切身性；接着要使其觉得有能力完成任务，使学生产生并维持对学习的自信心；最后学生获得完成学习任务后的满意感与成就感。

（1）唤起注意力。只有注意力被充分唤起，才能让新的刺激进入学生的意识阈。教学活动展开的第一步就是激起并维持学生的注意力。当教育者进行教学设计时，首先需要考虑的就是如何引起学习者的认知好奇，将他们的注意力有意或无意地指向学习活动。

（2）提高切身性。当认知好奇心被唤起后，学生可能产生一些问题，这些问题所涉及的就是切身性的问题。当学生意识到他们参与的学习活动可以满足他们的需求时，学生的动机水平就会提高。当学生意识到如果他完成这项学习任务可以得到教师与家长的奖励时，这种带功利性质的属于目的指向的切身性；而有的学生会对小组活动之间的协同合作情境或组间的竞争机制所吸引，学生对学习过程的体验更感兴趣，这属于过程指向的切身性，这种切身性常与满足学生需要的教学方法紧密联系。

（3）增强自信心。能力知觉、控制知觉和对成功的期望是影响自信心的三个重要因素。人们认为成功需要一些必要的能力才可以实现，当人们认为他们自己拥有这些能力时，动机就可能会被激发，这是能力知觉对自信心的影响。人们的行为总会产生一定的后果，当人们认为通过自己的努力可以对后果产生影响或者改变后果时，他们对行为的自信心将会增强，这是控制知觉对自信心的影响。对成功的期望类似于自我实现的预言，如果学生认为他不可能成功地完成学习任务，他就会选择放弃，即使学生的注意力被引起并得到维持，切身性得到体现。

（4）获得完成学习任务后的满意感与成就感。让学生感受到学习的价值、学习的快乐，让他们在学习中获得满足，包括自然的结果、积极的结果、公平等。

三、翻转课堂教学方法的应用

（一）翻转课堂教学的方法

第一，课前教学内容的选择和制作。在进行教学设计时，要充分考虑教学目的与视频的契合度，教师可以选择已有的视频资源在翻转课堂上运用教学，这样可以节约时间与精力，很多理科类公共课程、世界名校公开课、中国国家精品课程、微课网等都为教师提供了寻找与自己教学内容相关的优质教学资源。借助原来教学视频的帮助，可以使一线教师节约时间，同时也避免了普通教师对于上镜有所压力，网络资源的共享帮助了教育资源充分地运用。在这基础之上，怎样利用教学视频抓住学生的眼球，怎样把视频制作质量提升，这都是翻转课堂所要面对的问题，可以利用以下方法提高教学视频质量：增强声音的感染力、重视幽默的运用、增加适当的注释等方法。

第二，智慧的课堂导引。翻转课堂相对于传统课堂来说，拥有自己独特的学习时间段，即视频阶段。因此，学生已经掌握了知识点，第二天的课堂学习才更为重要。教师要根据学生的不同情况对其有针对性地进行教育，这才是最理想的课堂：教师因材施教，学生有效学习。教师在课堂上讲得生动，吸引学生的注意力，才是对教师智慧与功底的考验，在上课之前，教师应思考学生观看视频时会提出什么问题，做好准备；在上课时，教师应该把学生提出的问题快速地分类整理，参与或者组织大家一起解决问题，同时提出具有针对性、引领性、启发性、探究性的问题，让学生进行更深意义的讨论。在这个过程中，教师要观看学生的表情和话语，提取信息，因材施教。只有在教师与学生、学生与学生之间的密切互动中，有意义的学习活动才能持续推向纵深。

第三，课后拓展与升华。虽然学生利用课前自学、课中内化的方法掌握了课程的内容，但是他们并没有与现实相联系，仍然是独立的、不相关的、现实效用欠缺的惰性知识。要把这些知识内容真正转变为学生自身的知识，一方面需要他们自己理解和掌握这些知识，习得和掌握相应的操作技能或技巧；另一方面，需要他们学会思考问题、理解问题。这就要求学生不仅要了解自己学习的内容与目的，更要掌握怎样学、怎样用。因为知识的学习不能仅停留在表面，更应透过现象看本质，辩证地进行学习，要善于将所学的新知识融入大脑已有的认知结构中，从而在已形成的认知体系中重新建构起新的有效的联系，学会迁移学习，具体问题具体分析，根据变换的情境做出决策，然后解决问题。因此，教师在翻转课堂的教学实践中，要拓展知识点，设计新技能，在课后给学生布置下去，给学生提供真实情境中锻炼的机会，与此同时，要教会学生进行反思，锻炼他们进行课后反思，帮助他们养成自主反思的习惯，从而促进学生知识技能的进一步内化、拓展与升华。

第四，学习理论。随着网络时代的不断发展，游戏在学生中逐步流行，也正因如此改变了人们对网游的排斥，但是国外在20世纪80年代利用游戏和教育界的结合开始研究教育游戏，将网络游戏融合在教学设计中。最近十几年，这种游戏化学习才在中国成为热门研究。

游戏化学习可以培养学生有目标存在感，借助游戏里的规则方法选择适合自己的发展方法、教学策略，以达到在整个教学过程中将概念、规则和学习很好地结合。

（二）翻转课堂的教学模式

翻转课堂的教学模式是教师设立课程目标，并制订课程计划，包括课上内容、阅读内容和预备布置的作业等。教师在学习活动里充当设计者的角色，能够清晰地指导学生进行自学，引导学生明白该学习什么、怎么学，给学生布置微课或提供学习资料。让学生能够自主学习，在有难题或疑问时能够通过视频实现知识传递，提取学生学习的反馈信息；学生则在自主完成作业及教师提供的学习资料外可随时通过网络平台记录下自己遇到的问题，并通过视频反馈给教师。具体来说，可以分为以下五个步骤：

第一，课前练习。学生自主学习，完成教师布置的作业，通过课前练习来巩固自己的学习进度，起到强化训练的作用。

第二，在课前学习的基础上，教师通过教学视频来调查学生的学习进度情况，可适当提供参考资料，但资料难度最好不宜超过课前提供的学习任务，以便激发学生在学习过程中的成就感。

第三，要让学生明白不能只靠课前的努力，要通过互动学习引起学生的思考能力；同时，鼓励学生协作学习、互相讨论学习，针对学习中的难题能进行交流，达到解决问题的目的。

第四，在师生间、学生与学生之间互助学习的基础上，设计展示的教学活动，通过解释和阐述的方式，加强学生对新知识的巩固与应用。

第五，在成果展示的同时，教师应对学生及时评价。教师引导学生反思自己的学习情况，并及时端正学习态度，采取有效的方法和策略等。

(三)翻转课堂教学方法在中国的应用

在我国大力推行翻转课堂的实践过程中,依然要以我国本土的优秀文化理论为基础,在保留优质的教育理论的同时,大力引进和学习国外高效的教学模式,从而实现真正意义上的中国化翻转课堂。翻转课堂具有美国社会的教育印记和文化背景,在实现中国化的过程中,一定要维护和保留我国传统教育文化中的优质成分,取其精华,去其糟粕,做到择善而从。因此,在将翻转课堂本土化时,首先应当正确认识翻转课堂这种教学模式。虽然翻转课堂在创立新意方面略胜一筹,但是对于它可以推翻传统化教学模式这一说法并不合理,应该以不同课程的特点、不同科目的特征、各阶段教学的目标要求及目前具有的教学条件为基础,把翻转课程适当地融入其中,最终实现翻转课堂的完美运用。

1. 翻转课堂运用的条件

考虑到我国现阶段的教育实际条件,粉笔和黑板仍然是我国学校教育中的主流教学工具,教学效果并没有很大的改善,假如完全摒弃传统的教学工具,当前的教育教学工作将无法正常运行。翻转课堂要想在我国教育教学中真正地应用,需具备两个基本的条件:

(1)需要有大量完备的教学资料和视频为基础。目前这些视频资料通常都是各学科的教学者提前制作和录制的,如果资料过于单调或者用处不大,学生肯定对此没有足够的兴趣,更不用说提升教学成效了。所以,高质量的教学水平和高标准的视频制作是翻转课堂对教学者的主要要求,目前还是在趋于完善的过程中。

(2)自律性和意志性。翻转课堂对学生的首要要求是自律性和意志性,而学生自控力的提高不是短时间内就能形成的,它的提高需要多方面的共同努力,特别是与学生的年龄大小密切相关。在实际教学中,假如翻转课堂真的应用到教学实践中,高校教育应该比中小学教育更容易一些,推广起来的难度也相应小一些。之所以会出现这种情况,是因为我国当前的高校教育更加注重学生的自主学习,而且随着年龄的增长,学生的自律能力会更强,大学的空余时间相对更多,硬件条件也相对更为先进,能够为翻转课堂的教育教学创造更好的条件。

2. 翻转课堂运用的途径

(1)转变教育观念。我国传统的教育模式特别强调"尊师重道""为人师表"和教师在教育工作中的"传道、授业、解惑"作用,从而进一步强化了教师在教学中的监督、传授作用和对整个教学过程的主控地位。总之，我国传统的教学模式是重教育轻学习，要实施好翻转课堂，必须改变"以教师为中心"的传统思想。翻转式课程是把学生在课前的线上学习、课堂的面授相结合。在线学习是在教师的启发和协助下进行的；而面授教学是以教师教学为主，学生自主交流与探究为辅，从而提升学生的领悟能力。若想达到预期目标，就需要把两者相互结合，即传统化教学与数字媒体教学的有机结合，不但使教师的教学能力得到了展现，而且强化了学生在教育活动中的地位，同时也使学生在学习过程中更加积极主动。

要更好地实施翻转课堂，教师的传统教育理念必须与时俱进。传统的教育观念是从意识形态上做出抽象和概括的最大化，与之相应的教学方式方法、学习模式都是教学理念的类属概念；教学理念和教育观念是相通的，具有同一性。例如，"以教师为核心"的教学理念，教育观念就是强调教与学活动；"以学生为中心"的教学理念，其教育观念是强调混合式的教育思想，但并非是二者的简单重叠，而是经过不断的改良，并且以最恰当的方式方法推行，才能凸显成效。所以，广大教学者转变教学理念和教学思想是积极有效开展翻转课堂的有力保证。

（2）加强对翻转课堂的系统研究。目前，翻转课堂在我国进行了有效的开展，并且颇受欢迎，但大都是一些简单的平台操作、模式构建等相关技术层面的问题；各地的教育机构也相继开展了不同类型的现场宣导会，基本上都是经验之谈、课堂操作与演示、平台操作，以及实施的决心和方法等；部分学校之间照搬外国的课堂模式，遵照着进行效仿。现阶段更多的是一些学校、机构的领导和信息网络平台的参与者在大力推行翻转课程，能对翻转课堂进行系统科学的分析者少之又少，这很不利于翻转课堂在我国的发展。翻转课堂具有美国社会的教育印记和文化背景，尤其固定的教学实践模式，虽然它的适应度很广泛，但是也不能漏掉其政治、经济环境所造成的影响。不能步入盲目效仿的误区。所以，若想实现真正意义的本土化翻转课堂，就要深入、透彻地探究它的建构之"源"、发展之"本"、成功之"道"，而不能单一地搞形式层面的效仿。此外，也要意识到解决翻转课堂的一系列难题并不简单，任重而道远。

（3）创新教育评价体系。近几年我国教育理念和教学模式的深化改革有效证实了教育信息化工作发展迅速，要不断地得到创新，就要从本质出发，加快从教学向自学的转变，从单一的课堂学习为主向学习方式多样化转变，从知识传授为主向能力培养为主转变。加上信息技术在翻转课堂教学的不断成熟，值得期待的是，翻转课堂必将会成为我国教育界的新一轮教学改革。但对试验学校的调查进行分析后可以发现，课前要求学生观看的教学视频和PPT应用并不是翻转课堂学习方法的唯一条件，而是将课堂组织管理、教学视频和微课堂设计有机结合。所以，翻转课堂教学效率的提高既得益于教材的信息化整合，也得益于教学结构的合理调整和教学流程的有序编排，翻转课堂整体效能的增值得益于从理念到方法的综合性变革。从完整的角度看，翻转课堂是相对于传统教学而产生的一种全新授课安排，它针对的是传统教学中教师"填鸭式"、学生难以养成主动思考的习惯。翻转课堂将传统课堂的45分钟精简到15分钟内传授给学生，更多的时间用于学生之间的交流、教师对学生的辅导、答疑和作业的完成，时间的支配上更加灵活，进而为学生更好地自主学习和翻转课堂的有效发挥创造了更好的条件。但翻转课堂并不能完全代替传统教师"传道"的角色，只是"传道"的具体形式、时机掌控、内容涉及上有所改变，因此它的核心思想是对"知识传授—内化"过程的合理调整。教师的个性化教学、情境化教育模式、针对性教学、整体性教育模式仍然占据非常重要的地位。因而，从这个角度讲，翻转课堂是对固有的传统教学模式的一次颠覆性改造。但是翻转课堂能否真正地适应中国的教育实际，还需要在实践中进行探索和检验。

　　想要翻转课堂真正实现中国化，必须积极探索新的教育评价体系。课件的制作、教学视频的录制、我国目前的教育评价体系都是影响翻转课堂教学方法在我国发展的重要因素。特别是我国目前的教育评价体系，仍然存在着教学评价标准过于单一、方法过于简单、教学评价的技术相对落后等缺点，考试成绩仍然是对学生进行综合评价最主要的标准，学生的升学率仍然是学校工作评价的最重要指标。在这样的教学评价体系影响下，教师、学生、家长的期盼是考个好成绩，所以学校对翻转课堂的实践教学持犹豫和迟疑的态度，家长和学生对此持相对保守的立场也在情理之中。如何走出一条知识增长与能力发展协调并进的路子是我国教育工作的重中之重。

第二节 基于翻转课堂思想的高校英语教学设计

一、高校英语"翻转课堂"的教学模式

（一）课前教师制作微课

各高校英语教材没有太大区别，通常涉及话题单元和文章及听写的部分。网络时代下的课堂，不提倡传统模式的课堂方案，避免大篇幅地讲解课文，那样既浪费教师的时间又对学生没什么效果，同样是教师在制作微课时所应该避免的问题。在制作微课前，教师提前总结本单元的重点，微课视频中涉及的内容就是词汇、语法及写作的部分。所以，需要提前总结归纳使微课视频条理清晰，内容生动完整。为使学生快速消化，一般视频时间是 10 分钟左右，可适当地穿插一些动画和习题。高质量的微课无形之中给教师增加了压力，所以在制作微课的过程中，教师之间可以分工合作，一起完成微课教学，杜绝出现低质量的微课视频影响教学质量。微课可以在课堂上讲解，也可以放在校园网站共享平台或者和其他学校间共享，不断寻求改进。

微课可以是自己制作的视频，也可以吸取其他高质量的课程视频进行学习，如哈佛耶鲁公开课、"慕课"（MOOC）等大批量的微课。由于微课资料的繁多，难免会给学生在选择上造成困难，教师推荐网站的同时帮学生提炼出内容的重点，根据学习能力的不同，布置学习任务的数量可以适当设置上下限。

（二）课前学生进行自主学习

对于培养学生的自主学习，教师可以提前计划布置一定的任务给学生，同时提供给相关的资料包供其参考。考虑到每位学生的自身条件不同，可以设置必选和可选的资料包。学生自主学习就是课前的预习，熟悉将要涉及的知识点，了解单词的用意，在学习到基本知识点后可以看一些较复杂的问题，对照微课教学视频进行反复训练，根据微课视频的优势随时记录有问题的地方，找出所有问题，然后归纳问题，与同学之间可通过网络平台或者自主翻阅资料等方式解决问题，经过一番探讨之后还有遗留的问题可以反馈到教师处获取最终答案。通过这种方式，可以使学生由被动接受知识转变为主动寻找答案，就是运用这种模式激发学生寻求答案的欲望，进而锻炼其判断

能力和归纳问题及处理问题的能力，一系列的方案有助于学生自主学习得到强有力的提升。

（三）课上教师解惑答疑，帮助学生内化吸收

在大学课堂上，由于课时的缩减导致高校英语教学的质量降低，因此如何安排课堂的教程，学生和教师之间如何做和教也是一大难题。众所周知，要想玩转英语，互相之间的交流是必不可少的。因此，利用微课，让学生在课前将重点和难点进行归纳学习；在课堂上，教师从主导者的角度转变成引导者给学生讲解问题，让学生尽可能地在课上反复练习。教师将大部分时间留给学生，将少部分时间用来给学生解决课前集中好的疑难问题，选取恰当的时间安排学生进行自主学习的测试，检验众多学生所积聚的主要问题。课堂上，教师可以通过组织各种活动来巩固词汇量，如比赛游戏、辩论大赛等不同形式的单元主题。

（四）课后师生反思交流

教师在微课之后，需要总结归纳教学中的问题，随时关注网络评价，不断地完善不足从而强化微课内容。同样地，学生在课堂之外，总结所学习到的知识点并随时与教师相互交流，正所谓教学取长补短。为了鼓励学生在课后积极主动拓展，教师适当地采取加分制方式，如知识点的归纳和笔记总结等一系列方式让学生对教学内容进行巩固。

二、基于翻转课堂思想高校英语教学的设计思路

伴随着教学体系的创新完善，大学英语的教学方式正不断改革，也在发生着日新月异的改变。从最初的单一教学结构转变为今天多元化的教学结构，教学效益可谓大幅提升。而翻转课堂这种新型理念正在逐步改变传统的教学模式，不再是以教师为中心，不再是"授人以鱼"的教学效果，其完全独占整个高校英语教学，深受各界人士的喜爱。

（一）在教学设计方面的思路

尽管中国传统的教学模式已经在国人心中根深蒂固，但是并不意味着应该一成不变，翻转课堂就不能替代传统教学模式。只要做好以下两方面的转变，传统教学模式也可以被打破，翻转课堂便可以成功得到应用。

首先，无论是教师还是学生都应该从自身出发，做好身份角色的转变。从教师的角度来讲，之前的授课模式都是以自己为中心，如今转变为督促、监督和指导的身份，那么这个过程中就极其考验教师是否能够及时发现学生学习中的问题并且做出指导，否则不仅学生学不到有效的知识，教师也会被架空，没有尽到做教师的义务。而对于学生来讲，打破常规的翻转课堂，让学生的学习由被动变为主动，这个转变是不容易的，学生要逐步适应这种模式，锻炼自己的独立学习能力，跟上自己的学习步伐，片刻不能被懒散"拐跑"。

其次，学生应该注意翻转课堂的时间调配问题，课下要主动完成应该学习的知识任务；在课上也能将自己掌握的知识积极与教师和同学交流，将不明白、不会的问题及时提出，相互之间形成互动，不要有任何"自己提的问题会不会很愚蠢"这样的顾虑。在翻转课堂的教学模式实施过程中，不仅加深了学生与学生、教师与学生之间的交流，还拓宽了彼此之间相关知识结构的层次深度。

（二）翻转课堂及英语教学

翻转课堂这一新颖甚至超前的授受理念得以快速发展，离不开教育学家和心理学家的持续钻研。经过他们的反复研究，他们完全否定了之前的那种教学模式：教师不顾进度地"灌入"知识，学生等被动式地"输入"知识，完全没有独立自主的学习能力；相反，翻转课堂模式采用"先学后教"、学生完全自学的模式，彻底培养了学生的自主学习能力，并且学生可以在这个自学的过程中充分发挥自己的想象能力，尝试各种学习手段，最终找到适合自己的学习方式。另外，教师也不再一味是"灌入"者，而是变为学生答疑解惑的"好帮手"。翻转课堂教学模式的成功引入，极大地促进了英语教学的发展，让语言的地位得到了前所未有的提升。

三、基于翻转课堂理念高校英语教学模式的设计

选择高校大二的学生作为研究对象，分别采用观察法和交谈法开展了为期两周的研判交流，对高校英语教学的特点总结如下。

（一）课堂的特点

对于书本原有知识的教学，课程的前半段教师会重点教授，速度会相对快一些，那是因为课堂教学时间短暂，教师会留出大量的时间练习学生的读、说能力，教师甚至会将学生以小组形式相互交流，但是结果往往不能尽如人意。由于教师讲的单词、

文章、长难句较快，教师留下的交流时间全被学生用来相互之间抄笔记，完全违背了教学的初衷，这样学生与学生之间的沟通不频繁，不能达到学生思想的交锋。

其实每一堂课教师都是做了精心的提前备案，所以在课堂上，教师会将每一个单词的意义、拼写、读法和用法完完全全教给学生，这样无形之中就会占用大量的课上时间。所以，教师也很心急，担心自己准备的知识讲不完、不能讲好，没有让学生达到知识的融会贯通，只是被动接受。每个教师的出发点是好的，但是结果却事与愿违。加之有部分学生课上学习状态不佳，不能集中精力听教师讲课，这样来讲，教师的辛苦更是付之东流。教师完全没有必要花费大量的时间讲一些相对不太重要的知识，可以只针对陌生的、难解的知识进行讲解，然后节省大量用于学生和教师、学生和学生之间进行交流和互动的时间。

（二）评价的特点

关于高校英语教学的针对性评价，对授课教师进行的专题性交流如下：

（1）关于评价形式的想法。分数高说明他们对这部分知识掌握得好，但是并不代表他们对所有知识都掌握得好，反之亦然。因为分数能够代表学生对知识的掌握度，所以学生通常把卷面分数认为是自己对知识的整体掌握度。学生重视的是分数，他们会以分数的高低评估自己对英语教学的学习情况，忽视自己综合能力的提高。

（2）改善现状的办法。随着课程改革进入攻坚期，带动着高校英语教学也进入不断转变的时期，创建一种新型的网络平台供学生学习，英语教师也可以借助这种平台进行网络教学，最终实现一种课下传授知识、课上内化知识的模式。

四、基于翻转课堂理念的高校英语教学模型的设计

（一）教学模型设计的原则

教学模型设计的原则如下：

（1）教学对象的普遍性原则。在校大学生作为此次研究对象，可以根据他们的学习情况并具代表性进行研究，实验对象分别来自30人的班级，通常的口语教学和练习都在一起进行，并且彼此之间相互熟悉不陌生，这一点充分说明他们彼此之间进行交流、探讨、合作等没有问题，其思想观念、学习状态习惯都非常相似，代表普通学习者，完全适合于本次研究。

（2）教学内容的针对性原则。本次教学内容只是一个话题，针对美国总统。在课上要学习的是相关人物的品质、品德等个人品行，而其作为与成就是学生需要通过教学视频在课前了解的。教学内容简单易懂，针对听力、阅读、语法、翻译等进行锻炼，实际操作方便。

（3）教学目标的明确性原则。教学目标的设定比较明确，主要分为知识目标、情感态度目标，目标层次分明，知识目标是希望学生掌握单词等的发音、书写、意思并能够灵活运用。

（二）教学模型的设计

基于翻转课堂教学模式的教学流程，设计了如下基于翻转课堂思想的高校英语教学模型，为后续展开翻转课堂教学提供借鉴。

五、基于翻转课堂理念的高校英语教学流程设计

（一）高效课堂的前提条件是充分的课前准备

做好课前准备，教师对课堂的教学目标清晰、流程了然于心，课堂教学将更为流畅、紧凑。课前准备分为以下三个步骤：①教师要明确所教授的教学内容，设计符合教学需求的导学案，因材施教，确保每位学生都乐于参与并且有所收获，这是教学的依据、备课的蓝本。②导学案主要是引导学生主动学习，教学视频、导学案应提前准备分发并注意应符合学生适龄的学习特点。要求其课前观看视频，认真预习，自主进行教学内容学习，解决导学案中基础部分后做提高题，对难度较大的问题要做好标记并罗列出来，以便在课堂上学习时更加具有针对性。③教师在课前收取学生的导学案，进行疑难问题的归纳，待到课中辅助学生解决；学生也可用其他互动方式，与同学进行交流讨论学习。

（二）课上互学，充分利用导学案

教师需提前一天收集学生已经完成的导学案，逐份查看，了解跟踪学生导学案的完成情况，耐心分析、细致查找学生在学习过程中出现的知识点"卡壳"状况，以此作为对导学案完成情况的调研及学生导学案完成的小结与指导。要积极主动寻找方法，如可以多次反复播放相关教学视频，既温故复习又发现新疑问，自主高效地解决学习中的疑难点。教师也可安排各小组进行组内的互动学习，在小组交流环节再次对知识点强调、指导、点拨，学生要结合教师指导，进一步讨论展示内容，发挥互帮互爱的

作用，让已经适应且效果显著的学生帮助仍需磨合潜力未发掘的学生，以期每一个学生都能更好地自适应所需知识，进入学习的良性循环。

（三）课后积极探究高效教学方法

课后教师应根据学生的课上表现及导学案反馈中学生的接收度，总结学生学习中的不足，探究较好的高效教学方法，对课堂进行优化。发现学生学习中的闪光点和亮点，对问题及时纠正且弥补不足，以促进学生的知识能在以后的学习中顺利转化吸收；而学生也可以通过新技术手段，如网络平台等与教师及时互动，依据所学内容尽快掌握新知识，营造"共同探讨，全体进步"的学习氛围。为了更好地解决彼此个人疑问，可以催生更有效的互助式学习。当新教学与导学案分发后，主动学习并发现不能顺利接收、需要到课上解决的问题，真正发挥课堂的高效。教师与学生在课后完成课后反思，进行知识的扩展与延伸。

六、基于翻转课堂理念的高校英语教学导学案的设计

通过观察法和交谈法，在设计导学案之前，分别在课前、课上和课下了解了大学生学习英语的基本状况，并以此划分其学习习惯的类型及每个学生的学习特点。

（1）自主学习型。主观能动性强、计划性强、目的性强是这类学生的主要特点，总体来说是积极主动完成教师分配的相关任务并能主动进行课外学习。课堂中，在教师的引导下，能够自己发现问题、提出问题，且尽可能自己来解决问题；注意力高度集中，积极主动地回答问题；在聚精会神做好听课记录的同时，也能全方位保持注意力集中甚至听说读写的综合听课；能够独立总结课程的重点、难点、易错点；课后在没有家长和教师的监督下，做好总结，独立完成作业，对所学知识进行概括，抓住应掌握的重点和难点，及时发现不懂的问题，主动与教师进行交流沟通。这样的学生其学习成绩一直名列前茅，已经自觉形成了适合自己的学习习惯。

（2）半自主学习型。积极性要明显次于自主学习型，计划性及目的性较弱。虽能做到课前预习教师分配的任务，却不能学习课外知识来填充学习内容；无法达到举一反三的学习效果；课上会主动跟着教师的教学思路，也能够主动做好笔记，但客观来看，他们的注意力并未完全集中，甚至会走神跑偏；并未真心用脑或者说全身心投入学习，无法达到学习效果的系统化、规律化。这样的学生学习成绩并不突出，却也并非很差，没有形成自己良好的学习风格。

(3)应付考试型。很明显这类学生学习的目的只是为考试而考试,缺少正确的学习态度和良好的学习习惯。课前只会应付公事地标画考试的知识点,且多是自以为有用的;课上极为被动,当教师提到考试必考知识点时反应极大,认为万事大吉、大功告成;课下机械性地只复习所谓知识点,不会去做拓展习题,甚至想不到去简单突击,心心念念考到复习点却不会将知识引申、扩展、深化。这样的学生学习成绩一般处在班级中下游,毫无学习方法。

第三节 翻转课堂在高校英语教学中的应用

一、翻转课堂模式在高校英语中的案例教学研究

近年来,大学毕业生的英语听力、口语、阅读、写作能力越来越受到用人单位的普遍重视,但其相对于我国传统英语教学效果相差甚远。面对此种现象,教育工作者,尤其是英语教学人员,应该积极深刻反思此种现状,并力争找出对症之策,努力改善学生的语言学习方法及学习效果。因而,翻转课堂的教学理念出现在一些高等教育的课堂实践中。翻转课堂通过对教学结构颠倒安排,重构教学流程,对英语听力、口语、阅读、写作教学有重要的启示。随着新技术的出现和时代的变革,高等教育英语听力、口语、阅读、写作教学也应该尝试以翻转课堂的形式做出适当的调整。大学英语听力、口语、阅读、写作翻转课堂教学新模式具有灵活性、时效性、开放性、模块化和多模态输入等特点,将翻转课堂的理念引入大学英语课堂,进行有效的听力、口语、阅读、写作翻转教学尝试,学生不再是知识的被动接收者,教师也不再是放音者,有利于实现学生的个性化学习,并为学生创建良好的语言学习环境和条件。将翻转课堂应用于大学英语的听力、口语、阅读、写作教学中,教学反馈效果良好。

(一)翻转课堂在高校英语听力教学中的运用

由于"互联网+"时代的到来,"翻转课堂"作为一种新的教学模式走进大学的课堂。它的教学模式符合英语专业技能的教学目标,现代化的教学手段,把教师主导、学生主体的教学理念体现得淋漓尽致。想要提高外语的听力水平,这是一个需要长时间积累的过程,只有经过不断的学习和积累,外语听力水平才会有所提高。但是,翻转课堂的教学模式打破了传统听力的局限性,使得听力水平的教学质量能够得到有效的提

升。此外，还可以把这一教学模式应用到商务英语教学中，这样不仅提高了教学质量，还能够提升师生之间的互动率。在听力方面，翻转课堂没有教学传统听力教学的特性，所以它的教学效果也比较明显。如果把翻转课堂与大学英语很好地结合起来，将面临一个巨大的挑战，这就要求教师不断地创新。

1. 翻转课堂与高校英语听力教学相结合

（1）充分利用 TED 资源。TED 是美国一家私有非营利性机构，"用思想的力量来改变世界"是他们的教学宗旨。这家公司的演讲领域已经不仅仅局限于技术、娱乐、设计三大方面，演讲者也逐渐涉及科学家、哲学家、艺术家、画家、心理学家、语言学家、宗教领袖、慈善家等。每年的 3 月，他们都会邀请科学、教育、商业、环保等不同方面的优秀人物来共享他们的思考与探究。

TED 官网的可及性、思想性、广度及深度使得翻转课堂的实践性得到了极大的保障，大概从六方面得到体现：①语言材料的真实性得到了保障，这与其他音频材料有极大的不同。一般情况下，上课时所用的语言材料大都是在录音棚里录制而成的，尽管语言的纯正性得到了保障，却失去了真实性。②语言输入的广阔性得到保障，这主要是由于演讲者的主题应有尽有。③英语专业学生的思辨性得到了保障，原因是演讲者都是各个行业的优秀人物，他们的思想与观点都处在学术的前沿位置。④教学时间与翻转课堂的时间具有吻合性，如在官网上发布的教学视频平均在 15 分钟左右，长的 20 分钟，短的 10 分钟。⑤技术手段新颖。TED 官网提供的视频均无字幕，但在视频下面有一个独立的互动文稿（interactive transcript），只有点击 "interactive transcript"，互动文稿才会出现，并同步显示演讲者的话语。这种技术支持使得学生可以选择听的方式，如视频、视频＋字幕、先视频再字幕的视频。⑥TED 网站可以实现学生学习的自控性，它提供的内容实现了听什么、何时听、如何听这一理念。

总而言之，TED 给学生提供的教学内容是天然的、未经加工的，并且通过一些教学模式保障了翻转课堂完美地运行。

（2）加入多样化教学工具：

1）英语歌曲欣赏。在空闲的时间可以听一些英文歌曲，不仅可以放松身心，还可以在英文歌曲中学到一些表达方式和一些发音的技巧，这样学习起来能够达到事半功倍的效果。

2）影视作品欣赏。多看一些电影作品也是有好处的。电影情节的丰富性可以很快地使学生融入剧情中，这个过程，消除了学生学习的紧张感，也是他们吸收知识最好的时间。当他们全身心地投入电影情节的时候，就会不自觉地跟着说、跟着读，这样有助于在平时上课时不敢张口说话的学生能够开口进行交流，进而发表自己的观点与看法。

3）英语竞赛视频。给学生观看一些英语竞赛的演讲视频，在这个过程中，学生不仅可以学习答辩者的语音语调，还可以学会一些在紧急时刻的应变方法；除此之外，还可以学到一些演讲技巧。从不同的方面不同的角度去学习，可以极大地提高学生的英语理解能力。

4）访谈视频。名人、明星的访谈节目对提高英语水平也有很大的帮助。因为受明星的吸引，所以去看这些视频，他们对这个内容很好奇，然后就会很认真地听取其中的内容，并且其中会有很多前沿的学术性信息和一些真实的实例，这不仅在学习上可以得到帮助，在生活上也会受到一定的感染。除此之外，可以观看主持人的主持过程，学到一些遇到紧急情况如何完美地解决问题的处理技巧。

（3）建立多元化考核机制。翻转课堂在课堂评价体系方面的教学模式以学生专业技能和综合素质的全面发展为主要目的，主张自主学习和协作学习结合的方法，所以在教学效果评价中就要冲破传统教学模式的束缚，建立以教师考核为主要评价机制，实现师评学生、学生自评、小组成员互评、小组自评和组间互评等多种考核机制，无论哪种考核机制都要把学生作为考虑的主体，教师是唯一参评者或者是参评者之一的一种模式。

上述模式可以通过两种评价实现，一种是形成性评价，另一种是终结性评价。形成性评价主要以考核为主，考察自主式、讨论式、探讨式的学习过程及阶段性的专业性技能是否有所提高；终结性评价以能力提升为主要目标，运用教育分离的手段，将学生的期末实践能力水平和学习效果作为重点考查目标。

2.高校英语听力翻转课堂教学方法的设计

在上课前，教师准备好有关的视频和音频，学生在课余时间自主听完；在课堂上，教师主要以引导和研究为主，而不是一味地解说资料、对取答案。把大部分时间放在听力技巧的点播上和对知识的扩展及攻克疑难杂点上，使得课堂不仅仅是讲授式，而是互动、讨论、讲授为一体的教学模式。

第一，教师准备部分。编辑与教学相关的资料：教师在上课的时候，除了要携带教材本身的资料以外,还应该携带自己录制的音频或者视频,作为讲授的资料。例如,一些单元的句子、短语、单词等都可以通过视频及音频资料了解其背景故事,学生可更好地理解单词、短语。例如,在讲解海外禁止携带违禁品的常识和填写背景知识时,就可以借助视频,让学生事先了解这些知识点,然后听取教师的讲授,这样可以把知识点了解得更透彻,更便于以后复习的查找。

（1）整合网络的扩展资料。教学内容不应该仅仅局限于课本内的内容,由于学生接触到的资源有限,所以其语言输出自然会受到限制,时间久了就会对学习失去信心。换言之,互联网极其发达的今天,互联网上的内容极其丰富,如一些公开课、一些演讲等视频资料。听力是一个重视积累的学科,它不同于其他学科,所以教师的教学资源不应该仅抓住课本,也要结合网络资源,使学生的学习生活更加丰富。教师要对这些信息资源进行整合,把它放到课堂上,被学生使用。例如,教师可以去 TED 上下载资源,然后把视频发给学生,让他们有足够的时间去充分地了解和预习。除此之外,教师还可以把难度分开档次,初级的要求是学生能听懂主题和大意即可；高级的要求则需要学生查找对相关演讲人的介绍、主题的背景知识、主题的详细内容、文化信息等,然后回归课堂进行交流沟通,这样既能提高学生的学习热情,又能提高教学质量,可以收获更好的学习效果。

（2）课内教学准备。在教学准备上,教师首先要做的就是掌握熟练的教学本领,熟悉并且恰当运用一些技巧,能够把知识准确地传递给学生,标出重难点,适当的交流沟通会收到更好的效果。在此基础上,教师进行深刻的探究,然后可以在论坛上发表课题研究。

第二,学生活动部分。这部分涉及的是课前预习环节,其中有两方面活动。如果想达到更好的学习效果,每节课结束后都可以返回上一级进行学习。

（1）了解学习任务。通过网络平台,学生明确学习目标和课内外的学习任务,这样就能根据自身的特点有针对性地学习。

（2）观看翻转课堂视频。对于教师分享的视频,学生要独自下载完成,或者也可以到指定网站观看指定的视频。在观看的过程中,学生要针对教师提出来的问题进行信息整合,明确自身的学习水平和节奏,把收获的信息实时记录下来,同时还可以通过交流平台反馈问题。

第三,课堂教学。要抓住课堂中的重点,学生已经做好课前预习,也就省去了教师在课堂上再次播放此视频的时间。通过预习，学生带着疑虑和疑惑来到课堂，然后教师会明确重难点。例如，在讨论一个新生刚入学的题材时，不仅可以把话题引导到所要学习的知识和技能上去，也可以把学生引导到一个他们感兴趣的地方，使得他们的学习生活更加丰富。

第四，个别化辅导。在翻转课堂中提到的教学模式是师生互动和生生互动，但是在上述教学活动中主要提及的是生生互动。在这个过程中，教师的主要任务是指导学生参与活动，并且观察和监督他们的表现，在适当的时候给他们提供一些帮助和提点，不过多地跟学生进行交流。在学生自学过后，肯定会出现一些疑惑或者一些理解上的偏差，这就需要教师根据个别学生出现的个别问题进行针对性的辅导。除此之外，还要留一部分时间给学生消化知识内容和独立完成项目，再根据他们独立完成的任务进行个别性的辅导。个别化辅导的时间一般在课堂刚开始的时候或者是其他教学活动之前，这样避免有疑惑的学生遇到更严重的问题。不仅如此，也可以在教学活动之后让学生总结所学的内容，并且帮助他们排忧解难，使他们更好地领会知识。

第五，阶段性反思与总结。对教学工作进行阶段性的总结，找出教学中的不足，使教学工作能够逐渐完善。繁重的工作和工作的紧迫性导致教师没有足够的时间进行教学后的反思。但是，在翻转课堂上，教师能够有足够的时间通过自身实践去探究问题的根本并且在探究的过程中自己可以成为探究的主体；教师在设计翻转课堂的教学思路的时候，能够让自己全身心地投入在教学中，发现问题、研究问题并且解决问题。以研究者的身份置身于教学情境中，用研究者的眼光审视在教学中的各种问题，并且反省自身，对出现的问题进行探究。教师经过一番的探究与改正，不断推进教育行为的改变。

（二）翻转课堂在高校英语口语教学中的运用

翻转课堂是不同于传统教学的一种新型课堂教学模式，它利用现代网络技术和资源，把传统教学中教师课堂讲解这一环节放到课外，而把配套练习、师生互动及生生互动放到课内。对于英语水平差、自信心不足、性格内向的学生，这种和谐关系能够帮助他们消除心理障碍、增强自信，使他们想讲英语、敢讲英语。众多学生已经默认了翻转课堂的模式，他们一致认为这种模式比传统课堂模式更加丰富，并且附带有趣味性的风格。在教学过程中，视频教学往往比死板的书本灵活很多，而且在众多学生中得到了这一结论的验证。学生在观看教学视频的过程中，对外国文化的深入了解表现出积极主动的态度，促进了师生之间的教学情感，同时增强了学生对英语的喜爱程度，在翻转课堂上学生整体表现出轻松的状态。翻转课堂的众多特点，表明了翻转课堂与英语口语教学结合的可能性，并且不断显示出其独特的优势。

1. 翻转课堂与英语口语教学相结合的可能性

翻转课堂可以在一定程度上解决口语课堂教学的典型问题，学界对高校英语口语教学中存在的问题已有深入的研究，其中在课堂教学方面比较典型的问题有：①学生的兴趣和信心不足，口语学习普遍存在焦虑感；②学生的主体地位不明显，课堂口语活动实际参与度不足；③口语学习的内化环节缺失；④学生在课后的口语练习缺乏监督和评价；⑤在传统口语课堂上，很多学生羞于开口、易紧张、怕被嘲笑，对口语学习缺乏动力和兴趣，这已是一个普遍现象。

即便口语教师很擅长调动学生，但也需要花费不少时间引入话题、介绍背景，导致学生口语练习的时间被压缩，使学生沦为"配角"。少数积极的学生容易"统治"小组活动，使多数学生沦为"看客"。即使教师尽量平均地给予学生发言机会，但在一次课上也很难抽到每一名学生，许多学生由于得不到教师的评价和反馈，难以有效地实现知识的内化（如发现和改正错误、提炼口语表达方法、总结口语学习经验）。在课后，口语教师也很难检查学生是否有效完成了口语作业。而在翻转课堂这种模式下，课前学生既可在独立私密的环境下自学，又能获得教师、同学的在线交流，能保护学生的自尊心而不用担心被嘲笑。通过反复练习，学生在课堂上展示出来的是准备充分的、成熟的发言，有助于树立大胆说英语的信心。教师在课堂上可以把更多的时间和精力用于开展梳理知识、互评互助、合作探究、总结点拨、反馈评价等知识内化活动，弥补了实际参与度低、口语实践时间不足的问题，学生也得到了个性化的指导。在课后，教师可要求学生将口语作业上传到在线平台，实现课堂的延伸和对课外练习的监督，能把握不同班级、不同学生在课堂之外对知识的掌握程度和作业完成情况。

2. 翻转课堂模式下高校英语口语教学活动的设计原则

第一，能够体现意义协商的交际策略。母语使用者在与外语学习者交流时会采取两种手段：一种是输入简化，另一种是话语修正。这些沟通技巧称之为交互修正，之后有学者将其称为意义协商，不同的语言学家又从不同的角度对这个术语进行了不同的解释，将"理解核查、确认核查、澄清要求"这些沟通技巧作为交际策略的一部分进行了介绍。本部分内容侧重介绍在意义协商中，说话者根据听话者的水平对自己的话语进行调整修正，使得听者理解原本不理解的话语。在意义协商过程中，说话者为了让对方听懂自己的话，必须关注语言的准确性，如选择正确的词汇、运用正确的语法规则、将单词发准音等。同时，他们也会关注自己想表达的和能表达之间的差距。一般来说，信息沟（information gap）和拼图式（jigsaws）一类的活动最适合体现意义协商的交际策略。

第二，能够体现会话的社会交际性与事务性。在课堂教学之外，与他人之间的交谈往往出于两种目的：一是社会交际，二是处理事务。这里所说的社会交际性就是指交流的目的是建立与维护人与人之间的社会关系；而事务性是指交流的目的是处理事务，如交流信息等。这两种会话又有各自的特点，社会交际性会话比较随意，话题涉及各方面，你一言我一语，所以相对而言，对于接下来的话轮转换及会话往哪个方向发展具有不可预测性；事务性会话却不同，话题处在一个相对限制的范围里，话轮的转换与会话方向具有可预测性。

第三，符合学生所处的环境、兴趣与学习目标。英语口语教学活动的设计要符合学生所处的环境、兴趣与学习目标。学生所处的环境指的是本地区、本校，甚至本班的实际情况。在活动设计中将本地区具有特色的活动纳入口语教学活动，这样学生在认知上不存在困难，便于激发学生的认知图式，使学生有话可说。用英语表达自己身边发生的事件，学以致用、在用中学，又能激发学生的学习兴趣。学生有了学习兴趣，又会加快学习目标的达成。为了使口语教学活动设计贴近学生的实际，教师偶尔也可以请学生参与活动内容的设计，请他们提供话题和活动形式。教师可以在学生提供的环境背景下设计诸如角色扮演等活动，或采用学生喜爱的歌唱等形式来设计活动。

教师安排学生介绍自己所熟悉的旅游景点——离海口市约20千米的石山镇的"火山群国家地质公园"（Volcanic Cluster National Geopark）。教师之所以这样做，是因为学生对本地的风景名胜有直观的感受，向外地的朋友介绍时，学生会觉得有话可说。

教师问各组学生海口的哪些景点值得向外国游客介绍："What are the places of interest that you think worth visiting？ Can you say some of them？"学生回答得比较踊跃，但大多数学生都是用中文说出各景点的名称，如位于海口市区的主题公园"热带海洋世界"，教师在黑板上将学生不能表达的英文名称"Tropical Sea World"写出来；石山镇的"火山群国家地质公园"（Volcanic Cluster National Geopark），俗称"火山口公园"（Volcanic Geopark）；"热带野生动植物园"（Tropical Wildlife Park and Botanical Garden）；"海瑞墓"（Hai Rui Tomb）；"五公祠"（Five-Lord Temple）；还有个别小组提到定安的"南丽湖"（Nanli Lake）和"热带鸟世界"（Tropical Birds World）等。

各组提到最多的两个景点是"热带海洋世界"和"火山口公园"，其中有三个小组还分别向全班展示了这两个景点的图片。他们推荐"热带海洋世界"的主要理由是"You can find a lot of fun there.",推荐"火山口公园"的主要理由是"It's the most beautiful place in Haikou."。教师让全班学生进一步讨论这两个景点对外国游客来说是否值得一看:"Which of them do you think is most worth visiting to foreign visitors andwhy? Can you say more about it, for example, what's special? What canforeign visitors see or do there?"

在教师的提示下,有学生说到"火山口公园"比"热带海洋世界"历史悠久,并展示了附有中文说明的图片。一张图片显示"这一火山群形成于2.7万年至1万年前",教师让学生用英语说:"The Volcanic Geopark was formed between 27 000 and 10 000 years ago.";另一张图片显示"热带海洋世界建成于2000年11月",教师引导学生说:"The Tropical Sea World was established in November in 2000.The Geopark is much older than the Sea World."。还有学生谈到"火山口公园是自然景观(natural landscape),在那里既可以看风景,还可以爬山,而热带海洋世界是人造风景(man-made scenery)、儿童游乐场(children's playground),可能不具有代表性"等。学生最后一致同意推荐"火山口公园"。教师帮助学生归纳选择该景点的原因:① a wonder of the world(它是一个世界奇观,既属于海口,更属于世界,外国游客应该感兴趣);② a geological learning(它具有地质学意义,作为世界上最完整的死火山口之一,外国游客可以从中学习到关于火山类型、熔岩和熔岩隧道等许多关于火山的科普知识);③ typical subtropical scenery(除了火山石构成的奇特景观外,外国游客还可以通过那些独特的建筑、石阶、古树、园林及味道独特的羊宴等,了解海南的亚热带风情及其特点)。

教师接着问去过"火山口公园"的学生印象最深的是什么:"Have you ever been to the Volcanic Geopark? When did you go there? What impressed you most?"然后让学生根据自己对"火山口公园"的印象(最熟悉、最有兴趣表达的内容)自拟题目进行描述;对于没有去过"火山口公园"的学生,教师允许他们从课堂中大家提供的各种中英文资料和图片中选择自己感兴趣的内容;对之前提到的景点实在没有兴趣的学生,也可以选择自己所熟悉的海口其他旅游景点作为题目进行叙述。

3. 高校英语口语翻转课堂教学方法的设计

翻转课堂教学模式的难点不在于教学顺序的替换,其真正的挑战在于大学英语教师是否习惯这种教学活动。教师要具备将结构化的知识转化成立体、真实的问题或任务的能力,同时又要能够合理地引导学生通过问题或任务的解决掌握相关知识和技能,让学生借助网络资源，通过知识的内化，自己逐步摸索出学好英语口语的方法。

有别于传统的教学设计，在设计翻转课堂的初始阶段，由于翻转课堂的学习主要依靠学生自我建构来学习知识，因此，翻转课堂中的学生分析除了包括认知特点、学习动机、学习风格、起点水平分析外，还必须分析学生对自主学习的态度、技能及学生是否能顺利利用网络平台对教师提供的微视频等学习资源进行有效的学习，在此学习过程中学生是否能够有效利用讨论区或者交谈软件进行师生间、生生间的交流与协作等环境因素。课程内容的分析则必须结合翻转课堂的特点，让教师在较短的时间内（一般为5分钟左右，最长不宜超过15分钟）运用最恰当的教学方法和策略讲清楚一个知识点，让学生在最短的时间内自己完全掌握和理解有价值的知识点，确保微视频能够满足学生的实用、易用和想用的直接需求。

微视频的设计必须紧密联系教学目标、教学大纲和教学内容，避免将重心放在微课制作技术上，如在视频的拍摄、画面的精美和声音的处理上投入过多时间和精力等。课程目标要单一，内容要清晰，使学生拥有更加聚焦的学习体验。微课程设计时要深挖细节，设计主题完整的微问题，以此加强微课程互动，促使学生思考，提高学习目标准确度，使学生对知识的理解更加深入、透彻。无论是知识的讲授还是问题的解决，都要力图解决学生在学习过程中遇到的一些疑难问题。如果是课时较长的重点内容，可将其分为若干小主题供学生学习，使学生明确重难点及知识点之间的联系，促进学生自主学习能力的提高及逻辑思维能力的提升。

微课的最核心资源就是一段短小精悍的教学视频，这段视频应能集中反映教师针对某个知识点、具体问题或教学环节而开展精彩的教与学的活动过程，教学形式和教学活动地点可以多样化，这也是微课教学设计的关键环节。

为将翻转课堂模式实践于高校英语口语课，设计了英语口语课翻转课堂教学模型，简要介绍如下。

（1）课前阶段

教师任务：教师集体备课，制作导学案，明确本次课的教学内容、教学目标、重难点、练习方法等，然后由教师录制微视频。

学生任务：学生在课前登录在线平台，浏览导学案，观看教学微视频，自主控制进度，也可暂停视频去记录语言点或疑难点；接着点击课前练习题，就其中的话题（练习题上话题将在课堂上展示）进行自主口头练习并录制音频。

在线交流：学生在完成自主练习后上传音频到在线平台，下载同学的练习音频以供借鉴。同学间可在线探讨课前环节中遇到的疑难问题并相互解答；教师也可登录在线平台，下载学生上传的音频，了解学生课前练习情况，发现重点问题。

（2）课堂阶段

确定探究目标：课堂探究目标需要师生共同确定。教师可将课前交流时学生所反映出的情况作为探究目标，学生则可把课前环节发现的疑难点和未解决的问题作为探究目标。

探究解决办法：教师组织学生以小组的形式进行探究活动。学生可根据课前自学和练习情况交流各自的观点。在此过程中，教师巡视各组，确保每个学生都在参与探究活动，并提供必要的指导或进行个别答疑。

成果展示：教师组织学生就课前练习的话题开展形式多样的课堂展示活动，如问答、演讲、看图说话、复述故事、二人情景对话、分组讨论、多人角色扮演等，保持学生对话题的新鲜感。

巩固或拓展：在课上，教师应设置有差别的巩固性练习。学生自主选择题目，基础较差的学生可选择基础性习题，解决"温饱问题"；水平较高的学生则可选择拓展性练习，向"小康"奋斗。

二、翻转课堂在高校英语阅读教学中的运用

在英语阅读方面，很多时候翻转课堂比传统模式显示出更多的优势，这种模式主要体现的是深度阅读，在阅读的同时通过分析产生共鸣。教师要求学生深度阅读，很大程度上养成了学生在这方面的自觉性。经过反复阅读训练后，学生会养成一个快速阅读的技巧，就是这种课前的快速阅读才使课堂上的时间有效地利用起来，让师生共同深入研读进行多方面的问题分析。然而，每种事物的诞生总会利弊相伴，在翻转课堂上，教师应该利用取长补短的方式进行教学，即尽量发挥长处回避缺点，确实将学生的阅读能力提升到一个新的层次。不管是课内阅读还是课外阅读，都应该兼顾学生参与的积极性，这同样是翻转课堂所重视的关键点。

（一）翻转课堂与高校英语阅读教学相结合的优势

翻转课堂与高校英语教学相互结合优势多多，先简要介绍以下五点：

（1）学生阅读兴趣的提高。要想激发学生对英语阅读的热情，在翻转课堂教学方

法中，教师需要提前备案，采用一些内容丰富的教材，如视频教学。学生在观看视频的同时轻松自由地进入学习状态，在这种模式下，可在激发学生兴趣的同时快速提升他们的阅读能力。在课外，学生也不会像以往被动接受教师所布置的作业，他们开始主动寻找有趣的英语阅读，自觉性地完成课外阅读。

（2）学生语言能力的发展。学生在翻转课堂上，既找到了学习的兴趣，又提升了英语阅读能力。经过反反复复大量阅读，阅读本身已然不是学生所需，深层次的目的是提升学生综合能力，这种提升体现在多方面，如学生的写作能力和词汇量等。

（3）学生个性化学习的实现。学生可以通过翻转课堂的模式反复进行视频学习，根据自身的条件随时寻找学习进度视频，这种方式远比传统课堂教学好得多。在传统课堂上，如若学生注意力不集中，就会错过教师的讲解内容；而翻转课堂恰恰避免了这个问题，可以让每一位学生随时针对学习问题进行讨论，不管哪一环节的问题都可以精确定位并且得到解决，这就是所谓的个性化学习模式。

（4）创新合作能力的培养。在这个多元化的时代下，对人才的需求不单单限制在专业技能上，当下所需的人才是具备全能型的创新意识人才，显然这是网络多元的趋势所在，而英语阅读正是培养这种合作精神和创新意识的方式之一。在传统模式的课堂上，教师占主动权，整个课堂是由教师引导学生进行一问一答的学习状态；相反，在翻转课堂上，学生可以自由发挥，教师起着辅助作用，学生把控自身的学习过程，通过自主学习的过程找到自身的薄弱环节，再针对问题寻求解决方法。通过这种学习模式，可以增强学生的自主意识。在课堂上，学生互相交换意见，在探讨问题的同时快速成长，由学习强的学生带动相对学习弱的学生，使整体的学习氛围提升到一个高度，学生之间的交流不但强化了学习，还使彼此之间的感情更进一步，让他们共同意识到合作、创新的重要性。

（5）学生综合实践能力的培养。翻转课堂一直倡导的是以学生为中心，不管是课堂上还是课外，学生自主学习精神和合作意识都得到有力的改革，促使他们发现问题并积极主动地去解决问题。通过这种模式，不但提高了学生学习的自觉性，还强化了他们在问题中寻求答案的能力，同时让他们意识到合作的重要性和创新能力及行动力的强大。综上所述，翻转课堂是在传统模式课堂上进行的改革，让教师和学生在很大程度上发生了变化。显而易见，翻转课堂得到了大学英语阅读课堂的一致认可，并且取得了一定的成果。

（二）高校英语阅读翻转课堂教学案例

1. 教学内容与教学目标

教学内容：The London Eye is on your right.

教学目标：能说出伦敦一些主要景点的名称；了解到地点专有名词往往大写开头字母；能通过阅读弄清文章的逻辑关系。

预期目的：就本课而言，有关景点名称的朗读是一大难点，单词很多，且不在课后生词表中，如果没有课前的预习，课堂上就需要教师花大量时间去解决朗读的问题。另外，学生对于这些景点的了解非常有限，有的学生甚至一个都没听过。如果没有相关的背景知识，仅仅让学生读懂文章，完成任务，那么文章的学习就会令学生感到相当无趣，而且还会错失一次非常好的文化解读机会。因此，教师就根据课堂需要制作了一个微视频，让学生在家观看微视频，完成预习作业。

2. 微视频设计、教学片段与诊断分析

第一，微视频设计。在微视频中，教师首先利用几张学生比较熟悉的世界著名景点图片，让学生说一说它们分别在哪些国家，从而引入伦敦的其他著名景点。由于大部分学生不了解这些地方，教师就在相关的图片下做了简要的中文或英文介绍，让学生对此有直观的了解，并为阅读文章打下基础。此外，利用微视频或课件，提前让学生跟读新单词、理解新单词，将会帮助学生进一步扫清阅读障碍；再配套两个单词理解的题目，将进一步加深学生对单词的理解运用。接下来便是提出阅读技巧，本课的阅读技巧是让学生了解表示地点的专有名词往往开头字母大写。教师设计了以下任务，让学生在阅读文章中运用这个技巧。

任务1：阅读文章并找出游客经过的地点。学生如果掌握了这个技巧，浏览文章时就可以快速找出答案。

任务2：阅读文章并回答问题（写在课堂练习本上）。

通过这样一个预习微视频，学生的生词朗读问题可以提前解决，文化背景知识也可以在课前得到了解。文章初步阅读的前置，让一些阅读能力较弱的学生可以自己调控时间，减轻了他们在课堂上来自同学的阅读压力。阅读技巧的提出，进一步提高了学生的阅读能力。

第二，教学片段与诊断分析。在教学环节，根据学生在家观看预习微视频，跟读生词，了解背景知识，并完成阅读预习作业的情况，教师还需要在课堂上设计活动检测学生的预习效果。

首先，挑战游戏，复习地点专有名词。如 "There are many places of interest in London. You studied them yesterday. Let's play a game. The one who tells us the place you know will get one point for your group."这部分内容旨在检测学生是否记住了预习视频中跟读过的地点专有名词。通过抢答游戏，学生兴致高昂，课堂气氛热烈。游戏结束后，学生再次跟读，纠正错误发音。

其次，观看课外动画视频，检测学生对文章的理解，校对预习作业。动画是最直观的，有些学生即使读不懂文章的全部内容，也能从视频中猜出个大概。学生在家初步阅读后，通过观看视频，与文章内容进行对比，一些疑问也能迎刃而解。通过校对预习作业，教师能检测学生的阅读情况，并由此调整接下来的深入阅读。

再次，以个人为主、小组合作为辅，完成课本练习。教师要求学生再次静心阅读，尽量自己完成；之后进行小组合作，对不同的意见进行讨论并最终确定。这种让学生说服学生的方式，往往能达到更好的教学效果。

最后，思维碰撞。讨论预习中画出的难词和难句。这个教学环节是利用教室里的白板，当场画出学生提到的难词和难句，由其他学生来讲解，教师最后总结。

回顾这次利用微视频的翻转课堂，是比较成功的。教师首先利用丰富的图片介绍景点，将学生带到伦敦的各个地方，并配上简略的文字介绍，突出景点最大的特色。让学生跟读景点名称，扫除朗读上的障碍。在课堂中，设计抢答任务来检测学生的预习效果，学生积极性高涨，课堂气氛也相当活跃。原本非常难读的名称在学生积极学习的心态下，就很容易解决了，可以说全班绝大部分学生都会正确朗读，而且了解了这些景点。

三、翻转课堂在高校英语写作教学中的运用

（一）写作的目的

英语写作（作为听、说、读、写四大技能之一）一直是英语课程标准的一个重要组成部分。写作既是学生学习英语语言知识的手段，同时又是一种需要发展的交际能力。因此，英语写作教学的目的是：①为学习而写作，即写作作为学习语言知识的手段，帮助学生掌握词汇、句型、语法和语篇等知识；②作为语言交际技能之一的写作，其基本目的是创造意义，让学生学会用英语来记录或表达自己的思想和情感。这两者

之间是相辅相成的关系：学生的语言知识的扩展是其创造意义的基础，创造意义又为语言知识的扩展提供了动力与提升的空间。了解了写作教学的目的，教师在进行英语写作教学活动设计时，要根据不同的课堂环境及需要，处理好知识学习和发展学生交际能力两者之间的关系。

（二）传统写作法

传统写作法最早源于中世纪的拉丁语教学，而应用到英语写作教学实践则始于19世纪，因其根据写作的最终成品来判断好坏，故而称之为"成果教学法"。传统写作教学将写作视为"包装"思想，即作者将大脑中的思想提炼出来，用语言将其包装好，供人欣赏。因此，传统的写作手册大都制定了许多细则，以便作者能巧妙地将自己的思想包装好。而传统的写作教学以教师为中心，教师的授课模式为固定的三个步骤：①在课堂上教师将其大部分精力用于讲解写作的技术性细节的处理；②提供课堂讲解分析，分析讲解主要也集中于结构模式上；③布置题目，要求他们模仿写出作文。教师将学生第一次提交的作文视为最后的成品，对其进行修改和评分。在评判作文时，主要从修辞形式和语言正确度两方面来进行，每篇作文被视为一系列分裂的片段，而不是一篇形式与内容相兼容的完整语篇。一篇作文成功与否，在很大程度上取决于它是否应用了预先规定的结构模式，是否遵循了课本上和教师在课堂上规定的各项规则。这样的写作教学方式，最终导致学生为写作而写作，过于关注语言形式方面的因素，而忽略了对文章内容的充实，忘却了写作的真实意义，使得成品矫揉造作、空洞乏味。另外，教师选择的题目大多脱离实际，没有充分考虑学生作为写作主体的交际需要，导致学生失去了写作的兴趣和信心，对写作持应付的态度，不仅限制了他们写作技巧的发展和提高，还大大影响了他们的创造性和批判性思维能力的形成。

（三）翻转课堂与英语写作教学相结合的可能性

翻转课堂在高校英语教学中的普及已然非常明确了，不管是从教育主体还是学生主体又或者教学的软硬件角度来看，都是必然要发生的。首先，网络进驻校园之后，学生可以通过各种学习方式提升自身的综合能力，如自习室和电子阅览室等；其次，学生可以随时随地通过移动智能终端来丰富自己；再次，教师可以自己搭建在线学习平台使学生间互相交流，如学校网站的教学论坛，论坛由专门的教师管理并且及时更新最近的学习资料及视频教学等内容，为师生之间有更好的交流机会创造条件；最后，教师不间断地通过布置作文来考核学生。利用教学软件"批改网"批改作文，此软件既节省了教师的时间,又可以方便学生与教师互动留言,在很大程度上提高了学生的写作水平。

(四)高校英语写作翻转课堂教学的要求

高校英语写作翻转课堂教学的要求如下:

(1)教材选择强调课程之间的连贯性、教学素材的本土性。选择的写作教材不仅要包括应用文文体,而且要包括基础写作、文学写作等其他文体,这些教材内容不仅要为学生提供更多的自学资料,而且能弥补教学计划中课程设置缺乏连贯性的不足。同时,在考虑版本时,教材的素材最好来自本土,为学生提供比较熟悉的案例,符合语言教学的真实性要求,适合本地区教学。

(2)教学设计注重教学的多样性、操作性、指向性。

1)为了让学生掌握形式各样的信函内容,教学应该井然有序地逐步加深章节内容,有简单简历和生活便条向商务信函和公务便函转变。教师通过教学的管理平台设置教学方案及相关资料的计划,实时通过网络软件与学生互动交流,同时铺设大量题库并且设有在线测试等方式。

学校适当地整改教学形式,如机房安排课程,让学生现场发挥写作,不但能够得到教师的面对面辅导,还能通过网络软件查询相关知识点。最明显的是教师在机房课堂互动期间,可以随时掌握学生对知识点的熟练程度。

3)教师采用任务型教学法给学生制定某一阶段的任务量,让学生全面熟悉各种文体和基本知识的技能。

(3)教学过程强调教学对象的主体性、教学程序的连续性。学生在上课前自学指定的教材章节和电子教案,上课时,教师在布置写作任务后简要介绍任务将涉及的知识点,然后学生分头在计算机上写作。对于学生提出的共同问题,教师会集中讲解,但大部分时间是一对一辅导。为了保证课堂上每个学生的学习积极性都能调动起来,教师发动基础好的学生做小教师,帮助基础差的同学解决一些简单问题。课后,学生把写好的作文上传到教学管理平台的计分作业栏目,由教师批阅。值得一提的是,经过课堂上的个性化辅导,学生习作中的语法和句法错误已经不多见,教师批阅的作用主要在于肯定哪篇作文更加有逻辑性、更加合情合理,并且把优秀作文设置成"展示",为没有到课的学生提供范例。

(4)教学评估强调实践性、过程性。检验大学学生英语掌握情况,最直观有效的手段就是现场作文的检测。所以，这种课程对现场作文的质量特别重视，把它作为阶段性评估的重要组成部分。期末考试采用闭卷形式，范围覆盖本学期所学的全部应用文体，学生要根据要求在机房内完成作文。

第六章　高校英语教学创新思维改革与实践

第一节　高校英语写作教学与 PBL 的创新实践研究

一、PBL 简介及定义

PBL（Problem-based learning）意思是基于问题的学习，是在高校开展职业教育的一个重要突破举措之一。最早源于 20 世纪 50 年代末美国 Alabama 大学的医学课程项目，把原本用于医学教育的 PBL 推广到中小学的生物课。从 20 世纪 60 年代起，PBL 在医学院校中推广，以加拿大麦克马斯特大学医学院为代表。该校学生能熟练掌握课本知识，但操作能力却很低下。这一矛盾集中体现在毕业生身上，Barrows 教授质疑医学院的教学模式，认为传统教学方式培养下的医学生缺乏运用知识解决实际问题的能力，无法适应未来的临床环境。为了避免课堂知识与未来工作环境需求的脱节，1966 年医学院做出改革，把学生分成小组，配备导师，让每小组接触病人，进行问诊、记录、查找资料、会诊交流，最后诊断并开出处方。意想不到的效果出现了：依托真实情景案例，学生们积极地投入真实问题的探索解决中，自主查找资料、广泛交流、求知热情被激起，课本知识变成生动立体的教材，与现实的情景融会贯通，学生的学习不再是被动的灌输，而是带着问题的求解。解决问题的过程成为学生主动建构临床经验的过程。PBL 有效地帮助学生实现了学校知识和临床实践的连接，做到学以致用。而医学院教学模式的改革成功，标志着 PBL 的诞生。

20 世纪 70 年代，PBL 在北美各地医学院被广泛采用，20 世纪 90 年代英国医学院校及全球更多地区开始流行。美国斯坦福大学教育学教授布里奇斯和海林杰看到了 PBL 的学习效果，而在校长培训中运用，从此将 PBL 引入教育领域。与此同时，PBL 也逐步开始同其他学科结合，在法学、经济学、建筑学、机械力学、管理学等学科得到推广、改进，成为培养学生解决实际问题能力的重要方法。

PBL 创始人 Barrows 把 PBL 定义为，朝向了解或解决问题的工作过程中的学习。学习过程始于问题，而不是从定理、模式、基本概念或其他的信息开始。学习和解决问题的过程都是以问题为起点，以问题为核心的。

PBL 是基于问题的学习。Barrows 认为，这里的问题是针对学生而言的，是他们现有知识无法解答的问题。一个有效的问题应该是指不良结构的问题。而所谓不良结构的问题应该是以真实性为特点，它是复杂的、无序的。它信息不全，需要学生提出观点，甚至假设。它没有固定答案，有时可能需要重复几次假设、推理才能找到最满意的解决方法，它不是老师的练习题。但这个问题看上去很现实，对学生很有吸引力和挑战性，它能激起学生的求知欲望，要求学生通过调查阐述，研究整理，再进一步综合分析制订行动方案。

Barrows 在定义中强调，PBL 是以问题为出发点，是先有问题，再有学习过程。以问题为起点，学习为目的。PBL 的问题不是为了检测或练习学生之前学过的知识或掌握的信息而提出的。问题本身是为了引发新的学习。Terry Barrett 认为 PBL 中问题不一定是一个现实的需要解决的问题，它对不同的人而言，可以是不同的挑战，如弄懂某个领域的某样事物。对学生而言，这个问题可能以剧本、字谜、对话、邮件、海报、诗歌、录像、物体等形式一起呈现。其特点之一是 PBL 中的问题不是一个疑问，不是学生先接受讲座、练习、摘要等形式的知识输入，然后用这些知识去解决接下来学习中遇到的问题。这在 Savin Baden 看来只是解决问题，而不是基于问题的学习。

PBL 中的问题是学生一开始学习就要面对的问题。就好像做蛋糕，如果配方、配料都已经具备了，那做个蛋糕只是在完成"做"这个动作，解决的是做出蛋糕这个问题。PBL 的问题是在没有提供配方、配料前提下，做出一个蛋糕。因此，为实现做蛋糕，首先要考虑如何解决配方，然后是配料等条件，然后才是具体操作。厘清思绪，蛋糕做好后，发现这个过程学到了更多和蛋糕相关的知识，当然也有操作技能的提高。

从以上定义中可以看出，PBL 学习方法关键在于问题。问题是引发学习过程的起点。学生通过问题展开思考，确认他们已经知道的知识，并整理出解决问题还需要的知识。通过积极地反复思考，学生主动承担起求知的责任。在验证问题、整合知识的过程中，积累、应用实际解决问题的经验，挖掘、拓展了问题关联或隐含于问题背后的知识。PBL 在激发学生参与学习过程中，不但培养了学生解决问题的能力，还促进了其批判性思维能力的形成发展。它既可以是学习方法，也可以是教学策略。

二、PBL 在高校英语写作中的特点

PBL 是一种以鼓励学习者运用批判思考、问题解决技能和内容知识，去解决真实世界的问题和争议的教学方法，它具有以学生为中心的学习小团体的学习、以问题为焦点刺激学习以及教师扮演促进者和引导者角色的四大显著特点。

（一）以学生为中心的自我导向学习

就字面而言，PBL 更侧重于学习。它强调以学生为中心，学生必须自己承担英语写作学习的责任，了解自己已经知道什么，还要知道什么，能用什么方式学习，提出问题、搜集资料，进一步提出可能的解释和论证所需的详尽证据等，从而能更好地了解和决策问题。通过自我导向学习，学生就像真实的从业人员一样，参与讨论、比较、分析、评判大家所学到的英语写作知识和能力。

（二）小团体的学习方式

通常 PBL 小组最理想的人数是 5~9 位学生，这样每位学生可以充分地互动，达到学习的效果。通过小组学习、脑力风暴、小组分工、小组讨论、小组报告（口头及书面）、小组成员互评及小组间评价的活动方式，使英语写作学习能够在小团体中有效展开，达到英语写作的学习效果。

（三）以问题为焦点刺激学习

问题呈现了学生实际要面对的英语写作挑战，提供了英语写作学习的相关性和动机。学生在尝试了解问题时，他就会知道接下来应该学些什么。问题使得学生从更多学科的角度展开思考、探究，有利于学生整合英语写作知识，获得新的英语写作信息。作为学习的原动力，问题最好是真实、复杂、模糊、开放，而且结构不良的问题。

（四）教师是促进者和引导者角色

指导 PBL 的教师被称为"辅导老师"，教师的身份由台上的圣人变成从旁引导者。在 PBL 过程中教师的角色是促进者，而不是传播者；是观察者，而不是行动者。

三、PBL 在高校英语写作教学中的作用思考

调查在 C 大学中对实验班以及对照班进行 PBL 英语写作教学实践后发现：实验班在英语写作环节中以 PBL 思维去进行写作，得到的分数远比对照班高。数据显示，

实验班英语写作均分上升 5%，而对照班则在原来的基础上下降 0.4%。以此，可对于 PBL 在高校英语写作教学中的作用进行思考。

（一）激起学习兴趣

PBL 是以学习者为中心，解决实际问题的有效学习和教学方法，主要原因如下：

1. 问题的内容吸引学生

PBL 的开放的、不良结构的问题与学生的日常生活、经验紧密相关，这些问题是学生在学习、生活中不可忽视或逃避的真实问题和现象。学生可以创设英语写作问题，也可解决教师提出的英语写作问题。这些问题又激起了学生本能的交流、表达、求真的欲望。

2. 解决问题的方式吸引学生

PBL 的整个过程始终都对学生有很大吸引力。脑力风暴、分工合作、巡访、多渠道获得信息、最终方案的确立等环节都给了学生新鲜感、热情和自主意识。因此，贯穿这些活动的始终，学生都积极参与，学生成为决定自己研究问题的决策者，从遭遇问题到解决问题的种种过程、方式以及所有时间、地点、资源都由学生决定，学生拥有了极大的平等性、自主性和灵活性。

3. 解决问题的环境吸引学生

从情感领域的角度而言，组建学习小团体能够培养学生的责任感、荣誉感以及合作精神。面对复杂的、不良结构的真实问题，学生既需要各自学习、思考，积极地为小组决策提供信息帮助，也需要完成小组统一的分工合作任务。在共同分享、整合知识信息、决策问题的同时，小组成员相互了解，相互交流，相互鼓励，相互信赖，相互学习、帮助，形成了融洽、和谐的、健康的人际关系，有利于调动学生更好地发挥个体的自主性，培养个体及小组的社会性，使每个成员都乐于与人合作，善于与人合作。

4. 评价问题的方式吸引学生

PBL 的问题是开放的，而高校英语写作中的 PBL 问题都是关联社会、生活的人文思考问题，学生对问题的最终解决以及呈现问题解决的形式都没有唯一、限定的标准，对学习结果的评价是多元的、弹性的、个性的。教师不是唯一的评价者，任何学生都可以在课堂内主动参与评价活动，因此，PBL 教学的评价是自由的、轻松的、开放的。这种评价体系不仅为学生展示全面的英语写作技能提供了情景，更为学生展示各领域的才华提供了舞台。教师对学生的评价,以及学生之间、小组之间的评价都是基于学习、欣赏、享受、感悟的视角,做出积极、正面的评价。当然,在评价的过程中,教师和学生都不断体验着评价策略的交际效果。对于一个会反思的学习者而言,做出肯定的评价往往是分析能力、批判性思维能力、交际能力形成的标志。正面的评价策略意识不仅让学生看到学习的新契机,更能让他们感受到成功的愿景,引发较高的自我效能感。因此,师生都能从成功、有效的评价中受益。

综上,PBL把学生带入了一个更多学科知识、更多表达方式、更多结果的英语写作空间。

(二)加大语言知识的输入

PBL是建构主义的学习方法,借助开放的、现实的问题激发学习动机,引起自主学习。情境教学法是建构主义的主要教学观点,也是英语写作教学中常用的方法。它强调创设、模拟真实的场景,让学生练习写作。与PBL有相似之处,PBL以问题为情景,将学生置于现实的问题情境中,开展思考、学习。因此,PBL能够更好地发挥学生学习上的积极性、主动性。同时,在探究问题的过程中,通过大量查阅资料,小组讨论、交流、分享,学生个体的信息输入大幅度增加,丰富了英语写作输入的资源。在PBL的高校英语写作学习过程中,学生频繁地使用英语进行检索、查阅资料、整合信息、交流,这些环节都是扩大了学生写作学习的机会,任何自主查阅的课内外信息、教师提供的参考资料、学生之间的讨论交流、成果展示都成为学生写作学习的新渠道、新资源,生动、全面地刺激了学生对写作的敏感性和进行写作输出的需求。

第二节 高校英语阅读教学与任务型教学法创新实践研究

一、任务型教学法

(一)任务型教学的定义

对于"任务型教学"(Task-based Teaching)有不少国内外学者对其发表过看法。例如,国外学者Brown认为任务型教学是将任务看作是教学法的中心。而学习过程就是与课程目标相联系并且服务于课程目标的任务。因此,Brown觉得任务型教学就是教师通过指导学生在课堂上以完成任务为目标而进行的教学活动。中国教育科学研究院研究员龚亚夫，以及北京师范大学英文系教授罗少茜认为，"任务型教学"的基本理念为：教学过程中教师所安排的任务要有意义、有目的，而不是仅仅去进行语言的机械操练。

从以上国内外不同学者对"任务型教学"的定义可以看出，"任务型教学"是需要高校英语教师根据学习内容涉及各种"任务"，以完成"任务"为目的来组织英语教学。这些"任务"来源于学生的日常生活、学习中，可以将学生的英语学习与实际生活相结合。"任务型教学"主要强调学生是主体，侧重在完成"任务"的过程中学习，在解决的同时，提高英语技能以及应用英语的能力，是一种强调在"做中学"的教学方法。

（二）任务型教学的设计原则

为设计好任务型教学活动，教师作为任务的设计者，应当充分考虑以下五点因素：①学生对于英语知识的学习以及英语实际运用能力的发展。②学生的英语基础以及现实生活经历。③怎样激励学生参与英语知识学习以及在生活中实际运用。④如何让学生在互动交流中愉快地吸收英语知识。⑤如何对学生学习进行有力指导以及促进学生之间的合作交流。综上，高校英语课堂的任务型教学设计还应遵循如下原则：

1. 形式与功能相结合

语言形式指的是与英语相关的知识，包括语音、语法、词汇等。语言功能是指人们在日常生活中用语言来建立和保持与他人接触与交际、表达情感或转达信息等。任务型教学的目的也是鼓励学生用英语进行交际，旨在强调语言的意义与功能。同时，语言形式也是任务型教学法的原则之一。教师运用任务型教学法使学生学习了语言形式，那么也要促进其对英语的实际运用，使学生明白英语的实用功效。学生在完成语言知识积累的任务后，发展了交际技能，同时也能理解语言的功能和意义了。

2. 真实性原则

任务型教学的原则还有言语、情景真实性。言语、情景真实性原则包括两方面：一是教师要尽可能在教材中提供接近真实的语言材料和语言信息，使学生在学习过程中体验到真实的交际感；二是任务型教学的英语课堂要尽可能与学生的真实生活情景相关，充分结合英语学习情景与实际生活。

有一点需要注意，在目前的高校英语教材中，有部分学习内容与现实生活毫无关联，但不可否认其不符合实际需要。相反，这样的语言知识也是学生必须掌握的。学生不仅要接触现实生活中人们所经常使用的交际语言，也要接触一些非常规的书面语。这样完整的教学内容，是学生进行交际发展的必要条件之一，是进行交际活动的基础，掌握这些知识有利于发展学生的英语运用能力，在学生脱离课本进行实际交际时，才有可能具备良好的英语综合素质。

3. 体验性原则

在高校英语课堂的教学中，教师对具体的语言知识讲解必不可少，但要使学生完全掌握语言并不能全靠教师的讲解，仅靠死记硬背是无法习得任何语言的。教师应保留足够的课堂时间供学生消化所学的语言知识，通过体验交际来感受语言的交际意义，明白语言的交际用途。

4. 扶助性原则

扶助性原则也称作脚手架原则，包含两层意思："扶"是从教师的角度展开陈述，是教师对学生的学习活动给予帮助与指导；"助"是从学生的角度来说，学生之间的互帮互助、相互支持即为"助"。

Bruner 认为，教师在进行语言教学时，应体现出长者、智者的身份，给予学生帮助和指导，使学生在语言学习过程中攻克难关，体会成功、感受乐趣。Ellis 认为"扶助"涉及两方面。一是认知需求，二是情感状态。从认知角度看，教师要善于启发学生，使学生头脑中已有的知识体系和语言信息得以激活，再辅之以教师和同学的帮助，使得语言学习任务顺利完成。从情感方面看，涉及师生间、生生间相互协助完成任务时的兴奋感和兴趣度，以及出现问题时对挫败感的控制。

5. 互动性原则

互动性原则也就是意义磋商原则。Long 认为，学习者在交流活动以及完成任务的过程中，通过相互提问、回答问题、询问他人的意思、对自己的想法进行解释等相互过程中学习并掌握语言。

学生在互动中交流时，输入和输出语言的机会明显增加，可使二者达到最佳状态。如学习者为完成任务向同伴提问时，就是输出；同伴回答问题时，又增加了输入。但是，值得注意的是，互动的作用并不仅仅是提高语言使用的频度和增加语言使用的机会，更主要的是在互动中，学生可以用不同的方法表达内容，增强语言使用的技能和交际能力。

二、阅读理论

（一）阅读的定义

由于阅读的类型、目的各不相同，不同的专家学者对阅读有着不同的定义。Goodman认为，阅读是读者在自己已有知识和文本提供的线索的基础上，对阅读材料进行预测和验证。

张必隐在《阅读心理学》一书中，将阅读定义为"从书面材料中获得信息并影响读者非智力因素的过程"。从定义中可以看出，张必隐在定义阅读时把情感因素考虑在内，认为其对认知过程产生影响。Urquhart和Weir认为，阅读是读者从书面材料中获取信息并对信息进行解读的过程。因此，阅读能力不仅仅是读者的语言获取能力，更重要的是对语言的处理能力，能根据自己的已有知识和经验去解释阅读材料。根据信息加工理论的观点，阅读过程即是对纸质材料的信息加工，从纸质材料中获取信息。但是这种观点存在一定的缺陷性，忽视了心理因素对阅读过程的影响。

综合不同学者的定义，阅读即是从文本材料中获取信息，并结合自己已有的知识经验对其进行解码，以达到理解的目的。阅读的实质即是理解。

（二）阅读理解的模式

从20世纪60年代开始，人们对阅读的研究更加深入，其中在外语教学界影响最大的是三种阅读理解模式的提出，它们是强调以词汇和语法为基础构建理解的"自下而上模式"；以读者已有的知识经验为基础对文本材料进行预测和验证的"自上而下模式"；融合"自下而上模式"和"自上而下模式"两种观点的"相互作用模式"。自下而上模式是由美国心理学家Gough于1972年提出。"自下而上模式"认为阅读理解过程是字母—单词—短语—句子—段落—篇章层层向上进行理解的，整个过程包括从语言符号进入视觉系统开始，再到文字意义的获得。它强调读者在阅读一篇文章时，首先从识别字母开始，再识别单词、短语；其次根据语法规则理解句子；最后将理解的句子组织起来，形成对语篇的理解。所以，对整篇文章的理解即是建立在对语言文字的理解上，阅读中出现的问题也就是对语言文字的理解问题。按照"自下而上模式"进行阅读教学的教师，在课堂上最主要的任务就是向学生传授语言知识，向学生讲解词汇、短语和解释句子，进行语法规则的陈述，以帮助学生解决语言问题。这种教学方式，导致学生无法从整体上去把握篇章的内涵，只能注意到文章的表面含义，而不能理解作者的真实写作意图和情感。

20世纪60年代末,美国应用心理学家Goodman和认知心理学家Smith提出"自上而下模式"。该模式强调读者是基于自身已有知识实现对文章的理解。读者在阅读材料中寻找足够多的线索,并根据自己已有的知识经验对文本进行猜测和预测,并在阅读过程中对预测内容加以验证。因此,阅读过程即是在已有背景知识的基础上,不断猜测、预测、验证的过程。在这种教学模式下,教师比较注重对学生预测和验证能力的培养,而忽视语言基础知识的传授,导致学生宏观把握篇章的能力增强,但英语语言知识基础却十分薄弱,这最终也会影响阅读水平的提高。

随着对阅读研究的不断深入,学者们意识到"自下而上"和"自上而下"这两种模式并不能足以解释阅读理解的过程,阅读理解是一个复杂的过程,是二者相互作用的结果。Rumelhart于1977年综合这两种阅读模式,提出"交互模式"的阅读理解过程,认为阅读理解既是读者对语言知识的理解过程,也是读者根据已有的背景知识对文本材料形成新的理解过程。教师在进行阅读教学过程中,既要注重讲解重点的词汇、短语以及语法知识,以帮助学生形成对句子的理解;又要引导学生从文章的整体出发,体会作者的写作意图和情感因素。

值得注意的是,"交互模式"并不是"自下而上"和"自上而下"这两种教学模式的简单叠加,教师在选择教学模式时,要根据学生的学习水平以及阅读题材的类型,合理加以选择。

三、高校英语任务型阅读教学研究

(一)阅读前任务设计

读前阶段是阅读课的准备阶段,此阶段的目的是帮助学生激活头脑中原有知识和激发学生的学习兴趣,从而实现导入课文的目的。教师在上课前布置与课文背景知识相关的任务,让学生通过完成任务的方式查找背景知识并预测课文内容。此外,教师需要帮助学生扫除语言障碍,引导学生学习生词和短语,对一些可通过上下文猜测词义的单词要向学生传授学习方法。

(二)阅读中任务设计

阅读中阶段是教师引导学生深入理解课文的阶段,居于阅读教学的核心地位。通过阅读前活动,学生对课文内容有了初步了解。在此基础上,教师通过设计层层递进的教学任务活动，设计多个任务，引导学生进行合作，相互交流讨论，在互动中理解文章内容，归纳中心思想，总结文章主旨大意，以培养学生合作学习、自主学习的阅读能力。笔者根据阅读由浅入深的顺序，设计了两个环节来完成阅读学习任务。

1. 快速阅读

该环节要求学生在规定的时间内快速阅读课文，对阅读速度有很高的要求，并从整体上理解课文大意和作者的写作意图，体会文章的写作基调。这种阅读任务设计对培养学生快速阅读的能力，以及迅速获取信息的能力有很大作用。

2. 仔细阅读

仔细阅读是分析性地精读，要求学生慢慢阅读，从细节处理解文章，从而把握篇章结构、主旨大意、写作意图和情感态度。学生可根据自己的阅读习惯阅读，但要拒绝不良阅读习惯，如默读、唇读、指读、回读等。阅读完之后，在小组合作的基础上完成教师设计的任务，以锻炼阅读能力。

（三）阅读后任务设计

阅读后阶段是对课文的进一步巩固和延伸，意在通过一系列的组内合作活动拓展学生的知识广度和深度，提高学生口头表达以及自主学习能力，培养学生的创新精神和人文素养。

经调查 C 大学实验班以及对照班中对基于任务型教学法的英语阅读教学的实践发现，实验班在阅读数量、阅读质量、阅读速度上远超于对照班，其中实验班阅读数量比对照班高出 30%，阅读质量经测试比对照班高出 35%，阅读速度是对照班的 1.5 倍。因此，笔者认为任务型教学法在高校英语阅读课堂中具有巨大优势。

四、高校英语任务型阅读教学的优势

（一）增强学生的英语阅读兴趣和自信心

任务型教学法强调以学生为中心，注重学生的阅读体验。课下，学生可根据自己的兴趣选择阅读文本，可根据自己的能力选择不同难度的阅读材料，充分体现学生的自主性，使得学生能不断地主动积累知识。

（二）增强学生间合作交流能力

任务型教学法强调小组合作完成学习任务。教师会根据学生的兴趣、能力分配给小组成员不同的教学任务，每位同学完成自己的任务后，再向小组其他成员汇报自己的发现，小组成员间达到广泛的交流与合作。

(三)学生的表达机会增多,课堂教学气氛活跃

任务型教学法强调学生的主体地位,教师不再是课堂的主宰,而是起到监督和引导作用。教师不再进行满堂灌教学,而是留给学生更多的思考和交流时间,让学生间通过讨论来分析问题和解决问题,并在全班同学面前表达出观点。学生真正参与到课堂教学活动中,使得课堂教学气氛得以活跃起来。

(四)提高学生的自主学习能力

高校英语阅读课堂教学中,教师布置各种各样的教学任务。这些任务都需要学生间通过交流或学生自主学习查找资料找出答案。课下,教师布置相关阅读任务,在独立完成任务的过程中,学生的自主学习能力大大发展。

(五)增强学生运用英语知识的能力

任务型教学法强调学生将学到的英语知识运用于现实生活,注重知识的实用性。任务型教学法的任务并不单单与学习有关,更多的是注重将现实生活中的元素融入任务中,使得学生在完成任务的过程中体会生活。

第三节 高校英语听力教学与基于图式理论的创新实践研究

一、图式理论介绍

(一)图式的定义

1781年,德国哲学家康德在《纯粹理性批判》一书中首次提出了"先验图式说"一词,这是图式概念的第一次出现。康德认为,图式概念本身没有任何意义,只有当它与人们已知的事物产生联系时才会产生意义。康德把图式概念引入哲学领域后,把唯理论和经验论这两种对立的哲学思想结合在一个完整的认识论体系中,可以说在某种程度上,图式概念连接了这两种哲学思想,并且借助图式概念,双方才得以进行沟通。

在近代心理学研究当中,格式塔心理学是最早将图式这一概念给予高度重视的,其主张研究直接经验(意识)和行为,强调经验与行为的整体性。

随着社会的不断发展,认知心理学中的图式理论逐渐进入了语言学领域。20世纪

70年代后期，美国人工智能专家Rumelhart做了大量的研究把图式概念发展为一种完整的理论。Rumelhart认为，图式理论基本上是一种关于人的知识的理论，也就是说，它是关于知识是怎样被表现出来的，以及对知识的表征如何以其特有的方式促进知识的应用的理论。换句话说，人们在理解新事物的时候，需要将新事物与已知的概念、过去的经历（背景知识）结合起来。

现代图式理论是在信息科学、计算机科学深入心理学领域，是心理学中关于人的认知的研究发生了深刻变化之后于20世纪70年代后期发展起来的，并广泛应用于心理学、认知科学和外语教学领域。有学者认为图式是通过一段时间的对环境直接或间接的经验而学会和获得的，具有后天获得性。

不同时期的学者对图式及其理论的表达方式各有不同。根据西方哲学家的理解，图式就是用来组织、描述和解释人类经验的概念网络和命题网络。认知心理学家认为，人们在认知过程中通过对同一类客体或活动的基本结构的信息进行抽象概括，在大脑中形成的框图便是图式。心理学家认为图式是储存在人们记忆之中的由各种信息和经验组成的认知结构。Piaget以及Rumelhart等人认为图式由表示概念要素的若干变量所组成，是一种知识框架及分类系统。语言学家Car-rell把图式看作是语义记忆的一种结构。

尽管不同的学科领域对图式有不同的表述，但有一点达成了共识：图式首先是一种结构，一个图式可以被包含在另一个结构中。人的知识是以图式的形式储存在长时记忆中的，这些图式大小不同、层次不同，相互连接，纵横交错，在长时记忆中形成庞大的立体网络系统。图式包括各种各样的知识，图式的总和便是一个人的全部知识。

（二）图式的分类

近年来，图式理论应用于许多领域，越来越多的学者研究图式理论，并讨论其各种形式，然而图式可以根据不同的作用分为不同的类型。Carrell认为图式分为两种：形式图式和内容图式。形式图式就是不同类型的文本的修辞结构和组织形式方面的背景知识；内容图式是某一篇章的内容方面的背景知识。从听力理解的角度出发，James认为图式或背景知识基本上可以分成三类：语言图式（语篇处理与解码的技能）、内容图式（有关文本内容的知识）和形式图式（文本的修辞结构）。

1. 语言图式（language schema）

Carrell认为，语言图式是指基本的语音、词汇、句型及语法等方面的语言知识，即语音、语调、俚语、俗语、习语及虚拟语气等。换句话说，语言图式基本上是对听者或者读者已具备的语言知识总和的考查，既包括语音、语法和词汇知识，还包括句子、段落等连接手段，如替换、省略、连接词等。语言知识是听力理解的基础。Carrell 指出，如果听者没有足够的语言知识和一定的听力技巧的话，他的相关图式是无法激活的。对于把英语作为第二语言的中国英语学习者来说，听力理解过程中针对语言图式的理解尤为重要。

  2. 内容图式（content schema）

  内容图式指与话题内容相关的背景知识和社会文化知识，即关于文章主题的背景知识，因而又称为主题图式，如在餐馆吃饭、庆祝除夕、美国历史或者面试等。

  内容图式的不同类型，对于外语学习者来说，最重要的也是最需要具备的文化内容图式。不同的国家和民族有着不同的文化传统。不同的文化价值观、思想观念、社会习俗和文化传统都会影响到对话语的理解。在听力理解的过程中，中国学生就习惯用自己的文化观念去理解英语，与英语本土人士所拥有的文化观念存在差异。内容图式的这种文化差异性对外语的听力理解有显著的影响，对目标语文化缺乏了解会成为阻碍学习者听力理解的重要因素。

  话题熟悉程度在内容图式中也起了重要作用。在听力理解过程中，人们会充分利用所谈话题的信息。话题熟悉程度为听者指明了方向，使他们能把自己的先前知识联系起来，以检验对听力文本的理解。在大学英语四级考试中，很多对话的场景来自人们的日常生活，如餐馆、银行、医院、校园、机场等，对话双方的关系及说话者的行为程式比较固定，听者只要具备相关的常识就能理解对话。

  此外，个体关于世界的人、物品和事件的具体经历和知识也能帮助听者理解很多场合的情境，如吃饭、乘火车、开会等。因此，储存在大脑中的有关日常生活的常识及专业知识的图式模型对听力理解起着重要作用。文化背景知识构成听者内容图式的重要部分。内容图式在一定程度上可以弥补语言图式的不足，帮助听者预测和选择信息，排除歧义，提高听者对材料的理解程度。

  3. 形式图式（formal schema）

  形式图式也被称为篇章图式，指在篇章、修辞等方面所具备的知识系统，是关于不同类型的文章中修辞结构和组织结构方面的背景知识。如作品所具有的不同语篇类型（体裁）、故事的不同结构、辩论、采访、讲座、学术论文、报刊文摘、诗歌、新闻报道等。换句话说，各类不同体裁的文章都有不同的组织结构，体裁不同，那么信息出现的位置也不同。听者要对篇章的结构非常熟悉，才能辨认出文章的体裁，从而处理听力材料。常听英语新闻报道的人都知道，英语新闻报道大多把重要信息置于首位，后面的信息通常是背景信息，假如听者头脑中具备英语新闻的语篇图式，就会将注意力集中在前半部分，就可以把握听力内容。听者头脑储存的形式图式越丰富，对体裁越熟悉就越容易回忆和理解文本内容。

（三）图式的主要特征

图式具有如下几个基本特征：

1. 图式即变量

图式是由变量构成的有组织的知识单位，它有组织、有条理地表征人类记忆中庞杂的知识，综合表示事物的特征。Rumelhart 认为，图式是认知的建筑构件，人类的认知依靠记忆中已经存在的图式，没有图式便无法认知千变万化的世界。图式有许多空位，这些空位表示每一个事物及事件的结构，每一空位表示该事物或事件的各种属性，即变量，每个变量可以由某一价值来填充。如"餐厅"的图式包括一个空位：路边店、快餐店、自助餐厅和豪华饭店等，而"快餐店"又可以由"中式快餐"和"西式快餐"等填充。一般而言，在阅读与听、说过程中，当具体价值足够了，有时甚至只需要用一两个变量来填充某一图式的空位，使图式具体化，从而激活人脑中原有的相关图式，人们便实现了对事物的认知和理解。

2. 知识性

知识性是指图式是一种关于人的知识如何被表征，以及这种表征方式如何有利于知识的应用的理论。图式所表征的知识可以从一个词的意义、一个句子成分、文化背景、理论观点到思想意义不等。如可以表示"忠诚""爱国"等思想，也可以表示"课桌""书本"等具体的词义。

3. 抽象性

尽管图式来自人所经历过的具体事物，但它并不是一个个具体经验的堆砌与集结，而是这些具体事物中某些共性特征的集合。所以，它是从具体经验中抽象出来的记忆模式，是对具体事物的一种抽象性反映。如"教室""教师""书本""学生"等图式是对"教育或教学"这一抽象图式的反映。储存在大脑中的图式知识是一种抽象的知识结构，即它是对具体事物的抽象，而不是大脑中存储的原始数据。如大脑中储存的"人"这个图式，就不仅是"某一个具体的有头有腿的人"，而且还含有"能说、能思维"等特殊性。

4. 结构性

图式的结构性是由知识的结构性决定的。图式是一种多层次的分级体系构架，在人的大脑中排列着众多的图式单元，各知识节点间按照一定的联系组成一种层次网络，这些单元的有机组合，形成一个庞大的图式网状系统。在这个系统中，层次越高，涉及信息的范围就越广、越抽象；层次越低，就意味着信息的范围越小、越具体。此外，图式还是一种等级结构，带有子图式，一个图式可以被包含在另一个图式中。如小鸟属于动物，对于鸟来说，动物的图式是鸟的上位图式，而羽毛、翅膀等则是鸟的子图式。又如餐馆这个图式中，食物就是它的子图式。

二、高校英语听力教学中语言图式的设计与运用

语言图式包括一定的语音知识、一定的语法知识及丰富的词汇和习语等，基本上概括了听者的全部语言知识。因此，要准确地理解听力文本，听者必须具有扎实的语言基础，才能较快地利用已掌握的音位学知识对词语和句子做出正确的选择，避免听力理解时出现句法混乱或者语义不连贯的现象。

Carrell 认为，二语学习者必须具备一定程度的语言能力才能激活有关图式；学习者的图式再丰富，没有扎实的语言基础，也会导致交际的失败。因此，从这个意义上讲，教师在教学中必须提高学生的语言图式，具体表现在语音、词汇和语法等几方面。

（一）语音方面

语音方面存在的种种现象如连读、弱读、句子重音、不完全爆破、语调、英音和美音的差异等都有可能成为听力理解中的难点，教师必须指导学生了解并掌握其特点及规律，加强学生的语音知识和语言微技能的训练。

1. 连读

以辅音结尾、以元音开头的两个相邻的词语会形成口语中常见的变音现象——连读，是学生准确掌握听力内容的干扰因素之一，如 put-it-on，take-it-away 等。教师先通过举例法直接解释连读的特点及规律，激起学生对这个语音图式知识的回顾，然后要求学生听相关的连读录音，学生利用已激活的连读图式验证录音，发现此处是辅音与辅音的连读，头脑对储存的辅音与元音连读的图式进行修改，建立辅音与辅音连读的新图式。学生在听后不断进行口头练习，巩固这一语音图式。

2. 弱读

虚词如冠词、连词及介词等在朗读中一般读得较轻，是听力理解中的一个难点。教师先用一些弱读现象展现给学生，激活学生对这些短语中的弱读概念，然后通过举例法引导学生在听懂主要词语的同时，还应尽力捕捉这些弱读的虚词及其在文中的意义。

3. 重音

一般说来，实义词都应该重读而功能词一般都不重读。但是在对话当中的起始部分之后，说话人可根据说话的目的、意图对任何单词或短语进行重读，加以强调。句子重音的变化表示句子意思的不同。

4. 语调

出于表达感情的需要，人们说话时的语调往往发生变化。不同的语调表达不同的意思，要透过语调听出字里行间的"弦外之音"。因此，听话的时候，听者要注意辨别语调，才能正确理解说话人的思想感情。辨别语调又包括两方面：一是辨别重音。重音的落点不同，强调的意思就不同。二是辨别语气。语气不同，表达的感情也不同。听话时，认真注意说话人语气的变化，有助于正确领会话里所包含的情感。

（二）语法方面

作为一种综合分析型语言，英语强调"法"治，如果听者连"法"都不懂又何谈理解。语法内容一般指词、句的构造规则及其语法意义。语法知识同样是听者必须具备的图式。

因此，教师应努力帮助学生激活这些语法的特定含义，在进行英语听力时学生利用已激活的语法知识，对语法现象进行分析和归纳，从而提高听力理解水平。

（三）词汇方面

学习一门外语在某种意义上就是学习它的词汇。当听者遇到满是生词的听力材料时，无论他具备怎样的图式和听力策略，也都无计可施。词汇是构成语言的基本要素，词汇意义是指词素、单词以及词组的意义；对词汇意义的正确理解在很大程度上取决于语境。听力理解不仅要求听者把音和词联系起来，而且还要在短时间内从大脑中调用词汇来理解听力材料。在实际语境中不能辨别词汇的真实含义往往导致听力理解的失误。

总之，在高校英语听力教学的各个环节中，教师应该不失时机地从语音、语法和词汇方面帮助学生建立较为完整、系统的语言图式。

三、高校英语听力教学中内容图式的设计与运用

内容图式，指听者对于听力材料所涉及的主题的熟悉程度，和对目的语相应的文化背景知识及世界知识的掌握程度。目前，高校英语视听说教材涉及的题材也主要是文化、艺术、地理、历史、社会等领域的知识，学生在缺乏西方文化背景知识或不了解中西文化差异时，往往很难把握住材料的大意。因此，在语言教学中增强文化意识，教师在听前阶段帮助学生建立和丰富有关英美国家人民的生活方式、生活习惯和风土人情等方面的内容图式，提高听力理解，具体可采用如下方法：

（一）直接解释法

在听前阶段教师用英语直接讲解与听力文本相关的文化背景知识，建立起听者先前的知识经验与听力材料之间的纽带，这样既训练了学生的英语听力，又有利于对听力材料的理解，提高了学生对听力的兴趣。

（二）直接观察法

教师通过直接向学生展示实物，引导学生观看图片、视频等多媒体资源，帮助学生直接建立与听力内容形象生动的联系。

（三）提问法

教师在听前向学生提一些与听力主题相关的问题，以引起学生的思考，激活他们的内容图式。

（四）讨论法

教师先提出与听力材料相关的问题，组织学生以小组为单位进行讨论，各小组讨论完后派一个代表在班上做总结。在听前活动中讨论，有利于学生之间相互补充图式的问题，进一步丰富学生的图式。

四、高校英语听力教学中形式图式的设计与运用

形式图式指人们具备的有关篇章组织和构成方面的知识系统。在英语听力理解过程中除了知识障碍外，还有非知识性的障碍存在。在高校英语听力中，学生会接触到不同体裁的文本材料，如果教师在教学中指导学生了解不同体裁文章的结构特征，同

时让学生熟悉各种体裁的特点,在大脑中就可以形成各种不同体裁的文章的组织结构形式。在进行篇章理解时,即使有少部分或个别生词,也可以较顺利地理解听力材料,甚至较透彻地理解文章的细节部分。因此,在日常教学中,教师要引导学生对不同体裁的文章进行归纳与总结,学生在听前就可以依照浏览标题和选项对听力文本的篇章结构做一下预测等,很快厘清文章的脉络与思路,在适当的时机抓住大意和细节等,也丰富了学生的结构图式。下面以说明文为例介绍形式图式的具体应用。

说明文主要采用多种方式解释说明各种事物或现象,如举例说明、数字说明、解释说明、时空顺序说明等。在听力理解时教师指导听者在形式图式的指导下,调用语言图式和内容图式,对信息进行预测、验证、重构,使之形成有机的统一体。

五、优化基于图式理论的高校英语听力教学

(一)与图式相关的活动需要细化到听力课堂教学的各阶段

图式的具体化有利于学生更好地理解材料,并且该过程应体现在课堂教学的各个环节中。学习者头脑中存在与社会文化背景知识相关的图式,但是只有将这种图式具体化才能有助于听力理解。如 reser-vation 一词,学生就要结合自身的经历来预测,包括预订餐饮座位、火车票、飞机票、电影票、预订酒店房间等一系列的图式,还要纵向考虑预订的时间、数量、价格等。

将图式具体化,需要师生的共同参与。在英语听力教学前,学生要积极地做好思想准备,教师利用一些听前活动来激活与学生即将听到的听力材料相关的背景知识和图式,如听前通过标题预测文章内容、谈论与主题相关的图片、讨论主题、提前浏览听力问题、回答教师提出的与主题相关的问题和听取老师对背景知识的讲解等都能获得具体化的图式。

听的阶段的目标主要是确定听者的预测,获得文章的大意和细节。听者在此阶段要积极地处理信息,如快速记关键词、判断先前的预测与听到的是否一致,并在脑海中加强记忆说话人的主要观点和材料的结构。总之,在听的阶段,听者要积极激活头脑中已存在的旧图式,填充相关图式,使新信息更容易被理解和吸收并融合到旧图式中,经过检验和修正,重建新的图式,丰富已有图式的内容,从而对听力理解产生良性循环。

听后阶段安排的活动也同样重要,可以鼓励学生拓宽思维,弄清意思。学生可以

通过复述故事、写大纲等活动，结合所听到的听力材料的图表、线索等信息，将其储存在大脑中作为背景知识供下次调动使用；听后活动还能将语言和背景知识结合后转化成其他技能，如通过表演对话、小品文、角色互换、辩论等活动，提高学生的口语表达能力。教师通过指导学生归纳和总结，对现有图式进行修正和补充，形成该话题的全新图式。

（二）教师在听力教学中应主动帮助学生努力建立新图式

大学生的听力水平仍受到语言图式特别是语音和词汇图式的影响，无法获得信息，理解听力材料。教师要注重不断充实学生的语言图式。文化背景知识的欠缺使学生在听听力材料时容易产生误解，造成听力理解的失败或中断，因此，教师要讲解文化背景知识，把语言和文化知识联系起来，注意中西文化比较与对比，逐步丰富和扩展学生的内容图式。教师要指导学生从整体上把握听力材料，进行推理归纳，对学生的听力理解起到提纲挈领的作用。

（三）引导学生注意泛听与精听结合

听力理解不是被动解码的过程，而是积极主动对材料进行预测、分析和推理的过程。仅仅通过激活旧图式和建立新图式还不够，还需要对新旧图式进行有效整合，同时建立交互式信息处理模式，学生的英语听力水平才能不断提高。对于独立学院的学生来说，很多学生在精听时过分注重个别字、词、句的听辨和理解，单靠"自下而上"的处理模式进行理解，忽略了用自己的背景知识从整体上对听力材料进行预测和把握。因此，听力教学可以采取泛听与精听相结合的方法。先让学生在轻松愉快的听力环境中泛听，指导学生运用自己的背景知识对全篇进行整体性的把握，归纳听力材料的主题思想，减少焦虑心理。然后再让学生精听，通过抓关键词、信号词、说话人的语调等方面捕捉重要信息。教师还可以鼓励学生在课外多进行英语泛听训练，选择自己感兴趣的以科普常识、时事政治、生活习惯、文化教育、风土人情等为题材的，以对话、讨论、新闻广播、歌曲、戏剧、电影等为体裁的听力文本，在泛听中积累多方面的背景知识，以便在精听时，可以弥补语言图式的不足，结合熟悉的背景知识，采取交互的模式对听力文本做出积极、正确的理解。

（四）引导学生充分利用多媒体整合资源，重视培养学生的文化素质

随着科学技术的发展，语言学习不再局限于单一的书本形式，而是把多种音像、影视等资料和网络音像资料应用到语言学习中，特别是应用到听说中去。因此，教师

要有效地利用多媒体教学手段，如互联网、电台、国际卫星系统及其他形式的媒体，整合教材和教学资源，如英语教学软件、教学资源库、网络课程等，构建人与人、人与计算机以及人与网络的高校英语课堂教学模式，为学生创造英语学习和应用的环境，发展和提高英语应用能力和交际能力。

语言与文化密不可分，利用多媒体资源生动真实的场景接触目标语的文化，充分调动学生的视觉、听觉、感知觉，加大目标文化可理解性的输入，就有利于更深刻地了解语言。教师可鼓励学生多看英文电影和电视节目，充分利用大众传媒来丰富英语国家生活方式、风土人情和社会文化科普知识等方面的内容图式。如果条件允许，可以利用电脑终端开辟学习者与英美籍人士直接进行交流，在真实的语言背景下练习口语，最直接地获得有关地理、历史、社会、文化、政治和经济等方面的信息，这样以听带说，以说促听，大大地丰富了学生的语言和文化知识。

第四节 高校英语口语教学与教育机器人辅助教学的创新实践研究

一、教育机器人辅助高校英语口语教学的实用性分析

（一）传统教学手段分析

现阶段，高校英语课堂的教学中常用工具可分为视频、音频、多媒体以及移动设备。不少国外学者认为，在教学过程中使用视频手段展现视觉效果能够帮助学生加强和保留记忆，并且多媒体在促进学生学习方面明显优于单一媒体。在英语教学过程中，听、说、读、写都需要教师对其进行示范，通过视觉以及听觉阐述知识。因此，需求庞大的教育领域，多媒体技术得到了飞速发展，外语教学的使用技术对语言教学的影响也越来越深。

研究表明，媒体可以通过促进沟通、鼓励口语练习、培养合作学习、发展写作思维、减少跨文化学习的障碍等方式促进学生进行语言学习。但目前的教学工具还存在着两个通病：一是难以定制化，并且交互难度过大，部分工具只能通过按键触发互动。若媒体所呈现的学习内容与学生实际英语水平不符，那么使用媒体辅助教师进行教学的效率将大大降低。每位学生的英语水平都有所不同，因此，媒体必须让教师有调整教

学材料的空间。与音频、视频等媒体技术相比，学生会更自然地与有形物体互动，而教育机器人可以定制并允许教师调整教学材料。所以，教育机器人可以很好地帮助高校英语教师进行语言教学。

在以往的英语教学过程中，教师充当领导者，学生为参与者，辩论或其他形式的学习活动中也会有部分学生充当领导者的情况出现。但并非所有老师与学生都愿意被其部分学生所主导。对于这种状况，教育机器人可以作为学习伴侣遵循学生的指令。图片或视频这类传统辅助教学的工具可以帮助教师设计英语学习活动，但这些工具无法与学生进行直接交互，导致学生深陷传统的教学方式中，无法提高教学质量，而教育机器人可以在编程中加入"听到""说话"等指令以支持英语口语教学，提升了学生的参与度与体验感。

这些方法侧重于指导学生进行沟通，加强口语锻炼能力，并要求学生使用目标语言做有意义的任务。例如，模拟访问医生或模拟致电客服寻求帮助。一方面，在基于任务的学习活动中使用教育机器人可以替代高校教师来完成扮演任务情境中的角色，以减少课堂管理的问题。另一方面，与教育机器人交谈也能减少一些使用英语口语的心理障碍，教育机器人可以被设计为外国人的角色，学生必须说英语才能和他们进行交流。因此，进行教育机器人辅助教学的研究是一种有必要的尝试。

（二）机器人特征分析

笔者研究分析了目前具有可能支持指导教学这一共同特征的教育机器人。分析总结出教育机器人的七个特点，如下所示：

1. 重复性

教育机器人可以毫无怨言地执行简单、重复的操作。这一属性不仅有助于重用学习内容的高校英语教师，也有助于需要英语口语练习的学生。高校教师通常在多个学期的多个班级中使用相同的教学内容。反复练习有助于学生理解和熟悉一门语言。要找到一个能不断练习英语口语对话的伴侣是不容易的，尤其是对于那些口语能力较弱的学生。因此，具有这一特性的机器人非常适合帮助英语口语学习。

2. 灵活性

教育机器人的灵活性使教师能够根据相关的教学要求，调整和设计适当的教育机器人所支持的口语教学活动。学生不再受既定设计的学习内容的限制，教师也同样不受某些口语教学材料的限制。此外，扩展了灵活性的概念，未来学生和教师可以与教育机器人协作选择口语教学活动和内容。这一机会可能会使学生参与到自己语言课程的发展，从而减少教师和学生之间的距离。

3. 数字化

教育机器人是数字化的。因此利用教育机器人作为教学工具，可以利用数字数据的可共享性和可保存性的特征作为这一属性的扩展，可以开发教育机器人支持的语言教学的数据库来记录教师的教学经验。这不仅有助于指导者更有效地指导，而且有助于开发人员为语言教学设计更多的功能机器人。此外，教育机器人可以通过蓝牙或Wi-Fi等无线通道与计算机连接，这使得教育机器人能够通过计算机中的软件和材料与学生进行交互。

4. 人形外观

教育机器人的人形外观更具有吸引力，可以激发学生的好奇心和幻想。不管学习主题如何，学习动机在学习绩效中起着重要作用。语言学习注重使用而非理解，与主要注重理解的科学教学不同。一个仿真机器人可能会比口语视频更自然地增加学生练习语言技能的动机。

5. 身体运动

动作是语言表达的一个重要属性。有手势的教育机器人不仅能增加学习动力，还能在说话时使用适当的手势指导学生。在英语口语学习中，这个功能甚至可以帮助学生理解教育机器人所说的未知单词。尽管教师也可以做手势，但某些滑稽或夸张的动作可能很难表演。

6. 相互作用

教育机器人的一个基本功能是与人互动的能力。这一特性使教育机器人可以成为教学助理，支持更现实的语言表达。对话练习在语言课上很重要。通常一个老师同时扮演两个角色或选择一个学生在对话练习场景中扮演一个角色。教育机器人也可以参与这种活动。此外，通过语音识别技术，教育机器人可以在与人互动时提供适当的反应。此功能使教育机器人可以参与对话练习。此外，通过分析互动记录，教师可以更详细地了解学生的口语学习状况。

7. 拟人论

与其他教学媒体相比，学生们把外表和身体运动都像人一样的教育机器人当作真正的演讲者和听众。但他们也知道机器人不是真实的人。因此，学生们不必担心他们在谈话中会因为发音不清或语法错误而被轻视或嘲笑。这可以减少学生的焦虑，提高他们参加对话练习的意愿，尤其是对于高校英语口语练习。

二、教育机器人辅助高校英语口语教学的设计模式

（一）英语教学设计的相关理论

1. 建构主义理论

建构主义于1966年由瑞士的儿童心理学家、认知心理学家皮亚杰提出。他认为知识的构建产生于主体与客体的相互作用。一方面是同化，另一方面是顺应。同化即新经验要以原有经验为基础；顺应即新经验的进入又会调整、改造原有经验，或者是使原有经验更加丰富。这就是双向的建构主义。

建构性学习强调学习者对知识的主动建构，认为学习是内在驱动和积极性的，是基于案例和情景化的，是诊断性和反思性的。而新课程改革也强调唤醒这一过程，强调要帮助学生在已有的知识经验和新知识之间搭建桥梁，建立联系，以促进学习。建构主义与机器人辅助教学之间也有以下契合点：

（1）情景创设

建构主义理论认为，学习是基于案例和情景化的。相比于计算机技术，机器人具备的语音识别、语音合成、人脸识别、智能解答、运动控制等功能，更有能力创设真实学习情境。

（2）自主探究

建构主义强调学生的自主学习，并倡导帮助学习者联系已有的知识经验。教育机器人自身具备专家系统知识库及智能导学系统，能实时为学习者提供全面且个性化的学习资源，并且引导学习进程。

（3）师生交流

建构主义的教学观中强调以学生为主体、教师为主导。而机器人具有语音识别、语音合成、人脸识别、智能解答等功能，可以与学生进行多种形式的交流，教师则可以整体组织、引导教学过程，查漏补缺。这种形式有效地减小了教师的教学压力。

（4）自我建构

建构主义认为，教学过程是学习者自我建构的过程。而教育机器人能监测学习者的学习进程，并进行数据挖掘，为其建立个人信息库，从而提供个性化学习服务。此外，机器人还能反馈教学效果并对接下来的学习方案进行优化，从而提高教学质量。机器

人可以进行自我建构并帮助学生自我建构。

2. 二语习得理论

20世纪70年代末，美国语言学家Krashen提出了一种称之为"监察模式"的第二语言习得模式，并在20世纪80年代初被引进到我国，引起许多研究者的重视。该理论的核心部分是输入假说，强调应从可理解性的输入中获得语言。二语习得理论的提出是基于第二语言习得过程与规律的。二语习得理论认为，语言的输入与输出是一个整体，不可切割，同等重要。这就要求高校教师要选择既有文化内涵，又具有可读性的英语口语材料。要求提高课堂的互动性，让学生有更多的机会使用口语来练习和交流；要求体现学生的主体地位，突出情感教育，帮助促进语言的习得。

在传统的英语教学中，教师过于重视"学习"的作用，而忽视了"习得"的影响，过于强调教师在教学中的主导地位，忽视了学生的主体作用。高校英语口语课堂区别于其他课堂的关键就是需要更加关注学生的有效输出。良好的课堂语言环境有利于学生提高口语能力，教师应该尽可能地在教学中为学生提供互动的学习环境，创造真实语境，加强互动，但互动不应局限于提问和回答，要激发学生参与热情，形成内在的思维模式，将多样化的输入能够根据交际场景准确地选择性输出，并且及时了解学生在口语方面的问题，从而在表达的过程中，反复假设、检验、修改学生输出成果，以提高学生口语交流的能力。使用教育机器人就能对这样的教学模式起到很好的辅助作用，机器人功能的丰富性和扮演角色的多样性能为学生创造出语言学习所需的情境，帮助学生练习，并提供个性化的学习材料，优化学习策略，及时反馈，让学生们能够真正习得一种语言。

3. 交际教学理论

1972年，美国社会语言学家、人类学家海姆斯提出了"交际能力"的概念。交际教学法又称交际语言教学，也称为意念法、功能法，其中意念指语言表达的念头，功能则是语言表达的作用，交际则是语言表达的过程和结果。所以说，实际上交际教学法是指在语言教学过程中教师运用各种手段创设真实的语言环境，帮助人们用语言进行交际的全过程，强调的是让学生提高综合运用语言的能力。

交际教学理论以培养学生的实际交际能力为教学目的。其核心原则是"用语言去学"和"学会用语言"。交际教学法认为，教学活动要最大限度地使学习者真实、有意义地运用语言，而不是机械地训练语法和句型。执行有意义的任务能促进学习，是对学习者有意义的语言，能够支撑学习过程。

交际教学法强调学生口语的学习应处于符合真实交际语言环境的学习情境之中。教育机器人正好能做到这一点，其智能导学系统可以为学习者的特征提供难易适中的可理解的学习材料,并通过角色扮演主动发布任务,发起对话,营造真实的学习情境,让学生在有意义的任务中练习、修正,从而真正习得语言。

(二)教育机器人辅助英语习得过程

在语言输入阶段,机器人可以用男性或女性的声音呈现故事,教师通常不容易模仿各种声音,机器人的这种能力可以实现出色的角色扮演,以进行学习情境的创设。当机器人播放故事时,它还可以伴随执行动作演示或提供声音效果增加参与度。机器人还可以为学生提供难易适中的、可理解性的口语材料让学生学习。同时,也可以作为多媒体,播放教师准备好的课堂所需的口语材料来发布任务,提出学生需要解决的问题。

在语言练习阶段,机器人可以作为学习伙伴,与个别学生聊天;也可以将机器人呈现为学生需要与之交谈的外国人,或者扮演任务情境中的角色,这可能会鼓励学生使用外语进行交流。机器人男、女生声音的转换允许学生练习不同角色的角色演讲,还可以引导学生背诵词汇和句子。机器人可以改变说话的速度,学生随后可以模仿这种速度。而当机器人领导阅读课时,老师能够专注于学生的发音和语调。机器人会要求学生执行某项任务,例如,举手、转身、去某个地方等;学生也可以要求机器人做同样的事情,机器人会自动遵守学生的指示。尊重的感觉可能会更容易鼓励学生练习口语技巧。机器人还可以记录聊天过程,监控学习进程,根据学生说出的词汇、语句难度等级,选择与他们同等或相近语言水平的语料进行交流。

在语言输出阶段,机器人可以进行随堂测试来检查学生的学习情况,并根据测试结果提供强化练习以及课后练习。通过监控的学习过程,进行数据挖掘,更新学生特征库、知识库,并优化教学策略,同时教师也会对课堂教学情况做观察和记录。

(三)机器人辅助英语口语教学设计模式

基于上述研究,可设计出机器人辅助英语口语教学设计流程图,具体流程如图6-1所示。流程主要分为三大部分,分别是教学任务分析、教学过程设计和教学评价与反思。而其中的每一部分又分为许多子环节。教学任务的分析是整个教学设计建立的基础;教学过程设计就是借助机器人的技术优势,进行真实学习情境的创建,并选择合适的学习策略,利用合理的学习资源和工具,供学生展开自主探究学习;教学评价与反思用于评价学生学习效果和教学整体情况,从而优化教学设计方案,是高校英语口语教学设计中的不可或缺的部分。

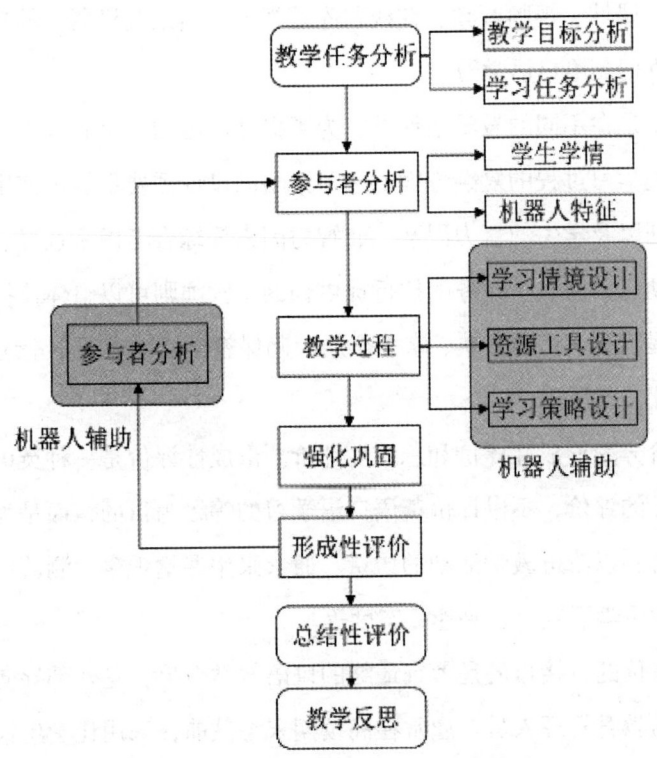

图 6-1　教育机器人辅助高校英语口语教学设计模式

1. 教学任务分析

前期教学任务分析包括教学目标分析、学习任务分析和参与者分析。

教学目标可根据布鲁姆教育目标分类法，从知识与技能、过程与方法、情感态度与价值观等三个维度设计。参与者包括学生和教育机器人。学生需要进行学情分析，确定学习者的知识基础、认知能力和学习动机等内部因素；机器人特征分析则需要明确了解所使用的机器人的运动控制、外观触感、视觉、语音、连接等方面的性能，确定教育机器人在高校英语口语课堂中的使用模式。

2. 教学过程设计

教学过程设计包括学习情境设计、教学资源设计和学习策略设计。

学习情境设计是根据学习任务中涉及的场景和学习的主题，设计接近生活的学习场景，并使用教育机器人实现真实语言环境中的不同角色扮演，来吸引学生的注意力，激发学生的学习兴趣和主观能动性，并为接下来的学习做好铺垫。

教学资源设计是根据学习内容的需要，为学生提供必要预备知识，包括支持性信息和程序性信息。教学资源的种类应尽可能全面，这里通常是指数字化教学资源，例如，多媒体课件、视频音频、在线题库等学习网站以及机器人的知识库等，以供学生多方面地进行英语口语学习。

学习策略是在不同的教学条件下，为了提高学习的效果和效率而有目的、有意识地制订的有关学习过程的复杂方案。学习策略的设计需要根据可使用的教学条件、知识内容的特征以及学生的智力因素、非智力因素等综合考虑来选择、制定。教育机器人则作为辅助者，为教学任务的执行提供辅助，教师则可以整体监控英语口语教学活动进程，把握节奏、查漏补缺、掌控全局，确保教学活动有条不紊地进行。

3.教学评价与反思

教学评价分为形成性评价和总结性评价。形成性评价是一种英语口语教学过程中的内部导向性的评价，不以评价英语口语学习的等级为目的，而是为了将评价结构提供给教师参考，以改进教学活动的质量。通常采用课堂观察、测验以及询问等方式进行，以了解学生学习效果、兴趣、态度等。

总结性评价的直接目的是考查最终的口语教学效果，是外部导向的，是为了将评价结果提供给教育管理人员。通常在高校期末考试前，采用让学生根据主题自由发挥进行论述的形式或是进行主题表演的形式来评测教学效果，教育机器人可以协助监考，记录学生的考试过程，并利用语音功能，对学生发音的准确度进行判定，给教师提供一定的参考。

教学反思是指教师英语口语教学活动设计的最后一步，也是不可或缺的一步。教师通过回顾自己在口语教学过程中的行为、决策以及产生的结果来进行自我审视和分析。通过机器人记录的教学过程，总结经验，优化英语教学系统配置，决定下一个英语教学环节。该教学设计模式的特点如下：

第一，以建构主义为基本指导理论，强调学习者为主，教师和机器人为辅。强调学习口语的真实学习情境的创设，利用机器人的技术优势，激发学生学习的兴趣，促进学生的学习动机，并帮助教师优化学习策略。

第二，强调个性化的学习。教育机器人在学生单独交流时可以监测学生的学习过程，为学生建立个人信息库和特征库，从而提供个性化学习服务。在这种学习方式中，机器人帮助教师完成重复性的工作，提供更加智能化的辅助作用，而教师则是监控教学过程，查漏补缺，保证教学活动有序进行。

通过以上教育机器人的设计模式在C大学实验班与对照班中的实践结果分析：实

验班中有近 70%的学生通过教育机器人已明确自己的学习目标，以加强自身的英语口语技能；另外还有 30%的学生尚未明确学习目标。对照班中有 80%的学生未明确学习目标，无法通过传统的英语教学方式加强自身的英语口语技能。说明在高校英语口语教学中，教师可通过教育机器人辅助自己对学生进行口语教学，以达到更高的效率、更好的成效。

参考文献

[1] 王怡作.高校英语教学改革与复合型英语人才培养研究[M].北京：北京工业大学出版社，2023.04.

[2] 徐中锋.高校英语课堂教学改革研究[M].北京：北京工业大学出版社，2023.04.

[3] 王东娇.高等职业教育教学改革创新规划教材 国际邮轮乘务管理系列 邮轮英语视听说教程[M].北京：首都经济贸易大学出版社，2023.04.

[4] 陆春霞.英语写作教学反馈理论与实践研究[M].长春：吉林大学出版社，2023.01.

[5] 岑海兵，陈曼.地方高校英语类专业教学改革与实践探索[M].武汉：武汉大学出版社，2022.12.

[6] 周嫚，段潇乐，马燕.高校英语教学的基础理论与应用研究[M].长春：吉林出版集团股份有限公司，2022.10.

[7] 王冕，常海鸽.高校商务英语信息化教学改革研究[M].吉林出版集团股份有限公司，2022.07.

[8] 李冬梅.现代大学英语课程教学改革的多元探索[M].北京：北京工业大学出版社，2022.07.

[9] 杨雪萍.语言学理论指导下英语教学多维度研究[M].北京：中国书籍出版社，2022.07.

[10] 鲁巧巧.大学英语教学变革与赋能[M].长春：吉林出版集团股份有限公司，2022.06.

[11] 李娟.中外文化视角下英语教学实践[M].长春：吉林出版集团股份有限公司，2022.06.

[12] 王琳.英语思维与英语教学研究[M].沈阳：东北大学出版社，2022.05.

[13] 王淼.互联网+背景下信息技术与英语教学的深度融合[M].长春：吉林出版

集团股份有限公司,2022.04.

[14] 孙志永. 新时代大学英语教学改革与英语教师专业发展 [M]. 开封：河南大学出版社,2022.03.

[15] 孙瑜. 信息化背景下高职英语教学改革路径创新研究 [M]. 延吉：延边大学出版社,2022.03.

[16] 侯丽梅. 自主学习能力培养下的大学英语教学改革 [M]. 北京：中国书籍出版社,2022.01.

[17] 胡雯,武小丹. 信息化背景下大学英语教学改革创新 [M]. 北京：中国书籍出版社,2021.12.

[18] 王春霞. 英语教学模式改革与创新研究 [M]. 长春：吉林人民出版社,2021.11.

[19] 王晋娟；涂香伊；李晶. 我国英语教育教学模式的改革与创新 [M]. 长春：吉林人民出版社,2021.08.

[20] 窦国宁. 创客教育理念下的大学英语教学理论与实践 [M]. 北京：企业管理出版社,2021.08.

[21] 何雪. 多模态理论视角下大学英语教学的改革探索 [J]. 校园英语,2015(6)：13.

[22] 普正芳. 探索多模态理论视角下大学英语教学的改革 [J]. 校园英语（上旬),2015(1)：10-11.

[23] 刘亚凤. 多模态视角下探索大学英语阅读与写作课程的思政教学模式 [J]. 现代英语,2022(24)：41-44.

[24] 杨景萍. 多模态视角下大学英语阅读与写作课程教学模式研究 [J]. 吉林省教育学院学报,2023(2)：137-140.

[25] 刘兰. 基于多模态理论视角的大学英语教学创新探索 [J]. 辽宁科技学院学报,2017(1)：57-58,94.

[26] 陈萍. 就业导向视角下高校大学英语教学改革趋向探索 [J]. 长江丛刊,2018(21)：80-81.

[27] 林琳. 现代信息技术背景下基于混合式教学的多模态体验式大学英语教学探索 [J]. 海外英语,2017(18)：67-68.

[28] 范玲. 多模态理论视角下大学英语教学的改革 [J]. 教育探索,2013(7)：71-72.

[29] 宋明佳. 移动终端多屏互动系统在大学英语教学改革中的应用 [J]. 吉林广播电视大学学报, 2016（2）: 38-39.

[30] 王燕. 评价理论视角下大学英语教材章节导入语的态度研究 [J]. 现代英语, 2023（3）: 17-20.

[31] 肖红芳, 张义敏. 语言经济学视角下的公共英语教学效率研究 [J]. 中国多媒体与网络教学学报（上旬刊）, 2022（1）: 97-100.

[32] 江晓悦. 基于"产出导向法"的大学英语课堂教学实践探究 [J]. 黑龙江教师发展学院学报, 2022（10）: 141-143.

[33] 谢立芳. 生态学视角下大学英语智慧教学的多元化评价 [J]. 中国多媒体与网络教学学报（上旬刊）, 2022（6）: 131-134.

[34] 蒙敏. 高校外语精准教学改革的取向与实施路径——评《当代大学英语教学理论与研究》[J]. 教育理论与实践, 2022（32）: 2.

[35] 黄昊文. 基于"翻转课堂"视角下大学英语分级教学的几点尝试 [J]. 海外文摘·学术版, 2020（19）: 64-65.

[36] 严谨. 互联网视角下高职英语教学模式研究 [J]. 校园英语, 2022（31）: 58-60.

[37] 吴柳明. 微课视角下翻转课堂在大学基础英语教学中的运用探究 [J]. 中国多媒体与网络教学学报（上旬刊）, 2020（1）: 185-186.